U0016245

# 唐代長安城構造圖

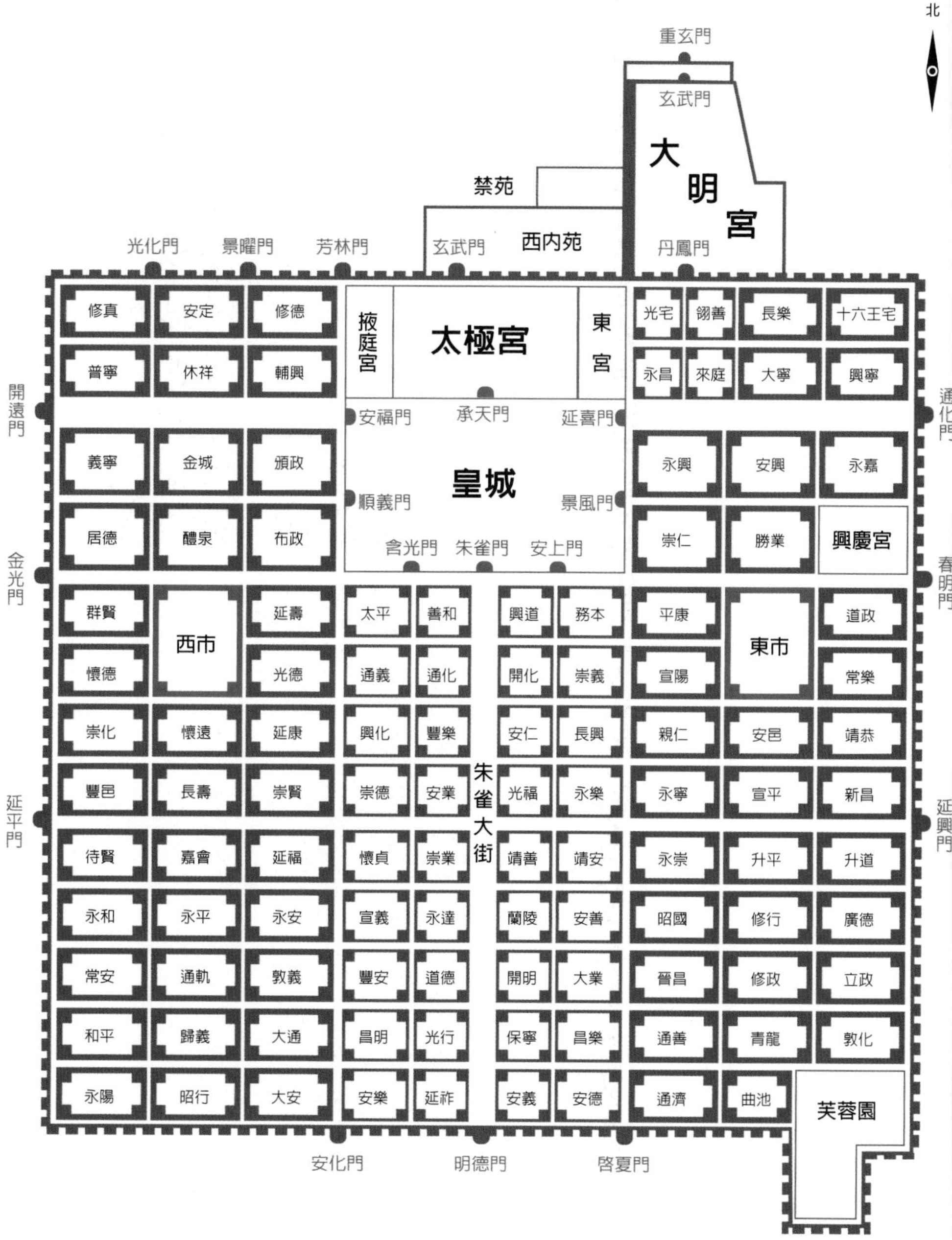
北
重玄門
玄武門
大明宮
禁苑
西內苑
光化門
景曜門
芳林門
玄武門
丹鳳門
掖庭宮
太極宮
東宮
承天門
安福門
延喜門
皇城
順義門
景風門
含光門
朱雀門
安上門
開遠門
金光門
延平門
通化門
春明門
延興門
修真
安定
修德
普寧
休祥
輔興
義寧
金城
頒政
居德
醴泉
布政
光宅
翊善
長樂
十六王宅
永昌
來庭
大寧
興寧
永興
安興
永嘉
崇仁
勝業
興慶宮
群賢
西市
延壽
懷德
光德
崇化
懷遠
延康
豐邑
長壽
崇賢
待賢
嘉會
延福
永和
永平
永安
常安
通軌
敦義
和平
歸義
大通
永陽
昭行
大安
太平
善和
通義
通化
興化
豐樂
崇德
安業
懷貞
崇業
宣義
永達
豐安
道德
昌明
光行
安樂
延祚
朱雀大街
興道
務本
開化
崇義
安仁
長興
光福
永樂
靖善
靖安
蘭陵
安善
開明
大業
保寧
昌樂
安義
安德
平康
東市
道政
宣陽
常樂
親仁
安邑
靖恭
永寧
宣平
新昌
永崇
升平
升道
昭國
修行
廣德
晉昌
修政
立政
通善
青龍
敦化
通濟
曲池
芙蓉園
安化門
明德門
啓夏門

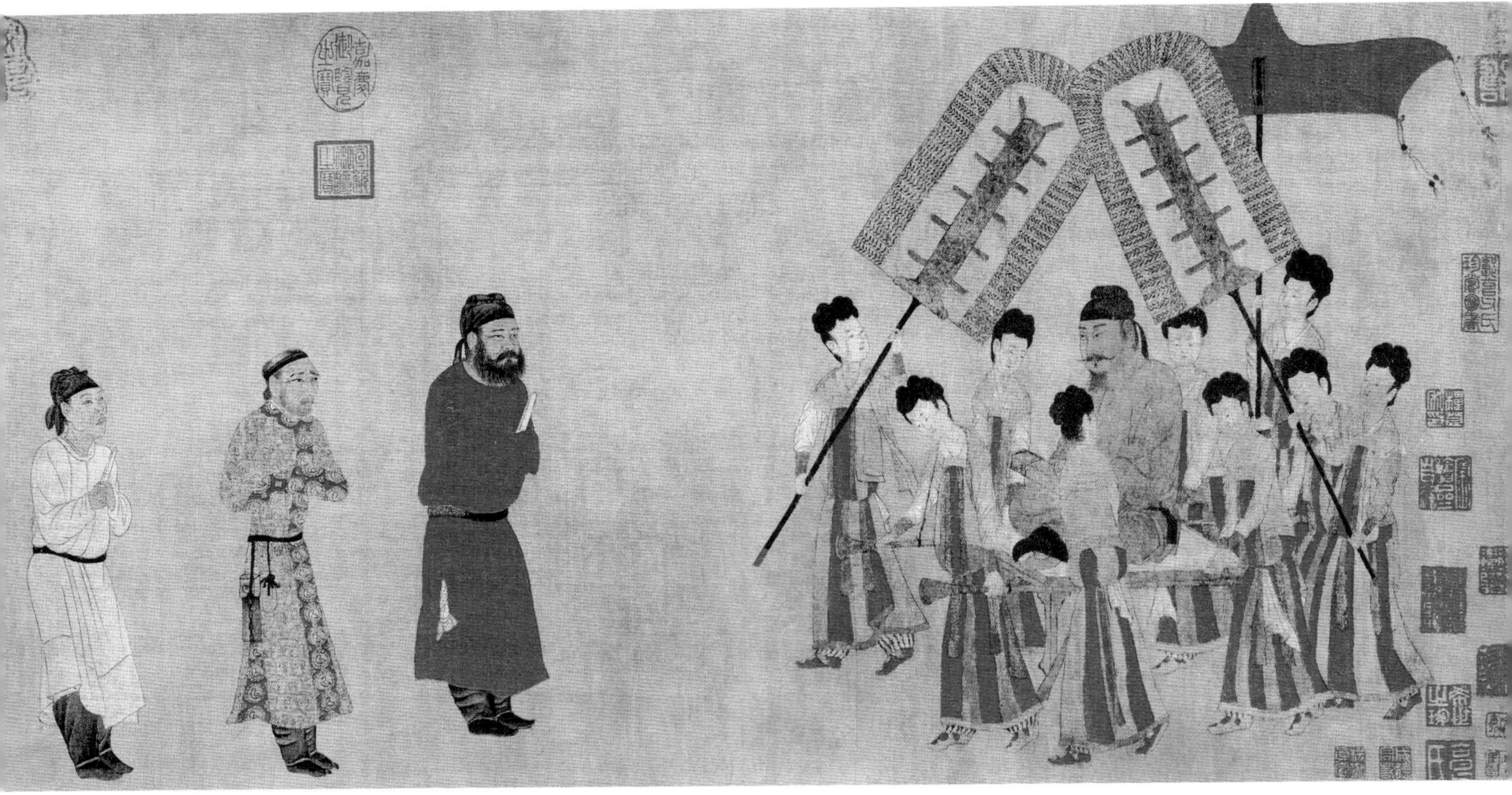

閻立本〈步輦圖〉（局部）

顧閎中〈韓熙載夜宴圖〉（局部）

張萱〈虢國夫人遊春圖〉（局部）

周昉〈簪花仕女圖〉（局部）

佚名〈唐人宮樂圖〉

# 一日看盡長安花

## 大唐沉浸式生活體驗

覃宜明——著

# 前言 一起回到唐朝，體驗大唐生活吧！

相信很多人心中，都有一個夢回大唐的憧憬。

大唐啊，那是一個萬國來朝、八方來賀的盛世，是一個全民自信、包容開放的時代，是一方輝煌盛大、令人心馳神往的故土。

我們在影視作品中看過大唐的輝煌與繁華，在歷史書中讀到過大唐的威嚴與才華，可是，假如我們眞的穿越回唐朝，眞的活在唐朝，那又會是什麼樣的體驗呢？

翻看有關唐朝的歷史書籍，不是在講帝王將相、宮廷政變，就是在講衣食住行、市井煙火，好像活在唐朝若不能身居高位，就只能做個平頭百姓。

其實不然。

對於大多數普通的唐朝老百姓來說，讀書求學、考取功名，還最好能去長安一舉奪魁，或許是前半生最重大的一件事。

那麼，長安到底長什麼樣子？該怎麼讀書求學？考取功名有哪些管道？唐朝的行政體系是怎麼畫分的？混官場需要注意什麼？不同官員所享受的福利待遇有何不同？假如你眞的回到唐朝、做一個普通百姓，這些問題可能都是你必須提前了解一下的。

女性可能會問：如果我到了唐朝，但仍想做個女子，就不能考取功名了吧？話說，在唐朝，女子還眞能做官。當然，要是不想做官，也可以考慮進宮當個后妃什麼的。要眞是不想與皇家和朝廷牽扯上關係，那也得懂得一些穿衣打扮、娛樂休閒、人際交往的規矩對吧？

爲了一解以上困惑，就有了這本《一日看盡長安花》。書名取自唐朝詩人孟郊的一句詩——孟郊在貞元十二年（西元七九六年）考中進士後，心情得意，作了一首〈登科後〉：

> 昔日齷齪不足誇，今朝放蕩思無涯。
> 春風得意馬蹄疾，一日看盡長安花。

多年寒窗苦讀，一日登科及第，風光無限，騎著高頭大馬走在長安大街上，享受萬眾矚目和無數人欽佩的眼光，這是多少大唐人的終極夢想啊！

孟郊金榜題名後，說自己一日便看盡了長安的繁華與無數「春花」。但偌大的長安、擁擠的街道，又豈是他「一日」就能「看盡」的？這裡只是表達了詩人那種春風得意的心情罷了。

同樣的，這麼一本小書，顯然是無法將活在大唐的全部細節統統展現給大家的，只好揀出那個時代的人們最關心的一些話題，權作「一書看盡大唐事」吧。

因爲，我眞的非常希望大家能和我一樣，了解並熱愛唐朝的點點滴滴。但受能力和篇幅所限，無法包羅萬象、事無鉅細。倘若本書能幫助你多了解一點眞實的唐朝，我心便足矣。

囉唆的話不再多說了，感謝你們耐心看完，書中若有考證不足和謬誤待商榷之處，懇請大家批評指正。接下來，就讓我們一起回到唐朝，體驗大唐生活吧！

前言　一起回到唐朝，體驗大唐生活吧！　001

## 第一章　生活在大唐長安是什麼感覺？

宮城，誰都不能瞎蹓躂　012
皇城不是皇帝的房子　023
大明宮的前世只是間養老院　026
外郭城：獨特的坊市分離設計　036
東西市：全國最大的中央商業區　048
宵禁後，靈魂還是自由的　055

目錄


第二章 在唐朝上學是什麼感覺？

不是人人都有機會念中央官學 062

各式各樣的地方院校 071

第三章 在唐朝準備入朝為官是什麼感覺？

科舉：憑本事參加大學考試 080

門蔭入仕：靠家世也是可行的 105

第四章 在唐朝去各級官衙輪值是什麼感覺？

衙門的行政體系 116

宰相：要辦事也得走流程 126
御史：官不大，說話卻很有分量 136
大理寺：全國最高司法審判機關 148
縣令：老百姓的大管家 162
流外官：別瞧不起人了！ 172

## 第五章 在唐朝混跡官場是什麼感覺？

官場禮儀：官員的必修課 182
上朝流程：你見過凌晨四點的長安嗎？ 194
官場稱呼：「大人」可不能隨便叫 206

## 第六章 在唐朝吃公家飯是什麼感覺？

上朝加班，皇帝供餐 212
宰相屋裡開小灶 214
各地府衙的小廚房 216

## 第七章 享受唐朝官員的福利待遇是什麼感覺？

祿米：流傳百年的薪酬 220
找人代耕：租金也能成爲現金流 227
現金收入：朝廷靠放貸籌錢 230
防合庶僕：銀子不夠人來湊 239
休假：上一百天班，休兩百天假 242
退休：上班上到老，到死退不了 249

## 第八章
# 穿正版唐裝是什麼感覺？

皇帝也不能亂穿衣服 254
衣服千萬別選錯顏色 262
男人穿搭也很講究 268
女裝三件組＋唐妝六部曲，瞬間變成小仙女 275

## 第九章
# 生活在唐朝的皇宮內苑是什麼感覺？

皇室成員的稱謂：叫錯了小心被砍頭 290
妃和嬪是不一樣的 297
想進宮，要找對門路 302
後宮也有薪水拿 307

女人也能當官 312
皇室禮樂 320
引領潮流的皇家娛樂活動 323

## 第十章 在大唐出門旅行是什麼感覺？

請出示大唐「戶口證明」 332
想出遠門，得辦「護照」 339
有錢你也得知道怎麼花！ 346
注意！別一不小心認了個乾爹 361

# 第一章

# 生活在大唐長安是什麼感覺？

# 宮城，誰都不能瞎蹓躂

如果可以穿越到唐朝，你會選擇去哪兒？答案恐怕只有一個：都城長安。這座古都承載過榮耀，也飽受屈辱；見證過硝煙瀰漫，也歷經朝代更迭。帝王、名臣、猛將相繼登場，上演過無數流血殺戮、權謀暗鬥、後宮政變。詩人、畫家、書法家遊走在長安的各個角落，留下了精采絕倫的文化歷史。

## 身為千年古都

周文王時期，周的國都叫豐京，位在今天西安市長安區的西北方。周武王時期，又營建了鎬京，都城統稱爲「豐鎬」。西安市簡稱鎬，就是來源於此。

漢高祖七年（西元前二〇〇年），劉邦派遣重臣蕭何重新選址，興建未央宮（今陝西省西安市未央區），同時將西漢的都城遷移到未央宮所在地。由於未央宮位於長安鄉，劉邦取「長治久安」之意，最終便將新的都城命名爲長安城。

西漢的長安城並不是唐朝的長安城。因爲，隋唐之前的長安以木製建築爲主，磚瓦和石頭爲輔，只要遭遇戰爭或大火，就無法倖免。不巧的是，西漢之後，戰爭非常頻繁，西漢的長安城也就成了一座廢墟。

後來，隋文帝楊堅在龍首原的西南方新建了一座大興城，隋朝滅亡後，李淵便將大興城過戶到自己頭上，將名字重新改爲長安城。

據考古學家證實，唐朝長安城東西寬九七〇〇公尺，南北長八六〇〇公尺，繞城一圈，需要走三六六〇〇公尺，總面積達八四〇〇萬平方公尺。如果算上北邊的大明宮、西內苑等建築群，總面積達八七〇〇萬平方公尺。

唐朝的長安城，用「規模龐大」「建築宏偉」等詞彙已不足以形容，爲了幫大家加深印象，請記住一句話：**長安城是中國歷史上規模最大的城市，也是同時期全球最大的城市——沒有之一**。

唐朝的長安城由三個部分組成：宮城、皇城、外郭城。

宮城位於長安城正北方，是李唐皇室的居住地，也是絕對禁地，未經允許，很難進入。唐朝宮城的地位堪比北京的紫禁城，不過，唐朝宮城東西寬二八二〇公尺，南北長一四九二公尺；而故宮東西僅寬七五三公尺，南北長九六一公尺，規模不可同日而語。

唐朝最早的宮城包括太極宮、東宮和掖庭宮；唐高宗李治建造了大明宮，唐玄宗李隆基擴建了興慶宮，最終形成唐朝宮城三大宮殿群。

## 太極宮

太極宮原名「大興宮」，是隋朝時期的叫法。唐朝初年，大家一般叫「大內」，也有「太極殿」的叫法。至於太極宮的名字，是由唐睿宗李旦取的。

也就是說，如果你穿越回貞觀年間，問長安百姓「太極宮在哪個方位？怎麼走？」的話，對不起，人家壓根沒聽說過這個地方，沒辦法給你指路。

宮城是皇帝的住宅，配置絕對是超一流的。

就拿宮城城牆來說，牆基寬度達十八公尺，城牆高達十公尺。如果你想翻牆而過，那得具備高超的武林輕功；如果你想穿牆而過，就只能準備一把鐵鍬，一點點地挖。不過，城牆邊上有大批禁衛軍往來巡邏，如果你眞打算挖牆腳，那就得給自己準備準備後事了。

### 承天門：長安知，則天下知

太極宮採用「前朝後寢」的布局，分爲外朝、中朝和內朝。

外朝的核心建築叫承天門（唐中宗李顯改的，以前叫「順天門」），位於宮城的南牆上。但如果你以爲承天門只是一扇木門，上面還有幾百顆鉚釘，那就大錯特錯了。承天門是宮城的門面工程，巍峨壯觀，霸氣外露！

根據考古發現，承天門修建在十八公尺寬的城牆上，門上有高大巍峨的樓觀，門的進深大約十九公尺。整個大門分爲東、中、西三條門道，中間的門道寬八．五公尺，西側門道寬六．二公尺，東側門道寬六．四公尺，地基是石條和石板。

承天門的南面，是一條寬三百步（約四四一．五公尺）的橫街，也就是宮廷廣場。如果你想有個直觀的感受，可以想像一下北京的天安門廣場，宮廷廣場的建築形態和布局與之非常相似。

廣場正南方是大氣磅礴的朱雀門，朱雀門的南邊是朱雀大街，寬一五〇公尺，長五〇二〇公尺，一直延伸到長安城的南城牆。

承天門不僅是一扇大門，還是一個以門樓爲主的建築群。

比如，李淵想和蕭瑀、裴寂等重臣開會，那就得來承天門。大型正式的朝臣議政會議也在承天門舉行，顯得隆重莊嚴。

比如，李世民生日之際，吐蕃、東突厥等數十個周邊小國前來祝賀。生日當天，使臣齊刷刷地站在承天門樓下，畢恭畢敬地恭祝李世民千秋萬歲，帝業永祚。旁邊還站著一幫朝臣和看熱鬧的百姓。

再如，中秋節到了，李淵會在承天門設宴款待群臣，大家喝著葡萄酒，欣賞異域美女的舞蹈，吹噓他們創業的舊事。結束之後，他們通常會來到門樓上，和長安百姓互動一下，再拋撒一些錢財，做爲皇帝對百姓的祝福。

其他重要的大型典禮，比如新皇帝登基大典、冊封太子大典、外交大典等，也都會在承天門舉行。因爲這些活動或是需要昭告天下，或是普天同慶，而承天門是離長安百姓最近的地方，所以都在承天門舉行。

正所謂，長安知，則天下知。

從承天門往北蹓躂，會穿越一座巨大的廣場，這座廣場也屬於外朝的地盤。走到廣場盡頭，就能看到一排城牆，正中間有一扇門，名叫「太極門」。

穿越太極門，就到了中朝。中朝的核心建築稱爲「太極殿」。

太極殿是太極宮的第一大殿，每逢初一、十五，李淵都會來此處和朝臣商議軍國大事。由於太極殿靠近內朝，皇帝有時也會來這裡辦公。

因此，太極殿的東側設有門下省及所屬的弘文館、史館；西側則設有中書省及所屬的舍人院。一般而言，皇帝的御用筆桿子和高級幕僚會輪流在這裡辦公，隨時等待皇帝的召喚。

有時，新皇帝登基後，冊封皇后、太子、王爺、公主的大典也會在太極殿舉行，以示隆重。唐高宗李治之後，大明宮成為權力中心，太極殿雖位居宮城第一大殿的寶座，但也只是做為新皇帝登基的場所，逐漸被邊緣化。

## 走進內朝：好擠啊！

穿過太極殿，你可以看到一堵高高的城牆。

或許有人會問：皇帝有必要修這麼多城牆嗎？

事實上，很有必要。外朝、中朝和內朝各有不同的功能定位，來往的人也很複雜，如果不用城牆隔開，他們就能隨處蹓躂，這成何體統？再者，如果是開放式的宮殿群，前朝大臣踮踮腳就能看到後宮，這怎麼可以？因此，必須隔開。

以上是城牆的附屬作用，在古代建築史中，城牆的第一作用就是軍事防禦。宮城的城牆修建得高大而厚實，就是防備叛逆之臣的入侵。

城牆的中間開著一道門，上面寫著：朱明門。

朱明門是前朝和後廷的分界線。穿過朱明門，就可以看到兩儀殿，此殿是太極宮的第二大殿。

從這裡開始，所有的地盤都是皇帝的私人活動區，如果沒有皇帝的邀請，隨意進出是會帶來嚴重後果的。

如果你想經常進入內朝、做皇帝的座上賓，那你得是以下這幾類人：

一**是皇帝的子姪、親戚**。李唐親王、李唐宗室，他們是皇帝的家人，獲准後就能進入，沒有任何問題。

二**是皇帝的嫡系大臣**。唐高祖李淵那個年代，重臣裴寂是李淵的拜把兄弟，每逢下朝，裴寂不用回家，直接跟著李淵回到內朝。有時談論國事，有時進行一些娛樂活動；如果李淵同意，還可以讓裴寂住在他的寢殿。

有些時候，皇帝興致一來，還有可能邀請五品以上的重臣到兩儀殿聚會；李世民就經常幹這種事。不過，這種情況很少，你就別指望了。

兩儀殿後面是一條橫街，它的名字叫「永巷」。

從永巷北邊一直到宮城的北城牆，全都是後宮嬪妃的居住區。永巷附近有大批禁衛軍巡邏，就算是皇子、親王也不能隨便靠近。畢竟，後宮不受寵的嬪妃太多，萬一這些皇子、親王與妃嬪發生點苟且之事，皇帝還得戴多少頂綠帽子啊！

走進內朝，第一個感覺就是建築密度很高，很擁擠。在這裡，你可以看到內朝第一大殿「甘露殿」。除此之外，還有神龍殿、安仁殿、大吉殿、百福殿、承慶殿等。

客觀來說，這也不能怪設計師，這裡畢竟是皇帝和嬪妃居住的地方。土地面積不變，人卻越來越多，只好壓縮公共活動空間、多建宮殿——總不能讓新晉的嬪妃沒地方住吧。更何況，除了嬪妃居住的宮殿，皇帝還要修建一批私密建築，比如凌煙閣、功臣閣之類的。

逛完後宮，繼續往北走，就可以看到玄武門。

著名的「玄武門之變」中，李世民就是藉由控制玄武門誅殺李建成和李元吉，最終奪取了政權。對唐朝而言，玄武門就是個血腥不祥之地：張柬之除掉張易之兄弟的「神龍政變」、太子李重俊翦除武三思的政變、李隆基翦除韋皇后的「唐隆之變」，都發生在玄武門。

原因很簡單，玄武門是皇帝家的後門，想找到皇帝本尊，玄武門是最便捷的通道。如果從南邊的宮門進攻，需要穿越眾多宮殿群，成功率會大大降低。

玄武門雖是軍事駐地，莊嚴肅穆，陰氣森森，但皇帝有時也會在此舉辦宴會和娛樂活動。尤其是唐中宗李顯，曾在玄武門開設宮廷版跳蚤市場，供宮女和大臣交易商品，感受市井生活。

## 東宮：太子，以及不肯換屋的老子

太極宮還有兩個附屬的宮殿群：東宮、掖庭宮。

東宮，懂歷史的人都知道，是太子殿下居住的地方。

不過，凡事都有例外。

武德九年（西元六二六年），李世民發動玄武門之變，逼迫父親李淵退位，自己做了皇帝。按照規矩，李淵做了太上皇，應該移居別處，將太極宮的居住權交出來。然而李淵對李世民充滿怨恨和厭惡，因此他霸占太極宮，宣示李世民嗣位的非法性，以至於李世民和他的大臣在東宮居住了三年之久。隨著李世民權威的不斷提升及父子關係的緩和，李淵後來才搬出太極宮。

東宮位於太極宮的東翼，在東宮和太極宮之間，有一扇「通訓門」。此門是太子殿下進入太極宮的VIP通道，非常方便。不過，此門大多數時候是封閉的。就算貴爲太子，也要從東宮的北門出去，沿著北城牆向西走，從玄武門進入太極宮。

話說回來，如果通訓門平常就有開放，玄武門之變前，太子李建成和齊王李元吉從通訓門直接進入太極宮的話，也就沒後面的歷史了。

## 掖庭宮：後宮的員工宿舍

掖庭宮，在古文裡，「掖」的意思是扶持，「庭」是後庭，掖庭就是宦官、宮女及大批基層勞動者居住的地方，相當於員工宿舍。

除了日常值班的宮女、宦官在太極宮內，其他數萬名宮女、宦官都住在掖庭宮。同時，這裡還有一批身分特殊的人：犯罪貴族和官員的女性家屬。

這些女眷在掖庭宮只有三條路可以走。

**第一條，遇到難纏的宦官，憋屈地度過餘生。**

**第二條，命數不錯，可以從事洗衣、紡織、掃地的工作。**也許某一天，皇帝大赦天下，她們就可以出宮了，餘生過著普通百姓的日子。

**第三條，姿色、才華出衆，被權貴看上。**

漢代的掖庭曾經有監獄的功能，還有許多刑具，但唐朝的皇帝普遍仁慈，沒有把罪犯的家眷視爲罪犯，也沒有派人懲罰她們，掖庭宮只是他們面壁思過、重新生活的一個場所。

不僅如此，主管掖庭宮的掖庭局還設有兩名宮教博士，負責教授太監和宮女書法、算數，以及女紅、園藝等職業技能。唐朝初年，中書省還在掖庭局開設了內文學館，並派遣飽學之士教授文化知識，絕對的有教無類、人性化教學。

上官婉兒的存在，恰好證明唐代的掖庭宮是個很講規矩的地方。

唐高宗李治年間，宰相上官儀因爲反對武則天封后，受到李治和武則天的聯手打壓，最終被賜死。上官家族覆滅後，上官儀的兒媳婦鄭氏、孫女上官婉兒等家眷被關到掖庭宮爲奴。雖然日子過得很苦，鄭氏卻堅持培養女兒書法、詩文等才藝，時間久了，上官婉兒居然成爲掖庭宮的小明星。

事情傳到武則天耳中，武則天感念往事，宣她入宮，當面出題考試。上官婉兒沉著應對，深得武則天的欣賞，最終被封爲女官，開啓了嶄新的人生。

在掖庭宮西南部，有個叫內侍省的神祕機構，它是掖庭局的上級單位，也是皇宮權力最大的主管機構。宦官和宮女、宮廷的禮儀法度、朝廷命婦（泛指有封號的婦女）的籍冊等，都歸內侍省管理。有時候，內侍省還要傳遞皇帝的口諭和聖旨。

唐朝初年，內侍的級別是從四品。開元年間，由於高力士、袁思藝等宦官表現突出，李隆基新設了兩名內侍監，級別爲從三品。如果做到內侍監的高位，說明在宦官領域，人生已經達到顛峰。

# 皇城不是皇帝的房子

假如你打算在宮內混出點名堂來，內侍監位高權重固然好，但從業人員得先淨身，代價有點慘重；如果你在功成名就之後還想迎娶「白富美」，那我勸你做個兵部侍郎。

你可能會問，兵部的辦公地點在哪裡？

告訴你，在皇城。

皇城在宮城的正南方，站在承天門樓，皇城可以盡收眼底。古代的風水講究坐北朝南，皇帝在這裡看皇城，永遠都是俯視者的姿態，彰顯了皇權的威嚴。

皇城南北寬一八四三公尺，東西長二八二〇公尺。皇城沒有北城牆，與宮城城牆相隔一條橫街；皇城和宮城的東、西城牆則是共用的。也就是說，宮城和皇城雖是兩個建築群，卻是封閉一體的，老百姓不可能走進去。

根據考古發現，陝西省西安市現存的城牆是明朝才修建的，其格局與唐朝的長安城還是有所區別。不過，西安的南牆和西牆，地基幾乎與長安宮城的南牆和西牆重合。

皇城的正南門叫朱雀門，朱雀門和承天門之間有一條南北向的大街，叫「承天門街」。街的兩邊就是大唐王朝的行政中心；因爲在宮城南邊，也稱「南衙」。

皇城內的衙門，主要有省、臺、寺、監、衛等機構。「臺」指御史臺；「寺」包括太府寺、大理寺、司農寺、太常寺、鴻臚寺、光祿寺等；「監」包括國子監、軍器監、將作監等。

全國最高行政機構——尚書省也設在此處。吏部、兵部、禮部、工部、刑部、戶部也都在此。

有個現象很有趣，中書省、門下省和尚書省是唐朝最重要的政務機構，但中書省和門下省在宮城內，尚書省卻在皇城。事實上，這是有原因的。

按照職能來說，中書省負責重大事務的決策，門下省負責審核，皇帝如果有事情，一定先找他們。而尚書省是執行機構，對辦公地點沒太大要求。這就相當於一個公司的總裁祕書室一定會在總裁辦公室旁邊一樣。

還有一點，中書省的中書舍人、門下省的諫議大夫，以及補闕、拾遺等官員是皇帝的侍從人員，需要常伴君側，辦公地點也得靠近皇帝。

將政府機構集中起來，是中國歷代王朝的常規操作。

靠近皇帝，除了方便工作，還有其他原因。比如，古代的官、民、商是有嚴格等級畫分的，尤其是中央機構的建築群，是不會和民居混雜在一起的。再如，爲了護衛朝廷大臣的安全，衛府只需要派兵守住皇城就行。如果官府分散在長安各個角落，警衛工作的難度也會大大增加。

如果你在皇城蹓躂，還會看到中央十六衛的府衙。比如左衛、左驍衛、右武衛等，因爲他們的機構在南衙，也叫「南衙十六衛」。唐朝初年，全國有六十萬府兵，全歸中央十六衛統領，權勢非常大。不過，也只有在戰時，十六衛府衙才會顯得繁忙。平日裡進去，只有日常值班人員，非常冷清。

# 大明宮的前世只是間養老院

## 大明宮：養老用的大唐東內

多年以前，熱播過一部歷史劇，叫《大明宮詞》。

長安細雨，沐浴著太平；大明宮景，多少宿命。回首遙望蒼穹下，眾世沉浮，無常無情；終我一生，難尋太平。

輝煌壯麗、氣勢恢宏的大明宮殿，跌宕起伏、婉轉曲折的宮廷恩怨，讓這部歷史劇大放異采，堪稱年度最佳。

很多人可能不知道，大明宮坐落在長安城的東北部，與太極宮是兩個獨立的宮殿群。根據考古證據推測，大明宮面積約三二〇〇平方公尺，是凡爾賽宮的三倍、紫禁城的四．五倍、克里姆林宮的十二倍、羅浮宮的十三倍、白金漢宮的十五倍。

在唐朝，大明宮也稱「東內」。

根據野史記載，大明宮修建時，在工地挖出一面古銅寶鏡。魏徵認爲，此鏡是秦始皇的國寶，名叫「秦鏡」。傳說這面鏡子能照見人的五臟六腑，能透過鏡子看到人臣對君主是否忠心、國運是否長久。

大明宮竣工後，「秦鏡」就被掛到了朝堂，專門用來震懾妖邪，後來也就有了「明鏡高懸」的說法。有「秦鏡」鎮守，自然是正大光明，宮殿因此得名大明宮。

這個故事神奇色彩較多，是眞是假，千年之後，我們很難辨別。不過，唐朝皇室修建大明宮的淵源，那還是有史料記載的。

玄武門之變後，李淵在太極宮居住了三年，後來搬到大安宮。由於大安宮地處樹林茂密地帶，每逢夏天，要不陰雨綿綿，非常潮濕；要不烈日曝曬，酷暑難耐。李淵表示，居住的舒適度差到了極點。

唐朝以孝治國，按理說，老爹在大安宮住得不舒服，李世民應該幫他整修大安宮才對。然而在李世民和李建成爭權的過程中，李淵一直偏袒李建成；玄武門之變後，李淵又霸占太極宮，這讓李世民非常鬱悶。再加上開國初年，唐朝窮得叮噹響，李世民便以財政困難，需要與民休息爲由，一直沒有整修大安宮。

貞觀八年（西元六三四年），李淵的身體狀況開始惡化，監察御史馬周斗膽進言，勸李世民幫李淵重新修建一座養老的宮殿，以免後人指責李世民不孝。馬周的想法得到許多大臣的附和。彼時，李淵和李世民的關係也有所緩和，李世民便做出批示，修建新宮殿。

新宮殿取名永安宮，也就是大明宮的前身。首席設計師爲閻立本，是唐朝大名鼎鼎的畫家、工程師。大明宮的整體設計、宮殿群的布局，全部由閻立本裁定。

有了李世民的批示，工程立刻開始。悲劇的是，貞觀九年五月，李淵突然駕崩。鑑於工程耗費龐大，李世民叫停了永安宮，讓它變成爛尾工程。

繼任帝位的唐高宗李治患有嚴重的風濕，太極宮的潮濕酷熱讓他痛苦萬分。龍朔二年（西元六六二年），隨著李治一聲令下，朝廷舉全國之力，一口氣完成了大明宮的建設。此後，李治便搬了家，而大明宮也成爲唐朝新的權力中心。

若要講宮殿的裝修水準，如果大明宮是五星級，太極宮只能算三星級。唐高宗李治以降，除了特別念舊的皇帝外，大部分的李唐皇帝都喜歡住在大明宮，比如中宗、睿宗，他們偶爾會到太極宮舉辦活動或小住幾日。因此，如果你穿越到貞觀以後的長安，想見到皇帝，別去太極宮了，直接去大明宮報到吧。

太極宮正門叫承天門，大明宮正門叫丹鳳門。

太極宮的外朝正殿叫太極殿，大明宮的外朝正殿叫含元殿。

太極宮的中朝正殿叫兩儀殿，大明宮的中朝正殿叫宣政殿。太極宮的內朝正殿叫甘露殿，大明宮的內朝正殿叫紫宸殿。

走進大明宮，你會發現這裡的格局就是太極宮的翻版。沒辦法，太極宮建築的布局是建造宮殿的標準，李治能做的，就是在這個基礎上瘋狂砸錢，把裝修標準無限提高。

**大明宮是新的權力中心，也是大唐王朝煥發生機的標誌。**

**大明宮的拔地而起，將大唐王朝分成了兩個時代：前面是艱苦奮鬥的貧寒時代，後面是繁榮昌盛的享樂時代。**

在唐朝，王維、李白、杜甫、韓愈、劉禹錫、白居易、杜牧、李商隱、韋莊等許多大詩人，都親臨過大明宮。

圍繞著詩人，也發生過許多有趣的事情，比如下面這件：

賈至，中書舍人，負責起草詔書。有一天凌晨，賈至和同僚結伴上朝，透過朦朧的夜色，看到大明宮燭火通明；宮殿旁楊柳低垂，早起的鳥兒繞著宮殿飛來飛去。於是有感而發，寫了一首〈早朝大明宮呈兩省僚友〉（「兩省僚友」就是中書省和門下省的同僚）：

銀燭朝天紫陌長，禁城春色曉蒼蒼。

千條弱柳垂青瑣，百囀流鶯繞建章。
劍佩聲隨玉墀步，衣冠身惹御爐香。
共沐恩波鳳池上，朝朝染翰侍君王。

這是一首應景的詩作，性質很像早晨上班時發了一則表達美好心情的貼文，對所有同事開放，然後期待同事給自己按讚或留言回覆。當然，有心情寫詩回覆的，都是肚子裡有墨水且思想蠢蠢欲動的那類人，比如王維、杜甫、岑參。

先看看王維寫的：

〈和賈至舍人早朝大明宮之作〉
絳幘雞人報曉籌，尚衣方進翠雲裘。
九天閶闔開宮殿，萬國衣冠拜冕旒。
日色才臨仙掌動，香煙欲傍袞龍浮。
朝罷須裁五色詔，佩聲歸向鳳池頭。

王維可能沒想到，他的第二句詩，成爲後世誇讚大明宮的經典名句。

岑參也回應了：

〈奉和中書舍人賈至早朝大明宮〉
雞鳴紫陌曙光寒，鶯囀皇州春色闌。
金闕曉鐘開萬户，玉階仙仗擁千官。
花迎劍佩星初落，柳拂旌旗露未乾。
獨有鳳凰池上客，陽春一曲和皆難。

再看杜甫的：

〈奉和賈至舍人早朝大明宮〉
五夜漏聲催曉箭，九重春色醉仙桃。
旌旗日暖龍蛇動，宮殿風微燕雀高。
朝罷香煙攜滿袖，詩成珠玉在揮毫。
欲知世掌絲綸美，池上於今有鳳毛。

最有趣的點在於，賈至對大明宮的描寫，全部是直來直去的白話，不含蓄內斂，沒有韻味，氣勢也不夠。而其他三位都是詩詞名家，水準高出很大一截，這也讓賈至的原作變得黯然失色。

到了晚唐，皇權衰微，戰爭頻仍，大明宮屢次遭軍隊破壞。晚唐詩人韋莊就曾用文學作品記錄過：

含元殿上狐兔行，花萼樓前荊棘滿。
昔時繁盛皆埋沒，舉目淒涼無故物。
內庫燒爲錦繡灰，天街踏盡公卿骨。

在大明宮內，還有一道亮麗的風景線：宗教建築。

在後庭的東南角，有一座屬於佛教的昭德寺。而最多的要數道教建築，遍布整個宮殿群，比如三清殿、玄元皇帝廟、大角觀、望仙臺、靈符殿、崇玄館等。

這也沒辦法，道教是唐朝的國教，地位最高；而最崇尚佛教的武則天，常年居住在東都洛陽，因此佛教寺院大多集中在洛陽的宮殿群。

## 興慶宮：有龍氣的大唐南內

興慶宮，號稱大唐「南內」，位於長安城的東正門——春明門。原址在隆慶坊，是唐玄宗李隆基任藩王時的府邸。延和元年（西元七一二年），李隆基登基稱帝，為避其名諱，將隆慶坊改為「興慶坊」。在李隆基看來，自己靠流血政變登基，多少有些運氣成分，所以在他眼裡，興慶坊就是有龍氣的風水寶地，怎能讓不相干的人霸占呢？

我們來盤點一下住在興慶坊的有誰：李隆基的大哥李成器、二哥李成義、四弟李隆範、五弟李隆業。這些兄弟可都是道道地地的皇族，有充分的謀反理由，怎能讓他們住在有龍氣的興慶坊？所以，還是盡早把他們攆出去吧。

由於拆遷對象都是皇族，只能由李隆基親自出面談條件。幾位兄弟搬出去後，李隆基又拆了老百姓的房子，命他們搬遷，最後建成的興慶宮東西寬一〇八〇公尺，南北長一二五〇公尺。

值得一提的是，興慶宮的南部是園林區，北部才是宮殿區。南部有座龍池，東西長九一五公尺，南北寬二一四公尺，池中種有荷花、菱角，周邊還有沉香亭、百花園等景觀。開元八年（西元七二〇年），李隆基在西南角修建了花萼相輝樓、勤政務本樓。

李隆基登基後，興慶宮就成了大唐帝國的權力中心。

我們可以說，李隆基的一生基本上都是在興慶宮度過的。除了日常政務，李隆基也經常舉辦社會名流、文人雅士聚會或藝文演出。因爲李隆基的雅興，唐朝誕生了一批華麗的詩作，比如李白的〈清平調〉就誕生在興慶宮的沉香亭：

雲想衣裳花想容，春風拂檻露華濃。
若非群玉山頭見，會向瑤臺月下逢。
一枝紅豔露凝香，雲雨巫山枉斷腸。
借問漢宮誰得似，可憐飛燕倚新妝。
名花傾國兩相歡，常得君王帶笑看。
解釋春風無限恨，沉香亭北倚欄杆。

有時李隆基也得去大明宮辦公，這時，出行方式就成了大問題。按照距離，李隆基需要經過三個坊。堂堂帝王，每天穿越百姓的坊市，萬一遇到刺客怎麼辦？李隆基思慮再三，最終在長安外郭城的邊緣修建了一條長達八千公尺的夾道，兩邊都是高牆，中間是皇上的ＶＩＰ通道。有了這條道，李隆基就可以在大明宮、興慶宮和曲江芙蓉園無障礙穿梭。

安史之亂後，李隆基成爲太上皇，興慶宮變成了養老院。年老的時候，李隆基經常爬上花萼相輝樓，約幾個老朋友喝點茶，聊聊天。

如果你穿越到那個年代，會經常看到這樣一番和諧的場景：李隆基站在花萼相輝樓，長安百姓站在城牆外邊，大家揮揮手，互相打招呼，好像認識多年的朋友。如果趕得巧，還能碰到李隆基在興慶宮的門口擺攤，發放糧食或錢財。這時，請不要害怕，勇敢地走上前去，拿走屬於你的那一份。

開元一朝，興慶宮是大唐的權力中心；開元之後，大明宮則重新成爲主角。至於興慶宮，只能淪爲太上皇、皇太后的養老院。

# 外郭城：獨特的坊市分離設計

## 坊：古代的住宅區

整個長安，除了宮城和皇城，其他全部是外郭城。如果按面積算，大唐的宮城和皇城只占一二%，居民區和商業區占據了八八%。

這是個偉大並具有前瞻性的設計。以往的朝代，都是優先滿足皇家用地，忽略老百姓和商業的需求。拿漢朝的長安城來說，宮殿和府衙的面積占長安城的三分之二，老百姓只能蝸居在剩餘三分之一的空間。

因爲建築空間的擠壓，很容易讓人產生一種「寄生」於此，而不是以此爲「家」的感覺。

此外，宮殿群固然宏偉壯觀，但只是政治象徵，是缺乏生命活力的。以統治階層爲基礎，衍生的民居、商業市場、宗教區和老百姓的公共場所，再加上宮殿群，才能構成一個完整的城市。從這個角度來說，西漢的長安城雖然也有外方民族前來朝拜，但城市缺乏活力，也缺乏擴展空間，無法和隋唐的長安相比。

長安城內，總共有十一條南北向的大街、十四條東西向的大街，這些大街將長安隔成一〇八個小方塊，也就是傳說中的坊市（也有說一一〇個小方塊，因爲唐玄宗李隆基將其中兩個坊收回，改建成興慶宮）。大詩人白居易目睹了長安坊市，還寫了一句詩「百千家似圍棋局，十二街如種菜畦」，形象又準確。

除了皇帝和後宮嬪妃，其他人全部居住在外郭城。比如李唐親王與宗室、朝廷官員、宦官、權貴（公侯伯子男、公主駙馬）、外國友人、三教九流、普通百姓。

如果你是平民，就得對長安城和它的規矩瞭若指掌，否則多少腦袋都不夠你掉。

先記住幾個必考知識點：坊市、朱雀大街、宵禁、東市、西市。

在古代，「坊」是居民住宅區，很像現代城市的封閉社區。「市」是商業交易區，很像現代城市裡的商圈。

一個坊占地面積有多大？

根據北宋的《長安志》記載：務本坊，南北三五〇步（一步約爲一四七．五公分，三五〇步約爲五一六公尺），東西四五〇步（約六六四公尺），總面積約三十四萬平方公尺。勝業坊，南北五五〇步（約八一一公尺），東西六五〇步（約九五九公尺），總面積約七十八萬平方公尺。

在長安城內，務本坊算是面積較小的坊，勝業坊算是面積較大的坊，其餘各坊的面積，基本上介於兩者之間。

北京紫禁城的面積只有約七十二萬平方公尺，若把紫禁城放到長安城，連一個居民住宅區都占不滿。

## 「看盡長安花」到底是看什麼花？

說到長安一〇八坊，如果弄個排行榜，榜首必定是平康坊。有些人可能知道，平康坊是唐朝的妓院總部。

古代妓院的主流模式包括以下幾種。

一種是直截了當的桃色交易，另一種是娛樂消費。包個房間，喝點花酒，滿足一下最低消費，再來點娛樂項目，花前月下。

但平康坊並不屬於這兩種模式。準確地說，平康坊是「諸妓」工作的地方。所謂的「妓」，大多數是有專業技能的女子，比如唱歌、跳舞、譜曲、樂器、書法、作畫、吟詩，至少要會一樣，而且顏值絕對不能差。因爲她們有才華、顏值高、收費高，服侍對象基本上是王公貴族、朝廷官員、秀才舉人，再不濟也是讀書人。

正因爲定位爲高級娛樂場所，平康坊經常吸引社會名流的光臨，並被世人視爲一種雅趣。

前面提到，貞元十二年，詩人孟郊考中進士，心情得意，於是作了一首〈登科後〉的詩。意思是我金榜題名了，從此人生走向顛峰，想在一天之內看盡長安花。

你可能會問：孟郊想看的是牡丹花，還是桃花？

這樣發問，只能證明一件事：你是個不懂孟郊的俗人。

孟郊對鮮花才沒興趣，他想看的是平康坊的小姊姊。在那個年代，如果你是個讀書人，卻不曾出入平康坊，只能說明你沒有魅力，不夠雅趣。

在歷史上，平康坊有「風流藪澤」的雅稱，意思是風流韻事薈萃之地。

這裡面有個淵源：混跡平康坊的人大多是朝廷權貴，他們喝酒聊天時，總喜歡來點新鮮話題，比如人事任命、皇帝喜好、宰相八卦、後宮鬥爭、國家政策等，正經事和八卦都有。久而久之，平康坊就成了長安官場消息的集散地，這可樂壞了消息閉塞的地方官員。

大家都知道，封疆大吏（刺史、藩鎮節度使等）遠離朝廷，爲了獲得政壇消息，他們在長安設有「進奏院」，也就是駐京辦事處。這些機構全部在平康坊及其四周，平康坊內就有十五個、北邊的崇仁坊有二十五個、永興坊有四個、勝業坊有三個、南邊的宣陽坊內有六個、西邊的務本坊兩個、崇義坊五個。

## 長安也有豪宅區

有人可能會問：如果我是超級富豪，那長安有沒有豪宅區？

那是一定會有的，以朱雀大街、朱雀門橫街爲界，長安城分爲四個方塊，基本遵循著「東貴西富、南虛北實」的格局。

東北區以王公貴族、朝廷重臣、內廷宦官的府邸居多。

原因之一，這裡靠近皇城、宮城，方便官員覲見皇帝，上班下班。

原因之二，長安城的地勢由東向西逐漸降低，而貴人們都喜歡住在地勢高的地方。比如宰相宋璟的府邸在安興坊、姚崇的府邸在興寧坊；內侍省的官宦則居住在永昌坊、來庭坊、光宅坊、翊善坊。

東南區以普通官僚、老百姓的府邸居多。

西北區以富豪、手工業者的府邸居多。唐朝中後期，東北區沒有多餘的土地，不少官員於是選擇在西北區建造府邸。比如開元時期的名相張說、軍閥安祿山、軍閥李晟、宰相裴度的別墅都在西北區。

西南區則以普通老百姓的府邸居多。

長安還有許多周邊小國的人質、留學生、傳教者、商人、樂師、舞者、遊客，有鑑於相似的文化習慣，他們基本上居住在金光門（長安西門）和西市附近的義甯坊、居德坊、布政坊、崇化坊。

## 門不能亂開，牆不能亂爬

一般而言，每個坊都會開設四個坊門，東南西北各一個。不過皇城南邊的三十六個坊都只有東門和西門。原因很有趣，因爲長安城修建於隋朝，當時的風水大師說了，長安的龍脈在北邊，如果開設南門和北門，會放走龍氣。

每個坊的四周全都是土牆，其建築過程是這樣的：先用夯頭（木夯或石夯）打好地基，再填充一層具有黏性的黃土，再用夯頭敲打結實。像這樣一層層地填充夯打，就成了古代的夯土城牆。長安坊市的土牆寬二．五公尺至三公尺，只要你花點時間，挖出個門洞來還是有可能的。

只是每晚都有值班人員巡街，要是不小心被抓住，就會被控破壞城市基礎設施，按照大唐法律，七十下杖刑是少不了的。

按照規矩，百姓出入里坊，必須走坊門。

但說不定你被現代城市的快節奏壓抑太久了，想回歸大自然釋放一下；難得穿越回去，更想解放一下天性——有門偏不走，就是想爬牆。那會發生什麼事呢？

假如你成功翻越坊牆，警衛人員會找你談話，然後給你開一張罰單：杖刑七十。不過，如果你剛爬上坊牆就被捉住，還可以狡辯一下自己是「翻牆未遂」。按當時法律規定，翻牆未過者，減刑一等。唐朝的里坊雖然不需要刷門禁才能進入，但保全措施完全不比現代差。

進到坊內，你可以看到十字形的街道縱橫排列，每條街道寬十五公尺，非常氣派。十字形的街道街將里坊隔成四個社區，每個社區內又各有十字巷（或稱「曲」），每條巷也都有自己的名字。或是以方向命名，比如南曲、北曲；或是以街樹命名，比如柳巷、杏巷；或是有以高門大戶命名，比如薛曲、劉巷。巷寬兩公尺左右，它們將整個坊隔成十六個小塊，其中大部分是民宅，可能還有一些寺院、道觀、佛塔等建築。

你可能很納悶：坊市是老百姓的社區，性質上是住宅區，寺院和道觀這些建築合乎土地使用分區規定嗎？

還眞的沒違規，因爲整個長安城已被切割成坊和市，並未預留城市配套建設用地，所有文化工程只能修建於住宅區。如果你想去風景旅遊區，只能花兩小時跑到城市東南方的曲江池、樂遊原等風景區。因此，如果你的社區裡有這些旅遊類的建築，就只要坐等房子增值，偷著樂吧。

你可能會問：社區有管理人嗎？規矩多嗎？

還眞的有。每個坊都有一位坊正，在你的社區，他就是老大。別的不說，如果你是外來人口，想住進太平坊，必須先在坊正那裡登記籍貫、姓名、年齡、職業、身高、長相等，一項也不能少。社區內如果發生治安事件，坊正就得履行派出所所長的職責；如果發生了民事糾紛，坊正就得履行鄰里長的職責；如果長安的官府找你收稅，坊正就得履行國稅局局長的職責。

一句話，只要在坊門內，有事統統找坊正。

你可能不服氣，因爲你是朝廷的兵部侍郎，向來都是發號施令的人，憑什麼要聽坊正的指揮？那我們先看看以下場景吧。

你：坊正，我有點事想請你幫忙。

坊正：你請說。

你：我的住宅就在街邊，不想走坊門，你能否幫我單獨開個臨街的門？

坊正：敢問你是幾品官員？

你：官居正四品。

坊正：按照規矩，三品以上的重臣才有資格單獨開門。

你：能否通融一下？

坊正：不好意思，不可能。

坊正看你的態度還算誠懇，可能會禮貌性地多問你一句：

坊正：你是坊內三絕（門第、才德、文學）嗎？有無官府的認定書？

你：這些我都沒有。

坊正：那沒辦法，你還是老老實實走坊門吧。

如果碰到這樣的坊正，你就算有再大的官威、再爆的脾氣都得忍著。千萬別拿官威壓人，因爲這些都是皇帝訂的規矩。尤其是唐朝中後期，就算朝廷宰相想開一扇臨街的門，也都沒特權可用。如果你看到臨街而開的高門大戶，那一定是超級權貴，最好還是繞路走吧。

爲了管理社區，每個坊都會安排門吏；坊門之內，各門吏有自己的值班室。關於這一點，你可以參考現今社區的管理員值班室，完全一樣。

不僅如此，坊門兩邊還有一塊布告欄，專門張貼政府告示或居民的私事。舉凡張家重金尋貓、李家尋人、劉家有房要出租，都可以在上頭廣告。白居易的〈失婢〉一詩中，就有「宅院小牆庳，坊門帖榜遲」的記載。

## 古人都是晨型人？

身爲坊正，還有一項神聖的職責：開門和關門。

夏天的五更兩點（凌晨三點四十八分左右），冬天的五更三點（凌晨四點十二分左右），宮城承天門的值班人員會敲響每天的第一聲晨鼓。

晨鼓的響起，意味著新的一天已經來臨。第一聲鼓響後，長安各處的晨鼓會相繼響起，聲浪一直延續到長安城的盡頭。

只要鼓聲響起，宮城的城門、皇城的城門、各坊的坊門就會相繼打開。與此同時，長安的佛教寺院也會響起晨鐘（佛教是暮鼓晨鐘）。

身爲資深賴床族，凌晨四點被人吵醒，你想必會生氣。你可能想問：古人難道都不賴床的嗎？答案還眞是如此，他們眞的不睡懶覺。

原因可能有幾個。

其一，古人晚上不去KTV，不泡夜店，不約飯局，夜生活幾乎爲零，因此八點上床睡覺是很正常的事，一路睡到凌晨四五點，起床變得很容易。

其二，古人重視時間，「一日之計在於晨」幾乎是他們的人生格言。將大好青春耗費在床榻上，簡直是對人生的一種浪費和褻瀆。

其三，古人篤信中醫養生，什麼時候睡覺，什麼時候起床，都有講究。比如《黃帝內經》記載，「陽氣盡，陰氣盛，則目瞑；陰氣盡而陽氣盛，則寤矣」。人活著就是靠一口陽氣，晚上不早點睡覺，這不是折壽嗎？

不僅如此，古人把一天二十四小時畫分爲夜半、雞鳴、平旦、日出、食時、隅中、日中、日昳（音「跌」）、晡（音「逋」）時、日入、黃昏、人定。所謂人定，就是晚上九點到十一點，到了這個時間，人必須安靜下來，慢慢入睡。

所以，早起這件事沒得商量。要不等鼓聲結束了，再睡個回籠覺？

想法是好的，但就是太天眞。從第一陣鼓聲響起，一直到大街上能看到遠處的東西，承天門的鼓聲會很有節奏感地響起，保證你無法入睡。

凌晨四點，已有人守在坊門等待晨鼓響起。他們可能是商人，需要出門進貨；也有可能是官員，需要到皇城上班。凌晨五點，家家戶戶都打開了戶門，有人開始做飯，有人清掃庭院，有人在街頭巷尾閒聊，有人擺起早餐店。

當你看到鄰居都在奔波忙碌的時候，賴床會讓你產生嚴重的罪惡感。

# 東西市：全國最大的中央商業區

## 朱雀大街規矩多

別賴床了，趕緊起床吧，先帶你逛逛長安城最有名的「朱雀大街」。

朱雀門是皇城的正南門，從朱雀門開始，一直到長安城的正南門明德門，有一條南北走向的寬闊大街，它的名字叫朱雀大街，也叫天街。

朱雀大街寬一五〇公尺，長五〇二〇公尺，堪稱長安城的主動脈、中軸線。

每天早晨，承天門的晨鼓響起後，明德門厚重的城門便徐徐開啓，波斯、大食、突厥、回紇等國的商人拖著琳琅滿目的商品進城。站在朱雀大街，向北望去，一眼看不到盡頭。胡商腦子裡只有一句話：太長了，只能畏懼和敬仰。而朱雀大街的寬度，更讓他們感受到了大唐帝國的開放、包容。

朱雀大街是隋朝修建的，隋文帝有錢，出手闊綽。最重要的是，隋朝剛剛統一全國，需要建立帝國的權威。想讓小弟們敬服，除了強權鎮壓，形象工程（宮殿群、街道等）的工作也要做足，修建這樣一條朱雀大街是很有必要的。

平日裡，朱雀大街是對百姓開放的。不過，如果皇帝要到南城祭天、外出巡視，或有重要的外國使團來朝，官府會以黃土墊道，潑水淨街，暫時封閉大街。

黃土？潑水？這又是什麼操作？

電視劇裡的朱雀大街是用石板鋪成的，非常乾淨；就算下雨，你的鞋子也不會髒。但現實是這樣的：石板是緊俏的戰略物資，就連皇帝家也沒多少存貨。如果穿越到唐朝，你會發現朱雀大街的路面全部是黃土。

如果下雨，朱雀大街就會黃土鬆動，泥水橫流。爲此，設計者在道路兩旁修建了寬闊的排水溝，並種植了綠化植物（如柳樹、榆樹等）。如果皇帝要使用朱雀大街，有關部門就得用黃土填補坑洞，再灑一遍水，以保持路面整潔。

假設有一天，你家裡想修建房子，看到朱雀大街有很多黃土，於是你偷偷挖了幾石回家。對不起，你犯了破壞城市基礎設施罪，挨七十杖刑吧。

如果你沒挖土，卻端著一盆洗菜的廢水倒在溝裡，或者在溝裡小便，那也算違法，要受六十杖刑。

你覺得朱雀大街很寬闊，適合與漂亮姑娘一起策馬奔騰？道路旁的巡邏人員一定會攔住你，並向你出示朱雀大街的使用細則，然後賞你五十板子。

別覺得為了這些小事挨打受罰很委屈，也別怪朝廷嚴苛無情。畢竟，朱雀大街可說是大唐王朝的臉面，踩在王朝臉上囂張，你不受罰才怪呢。

## 去東西市血拼！

如果你覺得這個地方太動輒得咎了，那我們啓程去東市和西市吧。它們是長安的中央商業區，很容易打聽到位置：從朱雀門出發，往東走三個坊的距離，就可以看到東市；往西走三個坊的距離，就可以看到西市。

東市、西市的規模相當於兩個坊。根據考古發現，東市長十餘公里，寬九二四公尺；西市長一〇三一公尺，寬九二七公尺。

和長安城的規模比起來，兩市面積確實很小。畢竟在那個年代，城市的政治、居住功能是主要的，商業功能只能算附加的。

兩市的東西和南北向各有兩條街，每條街寬約十六公尺，將兩市隔成九個區，呈現「井」字形分布。坊內最大的店鋪門面寬十公尺，最小的門面寬四公尺，進深三公尺多，大多數都是約二十平方公尺的店鋪。不過，店鋪後面還有房間，做為手工生產或臨時休息之用，可以理解為「前店後廠」。

和坊一樣，東市和西市也是用土牆圍起來的，土牆周邊是排水溝。

如果你想逛東市和西市，最好中午過去。朝廷規定，每天中午，兩市會擊鼓三百次，擊鼓完畢後，市場才會正式開放。原因很簡單，大唐執行宵禁（晚上禁止出門）政策，商人們需要等到上午才能進貨。再者，兩市是魚龍混雜的地方，只開放半天，有利於朝廷的治安管理。傍晚時分，你就要開始往外走了，因爲在日落前七刻，兩市會響起三百鑼聲，預示著今天的交易正式結束。

既然時間有限，推薦你逛逛西市吧，保證你不虛此行。

雖然兩市的面積差不多，入駐的商家也很相似，但東市附近是王公貴族、官宦家族的集中居住地，這群人儘管有消費能力，卻很少親自上街；而且東市附近居住的百姓少，稀少的人流註定了東市難以繁榮。還有一點，波斯、大食等國的商人都住在西市附近，想看稀奇古怪的東西，只能逛西市。

在唐朝，商業機構有自己的分類，比如行、邸、店、鋪、肆。

如果你是個吃貨，可以去酒肆要個包廂，點一桌高檔的飯菜，再要幾壺美酒，一邊吃，一邊看著過往的人群，說不定就可以看到心儀的對象呢。也可以去茶肆坐坐，點幾碟桂花糕、酪櫻桃，享受一下愜意的午後時光。

如果你家裡來了客人，想辦個聚會，那就去肉肆、魚行、瓜果店採購食材吧。

如果你是位女性，推薦你去珠寶行、胭脂鋪、綢緞行。在西市，布料行分許多種，比如絹行、絲行、布行、帛行、繡行等。

如果你是個讀書人，可以逛逛書肆、樂器店、印刷行。

如果你是個運動愛好者，可以逛逛騾馬行、刀槍店、鞍轡店。

如果你想看看熱鬧，街邊就有人在玩雜耍，比如吐火、頂竿、魔術、疊羅漢、走索……還有算卦的、拉琴賣唱的，應有盡有。

如果你是個單身漢，可以去胡商的店鋪逛逛，看看高鼻子、大眼睛、頭髮鬈曲的外族美女；如果運氣不錯，雙方看對眼，還能來個跨國聯姻。這對長安百姓來說，已經見怪不怪了。一般去胡人商店，主要是買胡馬、香料、藥材、胡食、珠寶等物品。畢竟在當時，家裡要是能擺上幾件外國飾物，還是很能展現個人財力的。

西市還有一種生意：奴婢交易。

你沒聽錯，就是販賣人口的生意，不過是合法的。在唐朝，奴婢和牛羊馬等牲畜一樣，就是一種交易對象。如果你想買幾個奴婢，先貨比三家，檢查奴婢的身體；要是覺得合適，就和老闆商量價格。交易談妥後，再找市署令（市署的主管官員）簽訂契約。

請記得，儘管可以私下交易，但三天之內必須到市署備案。如果過期不備案，你就得挨三十笞刑，連賣家都要跟著挨打。如果你立了契約，卻在三日內發現奴婢有嚴重的身體疾病，你可以要求將奴婢退給賣家。

諸如此類的交易，在東市、西市比比皆是，這裡就不再贅述了。

如果你是開店營業的商人，還是拜一拜官府的碼頭吧。

東市的主管機構叫東市署，西市的主管機構叫西市署。老大叫市署令，品級是從六品上；還有兩名市署丞，品級是正八品上。商業交易的規則、度量衡器具的監督、買賣契約的簽署，都由他們說了算；兩市每天的開門關門，也由他們負責。身爲商人的你，必須和這六位官員搞好關係才行。

除此之外，你當然也得遵守市場規則。比如，布商賣出的布，要是長度不到五十尺（一四．七五公尺），寬度不到一尺八寸（〇．五三公尺），就是不合格的商品。如果被消費者檢舉，或被市署官員發現，等著你的不是簡單的行政罰款，而是杖刑六十。

你以爲這樣就完了？唐律規定，因出售不合格商品而獲利，那就是犯了「準盜罪」，出售一尺，杖刑六十；如果你剛好碰到大客戶，出售了五匹布，那就請你吃一年牢飯吧。這還沒完，接受處罰後，市署會沒收你的不合格商品。也就是說，既要挨打坐牢，又要承擔經濟損失。

你可能會想：這裡頭想必有官商勾結、灰色交易的空間。

這種情況當然不能完全排除，但唐律明確規定，市署官員若包庇商人，與商人同罪。如果市署官員沒有發現不合格商品，則減二等處罰（比如六十杖刑改爲四十杖刑），因爲這意味著市署官員能力不夠或怠於工作，都得受到處罰。最主要的是，如果出現問題，市署官員是唯一負責人，地方行政長官不需要爲下屬背鍋。這樣的遊戲規則可以確保上級官員沒有心理壓力，能全心全意地處理市署令。

所以，在唐朝，商人是不敢隨便欺騙消費者的。

你可能會問：偌大的長安城，難道只有東市和西市兩個商業區？

在這裡眞誠地回答你：它們只是兩個中央商業區，畢竟長安的常住人口有數十萬人，最高達一百萬人，兩個商業市場一定不夠用。因此，在百姓居住的坊裡，也有許多店鋪，尤其是茶肆、酒肆，堪稱里坊的標準配置。

## 宵禁後，靈魂還是自由的

### 長安到底誰在管？

前面說過，高峰時期，長安城的常住人口高達一百萬人。

我們來看一下其管理機構吧。最高主管單位是雍州（京兆府），直接管轄長安縣、萬年縣，軍事巡邏單位是左金吾衛、右金吾衛。

在唐朝，長安是首都行政區，堪比北京市的二環；雍州就是整個北京市，最高行政長官叫雍州牧（相當於北京市市長），辦公地點設在長安西部的光德坊。

唐朝初年，雍州牧一般由李唐親王擔任，比如秦王李世民、魏王李泰、陳王李忠、雍王李素節、章懷太子李賢都做過雍州牧，官居從二品。不過，他們只拿俸祿，很少管事，州內事務全部交給雍州長史、雍州司馬處理。

開元元年（西元七一三年），李隆基將雍州改爲京兆府，取消雍州牧的編制，由雍州長史擔任京兆尹，京兆尹的品級降格爲從三品。下設兩名京兆少尹，官居從四品下。如果你看到設定爲貞觀年間的古裝電視劇出現了「京兆尹」的官職，請你理直氣壯地吐槽編劇吧。

論官階，雍州牧是首善之都的長官；但如果你穿越到唐朝，還是別做這個官爲好。畢竟，長安城有一群可怕的物種，比如開國功臣、李唐親王、郡王、公主，他們全都是特權階層，而且就住在你的地盤上。如果他們犯了錯，身爲雍州牧的你，照章執法會得罪他們；但如果不執法，御史會彈劾你，百姓會怨恨你。

事實上，雍州不是長安城唯一的主管單位。

以朱雀大街爲界，東面的坊市歸萬年縣管理，西面的坊市歸長安縣管理。長安縣、萬年縣就是全國級別最高的京縣，縣令品級正五品上，縣丞品級從七品上。如果你是京縣縣令，恭喜你，你是有資格上朝聽政、見到皇帝的。

不管是長安令或萬年令，都是行政長官，只能負責行政事務。當你走在長安的大街上，經常可以看到軍隊在巡邏；尤其到了晚上，巡邏士兵的警覺性會更高。稍微打聽一下，百姓可能就會告訴你，他們隸屬於左、右金吾衛。

按照分工，左、右金吾衛各自負責長安縣、萬年縣的巡邏警衛工作，日常巡邏的範圍包括長安城的主要街道，以及皇城和宮城周邊的街道。

其中，巡街的首領叫街使，編制一人；判官，編制兩人。他們的職責是巡查主要街道，部分武官會微服私訪，進行祕密偵查。

如果你走到長安的各個城門或坊角附近，會看到一處小院子，院門牌匾上寫著「武侯鋪」三個字，它就是金吾衛的巡邏駐地，堪稱地區派出所。

如果是大型城門，會有一百人編制；如果是大型武侯鋪，會有三十人編制。如果是小型城門，會有二十人編制；如果是小型武侯鋪，會有五人編制。

除了巡街使，還有左右翊府中郎將，編制一人；翊府果毅，編制兩人。他們的職責是輔助巡查，執法權力和巡街使是一樣的。

金吾衛是朝廷的十六衛之一，直屬主管就是皇帝。不管你是王公貴族還是普通百姓，如果被金吾衛判定你有威脅皇帝的行爲，那就自求多福吧。

## 暮鼓響畢，宵禁開始

前面說過，夏天的五更兩點，冬天的五更三點，承天門會傳來一陣鼓聲。

唐朝初年，承天門還沒架鼓。每天到了開門時間，金吾衛的值班人員就會扯著嗓子高喊「開門」，隨後再從承天門跑到長安的各個角落，讓大家打開城門和坊門。貞觀十年，大臣馬周嫌棄這種辦法太老土，於是建議在各街道設置傳遞資訊的「街鼓」，還給它取了個可愛的名字：冬冬鼓。

凌晨時分，冬冬鼓響起，宮門、城門、坊門相繼開啓。一般而言，晨鼓會響三千下，直到「目能辨色」，也就是眼睛能看到遠方的物體爲止。傍晚時分，冬冬鼓再次響起，街上的行人聽到鼓聲，應該立即歸家，到了一更時分（晚上七點到九點），暮鼓差不多響了八百下，長安城的宵禁正式開始。

那個時候，堪稱「六街鼓歇行人絕，九衢茫茫空有月」。

宵禁開始後，還是有幾種人可以趕路。

**第一種：有緊急公事要辦，必須出門的官吏。**

**第二種：家人有嚴重疾病，需要出行就醫的。**

**第三種：家中親人剛去世，需要操辦喪禮的。**

但就算你屬於這三種人，也別忘記提前找本縣縣令或本坊坊正開個臨時證明文件，只有經過金吾衛巡街人員勘驗後，你才能在街上行走。

《全唐文》記載，有位叫徐逖的大理寺丞（法院公務員，從六品上）在宵禁後仍上街蹓躂，被金吾衛的將軍捉到，當場就被打了二十鞭子。更搞笑的是，這位老兄是有官府證明的，但還沒掏出文件，金吾衛的巡邏隊就下了手。

你可能會說：坊正是我好哥們，到坊門前打個招呼，他就能放我進去。

那你眞的想太多了。第一，如果坊正擅自開門，他就得挨板子，嚴重者還會去吃牢飯。第二，在坊內，除了坊正，還有幾位管理人，如果坊正徇私舞弊，其他人可以去告狀，然後順利上位。第三，里坊外還有武侯鋪，那可是金吾衛的地盤，你可能還沒跑到坊門前，就已經被金吾衛打個半死了。

《太平廣記》記載，天寶年間，布政坊的居民張無是外出蹓躂，因爲誤了坊門關閉的時間，無法回家，只好找了處橋洞，在橋下偷偷蹲了一夜。

至於喝醉酒犯夜禁，或故意外出被打死的事件，歷史上比比皆是。眞可謂「出門須謹愼，天黑要回家，若爲醉酒故，打死不負責」啊。

如果你非得半夜三更出門，想尋求刺激的夜生活，最好穿越到唐憲宗以後的年代。唐朝晚期，宵禁制度執行得不嚴格，只要你不拿著鋼刀四處晃，教巡邏大兵提高警惕，還是挺安全的。當然，遇到非常敬業的巡邏兵，算你倒楣。

別怪朝廷宵禁。在那個年代，政變是家常便飯，說不定哪天某位王爺或將軍就帶兵進城了；更有甚者，會趁火打劫、在街上製造混亂。對朝廷來說，必須把街道清空，才能杜絕大部分的風險。

不過，宵禁的規矩只適用於長安城的主幹道、坊與坊之間的道路。只要進入坊內，你就可以隨意出行，不受任何限制。

比如，舉辦個名流聚會、和兄弟們通宵達旦地飲酒作樂，或和心上人來個浪漫約會；再不濟，自己來個月下獨酌也行。只要遵守公共秩序與善良風俗，不打擾到別人，你隨意。

# 第二章

# 在唐朝上學是什麼感覺？

# 不是人人都有機會念中央官學

在唐朝，學校大致分爲三種：中央官學、州縣官學、私塾。教育行政機構是國子監，相當於教育部；最高主管是國子祭酒，從三品；其次是國子司業，從四品下。

在現代電視劇裡，我們經常看到這種場景：某人端著一杯酒，跪在祭祀臺前，然後舉起酒杯，念誦禱文，隨後手腕畫出一道弧線，瀟灑地將酒澆在地上。這種禮儀叫「澆奠祭祀」，完成祭祀禮儀的官員就叫「祭酒」。在古代，國子監是最高等級的教育主管機構，而儒家最重要的禮儀就是祭祀，扛霸子叫國子祭酒，可謂名副其實。

## 中央官學有哪些？

國子監既是主管機構，也是辦學機構。**國子監下設國子學、太學、四門學、律學、書學、算學六所高校，這些都是中央官學，統稱爲「六學」。**

如果你想學習儒家經典，那就去國子學、太學、四門學。

如果你想學習專業知識，那就去律學、書學、算學。

國子學、太學、四門學是大唐官僚的培養基地，未來統治階層的搖籃。至於律學、書學、算學，雖然也算是中央官學，但只是高級專科學校。

在唐朝，國子學招收三百名學生，但三品以上的高官子弟才能報名；太學招收五百名學生，得五品以上的官員子弟才能報名；四門學則招收一萬三千名學生。唐太宗時期，爲了推行普及教育、施恩平民子弟，李世民規定，四門學保留五百個名額給官員子弟，剩餘八百個名額要留給全國各地的優秀青年。當然了，如果想報考四門學，你得有一技之長，還要深得州縣長官的青睞。

說白了，你得有能力給他們顏面增光。

大唐開國初期，招生門檻確實挺高的；但到了後來，中央官學的編制擴張到八千多人。如果你在太學讀書，經常會看到吐蕃、南詔、回紇等國的留學生。這些人畢業之後，一部分會留在長安討生活，其他的可能回母國傳播大唐文化。

## 上學當然要交學費！

若想上學，就得交學費。老祖宗們很講究，他們給學費取了個優雅的名字：束脩之禮。束脩就是臘肉。孔子規定，如果你想求學，請背著十條臘肉去拜師；換言之，十條臘肉是全國公定價，童叟無欺。

而在唐朝，如果你想上國子學、太學、四門學，每人要繳納兩匹絹，其他三所學校則繳納一匹絹。另外，每人需要送一瓶酒、一條臘肉。

算起來，唐朝的學費比孔子的標準要低很多，這是歷史的進步。

只要你交了學費，剩下的就只管專心念書；如果有人敢擅自收費，國子祭酒必會嚴懲。不僅如此，朝廷還提供一日三餐，並統一發放制服。這就是特權階層的待遇。

## 交了學費，就好好念書吧！

既然有學費，那當然有授課的老師。

**首席教師叫博士，相當於教授**。你沒看錯，唐朝就有「博士」這個稱呼。最初，博士取其字面意思，指的是博學之士；到後來，博士成爲一種官名，也可以理解爲職稱。能夠在中央官學擔任博士的，必須是博學大儒。

在唐朝，官學是教育機構，朝廷爲了培養優秀青年，不再看重老師的家庭背景，只要你有學問，哪怕是出身鄉野，朝廷也願意聘請你。

比如說，貞觀年間，河南學者王恭在家鄉教書，學生數百名，聲名遠播。李世民就將他招到長安，命他爲太學博士。

**二號教師叫助教，相當於副教授**。你沒看錯，「助教」也是唐朝的稱呼，現在大學的助教，都是沿用老祖宗的稱呼，而且現代大學的助教和唐朝助教的工作內容也很相似。博士是首席教師，精力有限，但學校的課程太多，因此助教要負起講授經書、監督學業的重任。

**三號教師叫直講，相當於講師**。直講也可以授課，但多數時間在輔助國子祭酒、博士、助教，比如整理課程資料、安排考試。博士休假、生病時，就輪到直講意氣風發了。

既然上了學，耗費了青春年華，當然要學點知識。

官方早就給你安排了學習課程表。

必修科目包括《孝經》和《論語》，學習期間爲一年。小經科目包括《易經》《尚書》《春秋公羊傳》《春秋穀梁傳》；《易經》學習期間爲兩年，後三本各爲一年半。中經科目包括《詩經》《周禮》《儀禮》，各學兩年。大經科目包括《禮記》和《春秋左氏傳》，各學三年。

在古代，考試內容是隨機的。比如一本《禮記》，老師翻到某一頁，覺得這句是個考點，於是就將它當做考題，要你背誦前後幾段的內容，再讓你聊聊自己的見解。因此，古代人讀書，很多時候是死記硬背。

你算算，幾十萬字的古文，如果把它們全部背下來，簡直就是要命啊。

聽起來很恐怖，可是唐朝規定，你可以自己選擇段位。

低階段位（高中水準）：通曉兩經，可以是大經和小經各一，或是兩本中經。

中階段位（大學水準）：通曉三經，包括大經、中經、小經各一本。

高階段位（研究生水準）：通曉五經，除了大經全部通曉，中經和小經還共要學三本。

鬼才段位（全能學霸，遇到就膜拜吧）：全部通曉。

至於學習的成效如何，學校會安排考試來評判。

**第一種考試是旬考**。在唐朝，學校每十天放假一次，稱爲「旬假」。放假的前一天，班級會安排旬考；換言之，每個月考三次，相當於隨堂測驗，考官就是你的主講老師。到了考試那天，老師會讓你默寫三段文章，並背誦前代大儒對經書的解釋。如果能答對三分之二，考試就算合格。

**第二種考試是年考**，每年一次，相當於年終測驗。老師會出十道題，讓你口試背誦，並聊聊你對經文的見解。如果答對八道題，成績就是上等；如果答對六道題，成績就是中等；至於其他的，全都評爲下等，意思就是你被當了。

**第三種考試是畢業考**。比如，你選擇的是中階段位，在學校念了七年。時間一到，國子祭酒就會親自給你舉辦考試。測驗還是那一套，如果你合格了，就可以去參加尚書省舉辦的選官考試（公務員考試，過關就等著吏部給你安排職事吧）。

當然了，如果你有理想有目標，可以繼續深造，比如從太學轉學到國子學。學習內容一樣，但你畢業的學校變成全國最高學府，說出去的效果就不一樣了。

如果你是個學渣，畢業考被當，那對不起，請你回爐再造。別以爲你是貴族子弟，就可以在學校廝混。如果考試不合格，學校會停止你的膳食待遇。那時候可沒有外送服務，沒飯吃的時候，你就得讓家人給你送餐了。

如果三次年考不合格、曠課超過三十天，或請事假超過一百天，學校就會正式通知你，他們這座小廟容不下你這尊大神，請回家吧。

## 唐朝也有貴族學校！

國子監是唐朝的中央教育機構，下設的學校都是國立大學、高等學府，生源有三品高官的孩子，也有六品以下低階官僚的孩子，甚至還有平民子弟。

國子監儘管高端大氣上檔次，卻不夠神祕，不夠貴族。畢竟，超級權貴的孩子怎麼會和平民的孩子混在一起呢？長安就有兩所超級貴族學校，分別是崇文館和弘文館。

崇文館隸屬於太子宮，原是太子讀書的地方。我們可以說，崇文館的老師都是全國最強的，他們精通經學、史學、書法、詩文。閒暇時，可以和你談風花雪月；必要時，也可以教你宮廷權鬥的智慧。不僅如此，崇文館還是皇家藏書館，裡面彙聚了歷朝歷代的書籍，不論是公開發行的、限量發行的，還是孤本書籍等，應有盡有。

弘文館則隸屬於門下省，同樣也是國家級的圖書館。

能在兩館讀書的只有這幾類人：皇帝、皇太后、皇后的近親；宰相、一品散官（文名階官，原指不理事、僅有俸祿的官員，後用來表示官員的等級）、封爵者（有實封）、京官職事官（從三品以上）、中書侍郎、門下侍郎等人的兒子。可以說，這幫人就是長安的頂級權貴，他們的社交圈子就是貴族圈。

因爲是貴族學校，兩館的入學名額各只有三十個，實施小班教學。如果你剛好遇上權貴小孩都要上學的高峰，需要報名入學，恐怕得找皇帝說點好話。

## 專科學校實用至上

如果你沒有過硬的背景，那就上律學、書學、算學吧。

律學相當於法政類大學，是唐朝法律專業的最高學府。律學的審查條件沒那麼苛刻，報名的都是全國郡縣從事刑獄工作的官吏。如果順利畢業，可以回到老家，掌管州縣刑獄；如果成績不錯，到大理寺或刑部做官也是可以的。

書學，就是書法學院，簡單來說就是練字的。

書學有文化課程，比如《國語》《說文解字》《字林》等，除了理論知識外，日常課程就是練字。你可能很納悶，練字也能成爲一門學問？事實上，你寫字的水準可以決定你的命運。

從你的口袋裡翻出一枚銅錢，上面寫著「開元通寶」四個字，那就是唐朝楷書大家歐陽詢寫的。皇帝想切磋書法、皇子要練習書法、中書省要起草詔書、各官府要謄寫公文、權貴們寫奏章……都要會寫字的人才，缺口很大的。

虞世南、褚遂良、柳公權都是唐朝著名的書法家，因爲書法成就突出，深得皇帝欣賞，朝廷還特地給他們加封「翰林侍書」的頭銜。在那個年代，這群人就是神一樣的存在，只要皇帝有書法上的需求，當然會傳召他們。

李世民是位酷愛書法的皇帝，臣僚的字寫不好，他也很著急。有時候，李世民會在弘文館開設書法培訓班，讓歐陽詢、虞世南親自主講，五品以上的高級官員集體參加，場面之壯觀，堪比後世的托福或雅思補習班。

說得再現實點，假設你報考進士，碰到筆試和面試成績剛好一樣的對手，你的字要是寫得差，可能就會直接被淘汰。

算學就是數學院。如果進了算學，那就好好學吧。那時候沒有電腦、計算機，也沒有Excel函數表，學數學完全靠大腦和心算，研究起來想必費勁。這樣吧，你先把《九章算術》《綴數》《周髀算經》《五經算術》《海島算經》等課程融會貫通，如果考試合格、運氣不錯，在工部或將作監撈個官職應該沒問題。

如果你是有志青年，可以繼續深造，當個獨立學者。中國古代的數學水準還是領先的，數學專著層出不窮；但是到了唐朝，學術研究卻戛然而止，最終被西方超越。

如果你想學習醫學，做唐朝的「華佗」，可以報考太醫署。

如果你想學習天文學，從事星象研究，那就報考司天臺。

如果你想研究馬匹、牛羊，那就報考太僕寺。

如果你對玄學有興趣，尚書省禮部有個祀部，下設玄學研究院。

總而言之，不管你的理想是什麼，總有一款學校適合你。

# 各式各樣的地方院校

## 地方官學有三種

不是人人都有好命數。能進三品大員的家門，那是你的榮幸，你就偷著樂吧。其他人就悲劇了，生在縣令、縣丞或老百姓的家裡，發現家徒四壁，只有幾畝薄田。這種情況下，想進中央官學是絕對不實際的。如果想靠讀書來改變命運，州學、縣學等地方官學恐怕是第一選擇。

**唐朝地方官學有三種：經學、醫學、崇玄學。**

其中，經學歸地方都督府、州府、縣府掌管，醫學歸中央的太醫署掌管，崇玄學歸尚書省禮部的祀部掌管。

一般而言，學校的入學名額為四十人至八十人，依地方人口規模而定。比如，長安的官學是八十人，上州（四萬戶以上）的官學是六十人，中州（兩萬戶以上）的官學是五十人，下州的官學是四十人，縣學也是一樣的道理。

州、縣官學的入學門檻不高，七品以下官員的子弟、州縣胥吏的孩子、經濟條件優越的農家子弟都可以上學。中央官學的定位是培養官僚，而州、縣官學的定位是素養教育，爲大唐王朝培養人才庫。因此，州、縣官學所配備的老師、學校的福利，包括考試的及格標準都很低。

比如，有六十個學生的官學配備一位博士和兩位助教，有五十個學生的官學只配備一位博士和一位助教。又如，學校沒有規定學習年限，如果你能學會一經，考試通過就算畢業。畢業之後，你可以報考中央的四門學，選擇繼續深造，也可以參加科舉考試；再不濟，和州縣長官打個招呼，回老家做個低階胥吏（府衙打雜）也行。

不管是中央官學還是地方官學，都屬於高等教育，可以理解爲大學。在這些學校上課的，基本是十四到三十三歲的青少年和大齡青年。完成大學學業後，就要參加科舉考試，開始全新的人生旅程。

## 啓蒙教育也是五花八門

不過，在考進官學之前，每個人都有自己的啓蒙教育，這部分的課程全都在小學完成。而所謂的小學，也可以理解爲「私塾」。

可是政府沒有財力和精力興辦小學教育，只能放任不管；如此一來，民間便大量私設學堂，以至於教育方式五花八門。

## 私塾的種類

**第一類是家庭私教**，比如有些家庭本身就是書香門第。

對了，別以為書籍聞起來有油墨的香味，就叫書香門第。在古代，如果家裡有大量藏書，是需要防蟲防黴的。古人通常會將一種叫「芸香草」的植物放在書裡，或擱置在書架上，時間久了，一打開書籍，就會聞到一股清新淡雅的植物香味。沒有兩、三代讀書人的打理，就沒有純正的書香；或是家裡沒出一位文官，就不能算正統的書香門第。

一般而言，這種家庭的老爺子可能是進士出身，或者是學術大老，學風非常嚴謹。小孩子的啓蒙教育，完全可以透過家庭教育來完成，也可說是菁英教育。

**第二類是門館**。

有些儒生學識豐富，在地方名氣很盛，往往會選擇以教書為生。他們通常會在自家開設學校，或租用村裡的祠堂、廟宇，招收附近鄉里的小孩子，這種模式就叫門館。當然了，為了維持生計，門館也是要收學費的；至於日常的膳食，就得靠學生自己解決。

**第三類是村塾**。

在古代，村裡的百姓基本都是同姓的，他們可能有血緣關係，可能來自同一個祖先，其中也會有少數的外姓。村中輩分最高、德高望重的精神領袖就是族長，不論是家族的祭祖典禮、家庭的糾紛、哪家生了大胖小子，還是隔壁家有人去世，都是由族長出面主持。

村裡孩童的教育，自然也由族長來操心。

一般而言，族長會找個地方當教室，聘請一位老師。如果是富豪村落，那就聘請一位有學識的大儒；如果經濟條件一般，那就聘請一位落第學子；若實在不行，就讓村裡讀過幾年書、認識幾個字的人來當老師。

隋朝有個超級貴族叫李密（瓦崗軍首領），他曾是隋煬帝的侍衛，後來參加楊玄感的謀反行動，成爲全國頭號通緝犯。在逃亡途中，李密隱姓埋名，靠著自己的學識，成功打動鄉里的百姓，成爲一位私塾教師。

這種情況，族長通常會給老師送點錢財、糧食、臘肉，這就算工資了。

**第四類是家族私立學堂**。像是在縣城或州府，是不存在族長這號人物的。城裡只有富商大賈、大地主、退休官員，他們可能會自己出資，聘請優秀的老師興辦學堂。生源包括自己家族的孩子、好朋友的孩子、生意夥伴的孩子等。

**第五類是自學成才**。如果你家徒四壁、繳不出學費，每天還得下田幹活，上學根本就是不切實際的事。這種情況下，你家裡當然沒有藏書，最好找村裡的讀書人借本書，然後效法古人，在晚上髮懸梁、錐刺股，或者鑿壁偷光，或者「畫地爲字」（書法），自學成材。

如果你年滿七歲，家長就會送你去學校，開始啓蒙教育。學校裡幾乎都是和你一樣的孩子，大家在一起讀書、寫字、玩泥巴、玩家家酒，非常熱鬧。

有時你會遇到十幾歲，甚至是二十幾歲的青年，請不要詫異，因爲啓蒙教育就是教大家認字、寫字、讀書。要是碰到插班的大哥哥，你就多包涵吧。

你可能經常在古裝歷史劇裡面看到這樣的場景：在一所私塾裡，老師拿著戒尺到處轉悠，小孩子們搖頭晃腦，口中念著「人之初，性本善。性相近，習相遠」「天子重英豪，文章教爾曹。萬般皆下品，唯有讀書高」等。

博學的你一定知道，他們念的是《三字經》和《神童詩》。

如果眞是這樣，那絕對不是唐朝的歷史劇。因爲我們所熟知的《三字經》《百家姓》都是宋朝的著作，而《千家詩》也有宋朝版和清朝版兩種。要是在唐朝歷史劇裡看到這樣的場景，那一定是導演和編劇杜撰出來的。

因爲小學是啓蒙教育，所以政府沒有規定學習年限。如果你天縱英才，兩年時間就搞定全部課程，那就退學吧，找個更高端的老師做家教；如果你沒有追求，可以在學校混個七年，等到十四歲時報考官學。怎麼求學，完全看你自己的意願。

## 私塾教什麼？

私塾的基礎課程是《論語》和《孝經》。這是必修課，老師會不斷講解「忠」「孝」兩個字的含義，還會說古時候的經典故事，比如黃香溫蓆之類的二十四孝故事。這是爲了告訴你，做臣子要忠君，做兒子要孝順父母，這些都是你以後混江湖的立身之本。

基礎課程學好後，老師會讓你學習《千字文》《詩經》《文選》等課程。

另外，由於唐朝允許自由戀愛，因此儘管是鄉下孩子，基本的情話還是要會說。比如，和村裡的小芳約會，可以說「關關雎鳩，在河之洲，窈窕淑女，君子好逑」，這對沒讀過書的女孩子來說，殺傷力還是很大的。

如果面對的是受過教育的姑娘，可以說「昔我往矣，楊柳依依。今我來思，雨雪霏霏」，這樣顯得你更有文化。

如果你碰到特別有水準的老師，他們可能會講授《周易》《老子》《莊子》等課程。畢竟唐朝皇室崇尚道教，多學點「玄學」總是有好處的。

你可能發現到，小學和大學在課程安排上有重複。原因很簡單，小學的教學目標就是認字和寫字。比如，要過年了，你能幫村裡的鄰居寫幾副春聯；老人家要給在幽州服役的兒子寫信時，你能代筆；縣裡發公告時，你能幫大家念出來；村裡缺一位記帳先生時，你能頂上去，這就足夠了。至於對書籍、文化的理解，那都是官學博士、助教的任務。

在唐朝，上完小學就可以直接讀大學，沒有小學升中學再升高中的階段。你唯一要做的就是好好讀書，天天向上，其餘的就看你的造化。

# 第三章
# 在唐朝準備入朝爲官是什麼感覺？

# 科舉：憑本事參加大學考試

講完了學校，唐朝普通讀書人的人生軌跡就很清晰了。

七歲時，你開始上村裡的私塾，學習《論語》《孝經》，經過幾年刻苦學習，你認識絕大部分的文字，可以提筆寫字。如果給你三天時間，你能獨坐家中苦思冥想，攢出一首七言打油詩，那就算很優秀了。

十四歲時，你開始念大學。如果你有家庭背景，經濟條件還不錯，可以報考州裡的官學；如果家庭條件一般，可以報考縣學。

你評估了一下，老爹是縣令，那就念州裡的大學吧；不過你覺得自己記憶力不好，因此選擇了最低段位——兩經，學期六年。

二十歲時，你順利通過大學考試。這個時候，你面臨兩個選擇：第一，到國子監的四門學進修；第二，參加科舉，說不定真讓你考中了呢。

你想了想，自己的運氣一直不錯。振作一下精神，參加科舉吧。

## 誰能參加科舉？

**唐朝科舉分爲兩種：制舉和常科**。

制舉做爲恩科，是不定期的。某天，皇帝召開朝會，看著殿內群臣，發現全都是老面孔，而且沒幾個能瞧上眼的。於是心生感嘆，放了句話：「今年辦制舉，選幾個年輕人吧。」

朝廷辦不辦制舉，完全看皇帝心情，隨機性太高，還是別指望了，好好盯著常科吧。畢竟朝廷每年都會開常科，機會每年都有。

在唐朝，如果你想參加科舉考試，**必須具備「生徒」或「鄉貢」的身分**。如果是在中央或地方官學念的書，並且考試合格，被學校送到尚書省參加科舉考試，那麼你的身分就是「生徒」。顯而易見，只要你大學順利畢業，就可以參加公務員選拔考試，多好的人生機遇。

可喜可賀的是，政府也沒把寒門學子的路堵死。如果是家境貧寒，靠鑿壁偷光、燃薪讀書十餘載，最終自學成才的話，你可以拿著身分證找縣裡報名，參加州、縣舉辦的選拔考試，它們統稱爲「解試」。唐朝有個叫馬懷素的進士，年輕時家貧如洗，沒有蠟燭。馬懷素只好白天到山裡砍柴，晚上燃起柴火，就著火光讀書，最後考中進士。

在縣裡，主持考試的官員是縣尉。如果有可能，盡量讓這位大哥對你有好感，不管你考試成績如何、是否推送到州裡進行複試，完全都靠縣尉的一句話。

在州裡，主持考試的官員是司功參軍。州級考試一般在八、九月進行，也叫「秋闈」。考試結束後，州裡會頒給合格的學生「解狀」。從這時開始，你的身分就變成了「鄉貢」，也叫舉子。提醒你一下，朝廷的鄉貢是有名額限制的。

唐朝前期，官學的生徒是科舉的主力軍，從武則天開始，朝廷增加鄉貢的名額，有時候是一千五百人，有時候會飆升到三千人。但不管名額有多少，都別高興得太早。在浩浩蕩蕩的考試大軍中，京兆府、同州、華州等地的學霸太厲害，會搶占很多名額；更何況，唐朝有幾百個州府、上千個縣。朝廷已經規定，上州有三個名額、中州有兩個名額、下州有一個名額，平均算下來，你除非考到全縣第一名，才有被錄取的希望。

## 科舉的考試流程

每年十月二十五日，長安城都會熱火朝天，盛況空前，因爲全國各地的行政最高主管會齊聚長安。一般而言，他們有三項任務：一是向中央主管部門彙報地方官員該年績效；二是進貢地方土特產給皇帝；三是將「鄉貢」送到尚書省，準備接下來的考試。

十一月，學子們齊聚大明宮含元殿，等待皇帝接見。這一天，中書省四方館的「新聞發言官」——通事舍人會這樣誇你：

卿等學富雄詞，遠隨鄉薦，跋涉山川，當甚勞止。有司至公，必無遺逸，仰各取有司處分。

接下來，會由尚書省接管所有的流程。

**流程一，審查考試資格**。

在這個階段，你需要交兩份文件：一份是州府開具的解狀，這是參加考試的資格憑證；另一份是「家狀」，上面寫著你的具體資訊，比如姓名、年齡、籍貫、祖宗三代的名字（查看是否會犯皇家的忌諱）、你家的戶長、父母的年齡、舉數（來自哪個州的考場）、場第（報考哪個科目）、個人相貌特徵（臉上有沒有痣等）。如果你的家族裡有人做官，也得報備他們的名字、官職等。

資料遞交上去後，吏部或禮部會統一審核，統一放榜，公告結果。

請注意，只有名字在榜上的學生才能參加科舉考試。如果你被人舉報曾偷盜過財物，或隱瞞考試資訊，都會被淘汰。甚至，要是審核官看你不順眼，只要動點手腳，你就沒資格參加考試了。

**流程二，安排考試。**

唐朝前期，負責考試的是尚書省吏部考功司，由考功員外郎擔任主考官。李隆基時期，尚書省禮部接管考試事務，主考官變成禮部侍郎。

每年的二月、三月，科舉考試正式開始，因爲在春天舉行，也叫「春闈」。

在電視劇裡，科舉考試的場景通常是這樣的：考場被官兵嚴密把守，考生提著一只籃子，裡面裝著毛筆、硯臺、墨條，還有乾糧，在禮部官員的引導下魚貫入場。

入場前，官員會搜查考生的隨身物品，有時甚至會翻看考生的衣服，防止夾帶紙條作弊的情況發生。總而言之，只要是寫有文字的東西，絕不允許帶入場。

檢查完畢之後，考生便來到一間小屋子，裡面有一條桌案和一張小床。接下來的幾天，只要不作弊，可以做任何事，包括睡覺。

事實上，那只是清朝科舉的情形，唐朝的考場可是另外一番場景。

考試時間從卯時（早晨五點到七點）開始，酉時（晚上五點到七點）收卷。

必帶物品爲筆墨硯臺、清水、食物。

至於是否搜身，按照慣例是要的，但不嚴格。

考試地點則在尚書省的廊廡。

廊廡就是屋簷下的過道。考試那天，有關部門會在屋簷下擺滿小桌，考生們席地而坐，參加考試。二月、三月的長安，如果你運氣不錯，可能會碰到暖陽高照的天氣，但大部分時間都是寒風呼嘯，甚至雪花飄飄。好心提醒你，還是帶著暖暖包吧，在別人凍得手腳哆嗦、無法寫字的情況下，你的暖暖包很可能會改變你的命運啊！

## 科舉考什麼？

說完了考試流程，你還得確定自己要報考什麼科目。

現在大學考試只分文組和理組兩大類，但回到唐朝，你會發現考試的科目五花八門：秀才、進士、明經、明法、明書、明算……掰著你的十根手指頭，至少能數五輪。沒錯，眞的有五十多種考試科目。

## 在唐朝，考秀才難於上青天

你可能很有自信，覺得憑自己的實力，考個秀才沒問題吧？明朝和清朝時，光一個村子裡就有好幾個秀才，他們只是讀書人中最低等級的稱號。但是在唐朝，秀才科堪稱魔鬼科目，難出天際。武德年間，朝廷就設了秀才科，但每年錄取的人數通常是這樣的：前年是零，去年是零，今年還是零。關鍵是，皇帝和朝臣都知道，明年可能還是零。除非某位大神橫空出世，才會破了零蛋的紀錄。

在讀書人的圈子裡，秀才是最高等級的稱號，只能拿來膜拜。如果你考中了秀才，完全可以學螃蟹橫著走路。有誰敢不服氣，你只要說一句：我考上秀才了，你呢？

你別不信，看看進士科，每年都會錄取幾十名，而秀才要不就沒人考上，要不就只錄取一到兩人。在唐朝的官方紀錄裡，李淵欽定了六名秀才，李世民欽定了二十二名秀才，唐高宗李治欽定了一名秀才。在唐朝，秀才就是這樣鳳毛麟角的存在。

中國古代的皇帝有種樸素的想法：「朕經過不懈的努力，打造了一個太平盛世。如果你是位賢才，就算隱遁在犄角旮旯，朕也會請你出山，給你謀個差事。畢竟，賢才出山，輔佐朝廷，代表著國力繁榮、政治清明、皇帝聖明。」

李世民喜歡人才，每年都開秀才科，但幾輪考試下來，過關的寥寥無幾。有一次，李世民的心情很差，對近臣說了幾句話：「朕發詔徵天下俊異，才以淺近問之，咸不能答。海內賢哲，將無其人耶！朕甚憂之。」

瞧瞧，因爲讀書人總是考不中秀才，弄得李世民都開始懷疑人生了。

不過，這能怪讀書人嗎？能考中秀才的，必須是全能型人才。

**第一，心理素質要強大**。如果你見到鄉鎮市區長，心裡會不會忐忑？見到市長或縣長，你還能不能說出一句完整的話？對於只知埋頭苦讀、沒見過大世面的書生來說，要在皇帝、朝臣面前自信地口若懸河，那是何等艱難。

**第二，要精通經學**。要考秀才，三經是起步，五經有保障，全能才是王道。

**第三，要精通史學**。不懂歷史，怎麼談論政治？怎麼引經據典？怎麼和皇帝聊天嘮嗑？怎麼寫優秀的文章？想打動皇帝，必須對歷史有獨到的見解。

**第四，要精通文學**。連進士科都要考詩詞歌賦、要寫文章，更別說秀才了。

**第五，書法要優秀**。即便很難和歐陽詢、虞世南等人並駕齊驅，但當你把作品拿出來的時候，至少要讓旁人尊敬地豎起大拇指，說上這麼一句：「這是位高手。」

**第六，要精通時務**。皇帝問你如何看待大唐和突厥的外交關係？如何看待當前官場存在的弊端？如何看待國家的稅收制度？這些你都得能侃侃而談。

**第七，還要精通方略**。什麼叫方略？就是你不僅要知道問題癥結所在，還要高屋建瓴、引經據典地提出你的解決辦法。對沒有實戰經驗的人來說，這就是一道送命題。

比如，太極殿內，李世民問你：「馬上要和突厥開戰了，朝廷的平叛方略是什麼？」你昂首挺胸、霸氣外露地回答道：「犯強漢者，雖遠必誅。」好樣的，信口開河，成功引起北境的全面戰爭，扣十分。

李世民再問：「爲什麼要打突厥？」你理直氣壯地說：「因爲他們該打。」好樣的，不懂唐朝和突厥的外交歷史，不懂皇帝和突厥的歷史恩怨，扣十分。就算李世民想打，但你沒站在道德的制高點抨擊突厥的惡劣行徑，好幫李世民發動戰爭找個完美的「藉口」，再扣十分。

李世民再問：「如果要打，什麼時候合適？後勤軍需如何保證？」你答不出來。好樣的，如今正值秋收，農民都在田裡幹活，你拉著他們打仗，那田裡的莊稼怎麼辦？朝廷的稅收怎麼辦？這些都沒考慮，再扣十分。

李世民再問：「朕好幾年沒打仗了，好想御駕親征。」好樣的，你覺得御駕親征很能提升士氣，滿口贊成。問題是，如果打敗了，李世民被敵人幹掉，或是被俘虜了怎麼辦？李世民出征，如果太子在京城造反怎麼辦？就算李世民真的要出征，派誰留守長安最合適？這些問題你都得考慮進去。

面試進行到這裡，你基本上可以洗洗睡了。

如果你眞的想過關，可以多讀讀前朝的史書，上面記載了歷朝歷代君臣奏對的細節，看看大神級的朝臣是如何組織語言、如何思考問題的。就算學不到他們的精髓，學個大概的思路，也可以讓你加不少分。

武德年間，報考秀才科的學生還挺多的，地方州縣也會舉薦優秀學生參加考試。問題是，通過考試的同學鳳毛麟角，學生們還經常惹皇帝生氣，以至於推薦他們的地方官員都要跟著背鍋。時間久了，敢挑戰秀才科的學生越來越少，地方官更是停止了舉薦。永徽年間，李治便停了秀才科的考試。

## 既然要考，還是選最簡單的科目

論考試難度，秀才科是A級，進士科是B級，明經科是C級。一般而言，明經科需要考經學、時務，進士科除了考經學和時務外，還要加考詩賦。

你表示，考試通關才是王道，傻子都會選擇最簡單的科目。

舉個例子：

考生名字：張三。

報考類型：兩經，爲《春秋左氏傳》《易經》。

考試內容：第一考，貼經；第二考，問義；第三考，答策。

**所謂的貼經，其實就是填空題**。考試那天，考官會給你發十道考題，考題是《春秋左氏傳》中的句子。比如：「鄖人軍其郊，必不誡，且日虞四邑之至也。君次於郊郢，以御四邑。我以銳師宵加於鄖，鄖有虞心而恃其城，莫有鬥志。」試卷可能會拿掉「誡」「宵」「恃」三個字，你的任務就是填空，三個字全部填對，這題就算答對。

除了《春秋左氏傳》和《易經》，考官還會從《論語》中挑八道題，從《孝經》中挑兩道題；如果你生活在武則天時期，還要考《老子》的五道題。如果答對了六〇％的題目，貼經這一考就算通過了。

你想抄襲別人的試卷？對不起，你是A卷，左邊考生是B卷，右邊考生是C卷，根本沒辦法抄。

各位看到這裡，是否想起了國高中時期的國文考試，各種文言文填空、詩詞填空。如果你國文成績很差，穿越到唐朝，照樣難逃被當的命運；相反的，如果你能把幾本書的內容倒背如流，就可以縱橫大唐考場，笑傲群雄。

一場填空考試，幾乎刷掉大部分考生，合格的同學進入第二輪。

書籍還是那幾本，但考試方式有點變化，比如要求解釋《周禮》中「凡貨不出於關者，舉其貨，罰其人」這句話的含義。如果你是低段位選手，直接翻譯過來就可以；如果你是高段位選手，講講時代背景，再加幾個典故，效果會更好。

考核標準也很簡單，兩經選手答對六〇%算及格，三經選手答對八〇%算及格。

可以說，明經考的是學生的記憶力，選拔的都是靠死記硬背的書呆子。皇帝們也知道這個弊端，可是沒辦法，唐朝初年的科舉考試仍處於發展階段，大家都在摸索著前進；更何況，科舉考試的本質是爲了改變門閥政治的格局，提供寒門學子晉升管道。如今，寒門學子相繼進入朝廷，目的就算達成了。

## 皇帝要的，不只是學霸

對唐朝的皇帝來說，科舉考試就像食物。

唐朝前期，皇帝想突破寒門學子晉升的管道，猶如解決溫飽需求；到了中期，選的官員越來越多，皇帝們心裡開始堵得慌，畢竟誰都想選幾個治國能臣啊。這個時期，溫飽不是主要需求，精緻的美食才是皇帝想要的。

說這些話，你可能不服氣。那我們看看唐朝的狀元吧。

孫伏伽，武德年間狀元；宋守節，高宗時期狀元；弓嗣初，高宗時期狀元；姚仲豫，中宗時期狀元；嚴迪，玄宗時期狀元；范崇凱，玄宗時期狀元。

這麼多狀元，居然沒有一個成為唐朝名臣、青史留名的。看著這份名單，我們可以總結一下：書讀得太多，除了被別人稱讚為「學霸」，對事業似乎也沒有什麼幫助。

開元時期，李隆基主動改革，加考了「時務策」，要求你懂國家的政治、經濟、軍事、文化，還最好有自己的見解。三國諸葛亮的〈隆中對〉、明朝劉伯溫的〈時務十八策〉就是標準版的時務策答卷。但我們沒有那麼高的水準，就算搞個低階版的交差，也絕對可以勝過一半競爭對手。

由於明經科考試難度很低，每年大概可以錄取一百人；至於進士科，因為加考了詩賦，難度直線飆升，每年只錄取二十到四十人。

你可能納悶了：說起寫詩，哪個朝代比得上唐朝？王勃、孟浩然、王昌齡、王維、李白、高適、杜甫、劉禹錫、白居易、李賀、李商隱……唐朝登記在冊的詩人就有兩千多名。問題來了，這些大神級的詩人都生活在什麼年代？為何唐朝詩壇這麼厲害？

其實，翻翻他們的履歷就能明白，只有王勃是初唐的大詩人，其他人都是在開元年間冉冉升起的巨星。唐玄宗李隆基確實有本錢囂張，畢竟自己主政的年代是唐朝文學界的顛峰時代；但如果追本溯源，他必須感謝一個人：唐高宗李治。

唐朝初年，進士科考試和明經科考試的本質是一樣的，完全靠死記硬背。到了李治這裡，大唐的權力高層都在質疑，朝廷選一堆書呆子有何意義？永隆二年（西元六八一年），主管考試的考功員外郎劉思立發出了靈魂的吶喊：「進士惟誦舊策，皆無實才。」

李治問：「那你說怎麼辦？」

劉思立答：「加試雜文（詩賦）兩篇。」

在唐朝初年的統治者眼裡，詩詞都是雜文。但不管怎麼說，雜文是原創，經文只是背誦，能作詩賦的學生，至少都有點靈性嘛。

從那時開始，詩賦成爲進士科的必考科目，也變成莘莘學子畢生鑽研的學術領域。沒有李治，可能就沒有「君不見黃河之水天上來，奔流到海不復回」「回眸一笑百媚生，六宮粉黛無顏色」這些流傳千古的名詩，也就沒有璀璨的唐詩文化。

## 唐代的「行卷」文化

你可能又有疑問了：唐朝的詩歌大神層出不窮，憑他們的實力，撈個進士的頭銜不是易如反掌嗎？然而，還眞不是這樣。

想中進士，首先要有過人的記憶力，先過第一關的貼經、第二關的問義、第三關的答策，最後才有機會展示你的文學才華。瞧瞧李白、杜甫、白居易這些大神，都會寫詩，尤其是李白，幾碗米酒下肚，竟然能立馬吟誦一首詩出來，這著實是才華橫溢，但最終還是倒在了慘絕人寰的科考之路上。

古往今來，都是物以稀爲貴。想想看，明經科每年錄取一百人，進士科只錄取二十人，而且進士是會寫詩、自帶光環的人物，怎麼能不讓人羡慕？

在唐朝，進士被譽爲「白衣公卿」「一品白衫」，意思是：這幫小夥子現在雖然穿著白衫，沒沒無聞，但遲早會成爲朝中宰相。

唐朝還有一句流行語：「三十老明經，五十少進士。」意思是說，三十歲考上明經科，年紀就已經算大了，說明你實力不行；但五十歲考中進士科，年齡還算小，說明你很優秀。

瞧瞧大詩人孟郊，四十六歲的時候考中進士，立馬就寫了一首詩〈登科後〉：

昔日齷齪不足誇，今朝放蕩思無涯。
春風得意馬蹄疾，一日看盡長安花。

這個年紀，在現代社會都很難找到工作了，但孟郊覺得自己的人生才剛起步，正春風得意呢。

儘管大家都有考中進士的理想，但現實畢竟挺骨感的。

就拿進士科來說，考完試、交了卷，接下來就等禮部侍郎批閱。在那個年代，朝廷不設百分制，禮部侍郎閱卷，完全就看你的作品有沒有打動他的地方、是否符合他的審美觀。看完之後，他會直接給出「過」或「不過」的評價。

按照規矩，禮部侍郎是唯一的試卷審核者，也是無數學子的命運裁定者。可是在大唐官場，還有一群人可以決定你的命運，那就是文壇前輩、政壇大老、社會名流，比如皇室的公主，比如大詩人陳子昂、張九齡等。

如果你想考中進士，而且獲得好名次，一定要找他們「行卷」。

好吧，這又是一個陌生的詞彙，需要解釋一番。

不管是後來的科舉考試，還是當今的大考閱卷，全都是彌封制，也就是把考生的名字封住，不讓考官知道。在唐朝，所有的試卷都是不糊名的。在這樣的制度下，如果你的名氣夠大，考官一看到你的名字，自然會多一點關注。

知道這個規則後，你就要學會包裝自己了，專業說法叫「自我行銷」。

**策略一，在文壇盡量活躍，多參加社交活動。**

會寫詩重要嗎？重要。問題是，你把自己關在家裡自娛自樂，誰知道你是大詩人？還是出去吧，和李白、孟浩然、王維這些詩人交個朋友，順便推銷一下自己的作品，說不定哪首詩被大家捧紅，你就成了名人。

**策略二，考試前埋頭創作，寫點自己的作品。**

就拿大詩人杜牧來說，他考進士前就創作了幾百首詩，並精心挑選一百五十首高品質的作品，用楷書規規矩矩地謄寫在紙上，再找師傅裝裱，做成一本超有氣質的詩集。大詩人皮日休更厲害，他謄寫了兩百多篇詩作和文章。這樣做的目的，就是要讓別人覺得你是多產詩人，有文化。

製作詩集時要注意，要把最精采的作品排在最前面（決定行卷效果的往往是前面的幾篇）。千萬不要有錯別字，也千萬不要犯皇帝、宰相、禮部侍郎、行卷對象的忌諱。比方說，唐太宗名叫李世民，而你的詩作裡面居然有「世」這個字，那對不起，作品集你拿回去，別給我惹事。

什麼，你不知道怎麼避諱？

告訴你三個小技巧，同時也是古人常用的避諱方法。

**第一種是使用同音字或同義字**，比如原本是「世」字，你可以寫「事」「室」。這個不算錯別字，只要是有點墨水的官員，基本上都能分辨出來。

**第二種是缺筆法**，還是寫「世」字，但你可以少寫一個筆畫。

**第三種是空字法**，遇到犯忌諱的字，你可以空著不寫，用「□」「某」或用「諱」

代替。這種辦法是最妥當、最沒風險的。

還有，遞交作品集時，別忘了附上自薦信。這時候，千萬別吝嗇你的讚美，只要能哄行卷對象開心，你的作品又看得過去，那事情就成了一半。

如果行卷對象喜歡你的作品，他就會在上流圈裡幫你打廣告，還會把你的作品集轉交給禮部侍郎。有名人背書，你很快就會成爲長安城的明星。

放心吧，只要行卷對象賞識，必會不遺餘力地爲你宣傳；如果你獲得好的名次，他就是你的伯樂，說出去也有面子。

**策略三，如果有可能，盡量結識社會名流。**

行卷對象就是你的廣告合作商，選擇大品牌、有影響力的準沒錯。如果你生活在武則天時代，能找上太平公主，就別找陳子昂。

在你行卷之後，你的靠山會透過自己的人脈網，把你的作品集轉交給禮部侍郎。注意，千萬別做二楞子，自己去找禮部侍郎，容易被亂棍趕走。只要禮部侍郎覺得你的基本底子不錯，試卷也答得不錯，那大概就有戲了。

韓愈，算是大文豪了吧，這位老兄報考了三次進士科，連續掛了三次。第四次考試的時候，韓愈預感自己可能又要被當，於是抱著試一試的心態，找退休的宰相鄭余慶行卷。老鄭看了他的作品，覺得是個人才，便在朋友圈大肆宣傳，爲韓愈造勢。就在那一年，韓愈考中進士，邁向了人生的顛峰。

在唐朝中晚期，如果你沒有行卷，基本上可以捲鋪蓋回家了。

## 放榜囉！

行了卷，找對了人，就可以等禮部的消息了。

按照程序，禮部侍郎會列一份過關的考生名單，然後轉交給宰相、皇帝，徵求他們的同意，並定下考生的名次。隨後，尚書省會舉行「唱第」儀式，被唱到名的考生就算是及第，沒唱到的的就是落第，這算是官府內部的最後公示。

每年春天（二月或三月），禮部會選個吉祥的日子放榜，俗稱「春榜」。清晨時分，承天門傳來鼓聲，預示著長安開始了新的一天。這時，禮部官員便趕到禮部南院的東牆，開始張榜工作。詩人韋莊寫過一句詩：「一聲開鼓辟金扉，三十仙才上翠微。」說的就是禮部放榜的事。

張榜的時候，考生就已經來到禮部貢院。這時你可以看到，榜頭是縱向排列的四張黃紙，標頭寫著「禮部貢院」，後面就是用濃墨謄寫的榜單。

慢慢看吧，千萬別錯過，說不定你的名字就在其中。那些歡呼雀躍的，想必是中榜的考生；神情落寞的，是落第的考生。在這裡，你會遇到初出茅廬的年輕人，也會遇到考過八次甚至更多次的老油條，可謂看盡人生百態。

大家都知道，排在第一的叫狀元。那第二、第三呢？榜眼、探花？很遺憾的，唐朝只有狀元，至於榜眼、探花的稱號，到宋朝才出現呢。

科舉是一年一度的盛事，朝廷可不敢馬虎。放榜後，朝廷會安排專人把榜單發到全國各地，這就叫「十年寒窗無人問，一舉成名天下知」。

除此之外，還有錄取通知書。開元年間，錄取通知書是「泥金帖子」，也就是用泥金爲墨，將錄取資訊寫在紙上。唐朝後期，朝廷重新製作了「金花帖子」，也叫黃花箋，就是用金粉裝飾頂級箋紙，做一個漂亮的外殼封皮。金花帖子是正式的錄取通知書，由朝廷派人送到縣衙，由縣衙安排專人騎著高頭大馬，一路敲鑼打鼓，前往你的老家報喜。這時候，你的老父親必會張羅許多飯菜，邀請四方鄰居、縣衙公人吃頓飯，也算爲你揚了名。

## 上榜後的儀式

如果你榜上有名，那恭喜你，你的人生馬上要開外掛了。中榜後，有關部門會告訴你，別離開長安，等著參加朝廷的各種儀式吧。

**儀式一，拜見宰相。**

放榜那天，禮部官員會帶著你前往大明宮光範門裡的東廊，先在這裡吃個早飯。早朝完畢後，跟著宰相們到中書省。此時，宰相們排排站，禮部官員唱道：禮部某姓侍郎，領新及第進士見相公。這個時候，狀元郎代表新科進士致詞，表達對宰相的尊敬，隨後大家做自我介紹。拜見完宰相，你還得去單獨拜見中書舍人，流程一模一樣。至此，第一項儀式才算結束。

**儀式二，拜見主考官。**

你能進士及第，禮部侍郎絕對是你的首席恩人。在這樣的風氣下，禮部侍郎有個霸氣的外號，叫「座主」，而你是他的門生，你們是師生關係。既然是師生，拜見地點一般都在禮部侍郎家裡；如果禮部侍郎想避嫌，可能會把地點設在禮部大堂。

謝恩當天，大家騎著高頭大馬前往禮部侍郎府門前，在家僕的引導下來到正堂。此時，禮部侍郎已經端坐在主位，由狀元郎代表大家致詞，大家再各自介紹。隨後，狀元郎坐在副位，大家喝茶聊天，交流一下感情。

提醒你一件事，成了師生，大家的利益就會綁在一起。

比如，你的座主參加政變，卻以失敗告終。你雖然沒有參加，但要是你的政敵想打擊你，就會說你是某某的門生，那麼你有很大的機率會被貶官。

開元二十四年（西元七三六年）前，科舉考試由吏部主掌，考試就是考試，風氣很正，就算你是考功員外郎選拔的，也不算他的門生。但到了開元年間，禮部侍郎主掌科舉考試，再加上行卷的風氣，這才出現座主和門生的高級玩法。

**儀式三是期集**。這個說法很風雅，但其實就是同學聚會。

在古代，能夠在同一科金榜題名，那是前世修來的緣分，他們非常珍惜這種考場上的感情。如果沒意外的話，大家都能當大官：張三發達了，稍微提攜一下李四；王二做了宰相，照顧一下鄭五，都是很正常的事。

既然是聚會，那就得吃大餐，喝大酒，做出點儀式感。一般來說，拜見完禮部侍郎後，他們會在附近租用一個場地，名叫期集院。錄取通知書到來之前，期集院就是新科進士的大本營，是放縱自己靈魂的地方。

## 上榜可不等於能做官

進士及第，金榜題名，你是不是覺得自己走進了官場？

如果你這樣想，就太天眞了。**所謂進士及第，只代表你獲得了做官的資格**；至於做什麼官，還得經過吏部的資格審查、銓選。畢竟，吏部才是管理官員的衙門，得尊重他們。收拾收拾心情，準備到吏部報到吧。

接待官員：吏部員外郎。

接待部門：吏部南曹（臨時組織，主要就是兩名吏部員外郎）。

審查內容：身、言、書、判。

**身：身體健康**。

身材偉岸的考生自然可以加分。如果你駝背、腿腳不好，或是雙眼無神、精神萎靡，一定會遭吏部官員嫌棄。畢竟，朝廷也不想錄用一個沒有精氣神的官員。

**言：說話有邏輯，口齒靈敏，頭腦清晰**。

想想看，如果你是個結巴，或說話沒有條理，怎麼給上頭回報業績？怎麼服眾？怎麼做府衙的一把手？如果說話不利索，那可是超級減分項啊。

**書：書法優秀**。**寫字好看的考生，朝廷自然喜歡**。

**判：就是看考生有沒有獨立斷案的能力**。

在古代，基層官員最重要的工作就是斷案，不管是民事或刑事案，交到你手上後，就要在最短時間內破案。斷不了案，老百姓無法申冤，會覺得你是個無能的父母官；破案率無法提高，上級會覺得你在扯他後腿。

吏部設置資格審查環節，也有他們的考量。

**第一，挑選菁英中的菁英**，篩選禮部送來的拐瓜劣棗。

**第二，說起來很現實，朝廷的職缺是有限的**。比如，今年有三百個職缺，卻有五百個候選人，吏部當然得想辦法刷掉一百人；至於剩下的一百人，吏部只能讓他們繼續候選，直到有空缺爲止。

每年五月，吏部開始第一輪資格審查。

對新科進士來說，如果這四個指標都過關，等著封官就好。如果你落了榜，可以找中書省、門下省覆核。如果是吏部審核出現了紕漏，他們就會挨板子；如果是你自己的原因，那你就挨板子吧。

第一輪資格審查後，南曹會把你的檔案交給吏部尙書（負責六品、七品官員的銓選）或吏部侍郎（負責八品、九品官員的銓選）。每年十月，吏部的官員會評估你的能力、品行，匹配空缺的官職，確定最終的結果。

不管是秀才，還是明經、進士，吏部都會給你一個散官官階，但等級不會太高。如果你是秀才，大概是正八品上、正八品下、從八品上、從八品下四個等級。如果你是明經或進士，大概就是從八品上到從九品下。

至於任什麼職事官（有具體職掌的官員），完全看上頭的意思。一般而言，通過科考入仕的學子，多半會授予縣令、縣丞、縣主簿、縣尉、州參軍、州錄事等地方職務。

沒辦法，進了大唐官場，你就不能自由擇業，只能被分配工作。

僧多粥少，競爭職缺，一定會有人不滿意。比如新科進士張三，吏部給他安排的官職是涼州主簿。張三心有不滿，認爲涼州就是個鳥不拉屎的地方，去那裡沒前途。在這種情況下，張三可以拒絕吏部的提議，重新申請新的官職。按照規矩，張三有三次申請機會，吏部也有三次拒絕的機會，如果雙方無法達成一致，張三只能賦閒在家，等待明年的銓選機會。

銓選很像商業交易，大家你來我往，盡量談出最好的結果。

完事之後，尚書省會把名單交給門下省審核，俗稱「過官」；隨後，中書舍人會起草你的任命書。等中書省走完流程，你就可以拿到人生第一份公務人員錄取通知書了。沒意外的話，你三月就能走馬上任，正式擔任大唐的公務員。

# 門蔭入仕：靠家世也是可行的

## 堂而皇之靠爸去

在任何時代，家境殷實都是非常有利的。

想想看，如果你是窮人家的孩子，沒錢買書，只能找別人借；沒錢買蠟燭，只能燃薪為燈，埋頭夜戰；沒有錢，不能報考官學，又想參加科舉考試，只能先成為縣裡的狀元，再討好州縣的官員，和別人搶奪州裡僅有的考試名額。到了長安，你必須到處找社會名流行卷，爭取主考官的注意。

悲劇的是，你奮力爭取來的終點，很可能只是官僚子弟的入仕起點。

在大家的印象中，縣令的兒子已經算是大官子弟，是有頭有臉的人物吧；可是在唐朝的官僚圈子中，他們還屬於低階者。如果你經常在長安混，會看到一群含著金湯匙出生的超級貴族，他們的入仕之路會讓貧寒子弟紛紛汗顏。

**權貴子弟的仕途快車道，就是傳說中的「門蔭制度」。**

一句話解釋，如果你爹是朝中權貴，你就可以獲得相應的散官品級；有時就連你的兒子，甚至孫子都能獲得散官品級。

請注意，朝廷只給你封散官，而不是職事官。

比方說，你是兵部尚書的兒子，要是你覺得不用讀書，不用考試，只要靠老爹的面子便能直接在兵部混個員外郎的官，那你就太天眞了。皇帝靠門蔭收買功臣，鞏固自己的統治，卻不會挖自家的牆腳。前面說過，散官只是一種身分象徵，如果不到一定的級別，既沒資格穿朝服，也沒資格領取俸祿（賺不到皇帝的錢）。你想做官，還是要老老實實地努力。

一句話，在皇權至上的遊戲規則下，你再怎麼算計，也算計不過皇家。

至於你可以獲得什麼級別的散官，主要看你老爹是什麼級別（詳見表一）。

請注意，要知道你爹是什麼級別，就看他的散官品級（本品）。比如老爹是兵部尚書（正三品），本品卻只有正四品，那你就只能撈個正八品上。

朝廷還規定，三品及三品以上的官員，曾孫可以享受蔭封；孩子的輩分每降一級，官品也跟著降一級。五品及五品以上（不到三品）的官員，孫子可以享受蔭封，級別要比兒子降一級。當然了，如果官員張三的級別是正四品，他的兒子張四卻做到了正三品，那麼張三的孫子完全可以不管他，選擇老爹張四的蔭封。

表一　門蔭品級表

| 父親品級 | 門蔭品級 |
|---|---|
| 一品 | 正七品上 |
| 二品 | 正七品下 |
| 正三品 | 從七品上 |
| 從三品 | 從七品下 |
| 正四品 | 正八品上 |
| 從四品 | 正八品下 |
| 正五品 | 從八品上 |
| 從五品 | 從八品下 |

一般而言，如果你老爹是高級官員，那麼從你出生那一刻開始，就已經有散官的光環了，這就是你的金鑰匙。

擁有散官頭銜，代表你的起點要比寒門子弟高，但前提是你得有職事官的頭銜。畢竟，蔭封是一回事，蔭封入仕是另一回事。

## 唱輓歌也能出頭天

身爲蔭封子弟，入朝爲官的途徑還是很多的，比如擔任太廟齋郎、郊社齋郎、挽郎等職務。

在唐朝，皇帝、皇后、太子、親王等人去世時，朝廷會選拔一批優秀青年，做爲送葬隊伍的挽郎（抬棺材，牽引靈柩，唱輓歌）。

一般而言，挽郎得滿足幾個必備條件：是貴族子弟，爺爺和老爹的級別爲四品以上；要五官端正，凡有身體缺陷，一律不准入選；年齡要在十三歲到二十一歲之間。

比如李世民的兒子魏王李泰去世，朝廷會籌組一支挽郎方陣，舉辦短期的政治禮儀培訓班。大致課程包括：表情管理，要求是凝重肅穆，略帶哀傷；還有方陣的步伐速度和大小，以及怎麼唱好輓歌。

至於福利，包吃包住，朝廷還會配發統一的服裝。培訓結束後，禮部會統一考核，如果各項考核都達標，就可以正式加入挽郎方陣。

喪禮結束後，禮部會把檔案移交給吏部，挽郎就正式成了朝廷後備官員。接下來，等著吏部銓選，到時候你就可以正式入朝爲官了。

挽郎制度表面上是皇權給政治貴族晉升的特權，捆綁大家的利益，但其實是一種精神的奴役。在挽郎培訓中，朝廷會制定繁瑣的禮儀規範，灌輸傳統禮教中的等級、尊卑等思想，讓貴族子弟覺得幫皇族抬棺材、唱輓歌是一種政治榮耀和人生際遇。而最主要的，挽郎還是差額晉升制度，不是你想進就能進的。這也意味著選擇權在皇族手裡，貴族子弟需要找皇族討要。

比如楊志誠，他的父親是太子少師鄭國公楊崇敬。十三歲那年，恰逢李世民去世，於是被朝廷選拔爲挽郎。喪禮剛結束，楊志誠就晉升爲潞王府典簽（從八品下）。

唐朝官場就是熬資歷，誰先入仕，誰就有機會做大官。貴族子弟藉著這個優勢，一直碾壓寒門學子；而且門蔭入仕的官員越多，科舉入仕的名額就越少。

唐朝統治者的國策，是利用科舉提拔寒門學子，逐漸取代政治世家，門蔭制度的發達並不符合他們的統治利益。武則天時期，就有朝臣上奏：「今貴戚子弟，例早求官。或髫齔之年，已腰銀艾；或童丱之歲，已襲朱紫。千牛，輦腳之徒（挽郎）……少仕則廢學，輕試則無才，於其一流，良可惜也。」（《通典》卷十七）

奏摺的意思是，挽郎之徒如果過早做官，就會放棄對知識的追求，進而導致才學貧瘠，無法做一流的官員。問題在於，學富五車、才華橫溢，與務實能幹、品行高潔不能完全畫上等號；而且論禍害朝政的水準，讀書人似乎更勝一籌。

冠冕堂皇的背後，其實就是貶低門蔭特權，爭奪入仕的名額。

對有志青年來說，內心確實會鄙視挽郎入仕的人。

唐高宗時，姚崇被選爲已故太子李弘的挽郎，明明有機會做官，姚崇卻拒絕吏部的選拔，重新參加了「下筆成章舉」，最終做了濮州司倉參軍。

對有理想的學霸來說，參加科舉考試、獲得正經榮譽才是王道，誰也不想做官後被同僚這樣評價：「這貨是靠抬棺材起家的。」

除了挽郎，你還可以做齋郎。

簡單點說，李唐皇室設有供奉祖宗的太廟和祭祀天地的皇家廟宇，齋郎就是打掃環境、準備供品或站崗的人。朝廷給你享受門蔭的機會，你就得爲皇家服務，完事後再愉快地做官。

## 就連衛士也都含著金湯匙出生

葬禮年年都有，但皇帝、皇后、太子和親王的葬禮是可遇不可求的。要是沒機會做挽郎，你就得想其他辦法了，比如到朝廷的五府三衛、千牛衛服役。

穿越回大唐，你若想到皇宮裡逛逛，一定會遇到宮門衛士的盤問。好心提醒你，別以爲他們看守宮門，就是個普通的門衛。就拿太極宮的承天門、長樂門、永安門來說，值班衛士都是權貴子弟，到了太極殿、兩儀殿、甘露殿，隨便拎出一個衛士，他們的人生起點，可能就是你奮鬥的人生終點。

簡單來說，唐朝的太極宮、大明宮、太子宮有一群守門衛士，他們有特殊的編制，分別叫親府、勳府、翊府。其中，勳府分爲勳一府、勳二府；翊府分爲翊一府、翊二府，所以統稱爲「五府三衛」，總編制爲四九六三人。

每個府都有扛霸子，官名叫中郎將，級別正四品上。請注意，這屬於職事官的品級。

如果你想服役，只能做親衛（正七品上）、勳衛（從七品上）、翊衛（正八品上）。很顯然，親衛的等級是最高的。

在那個年代，你老爹必須是三品以上的高官，或爺爺是二品以上的高官，你才有資格當親衛。就算是做最低級別的翊衛，老爹的品級至少也得是五品。而且朝廷還規定，只有年滿二十一歲、年富力強者，才能入選三衛。

朝廷就一個原則：越靠近皇帝，越靠近核心宮殿群，表示你家的資歷越深，等級也就越高。畢竟，三衛負責皇帝的安全，誰也不敢把寒門子弟安插在裡面；萬一誰心懷不滿，趁著值班的機會捅皇帝一刀，豈不是天下大亂？

除了五府三衛，你還可以到左右千牛衛服役。

在唐朝歷史劇裡，千牛衛的身影隨處可見。比如電視劇《神探狄仁傑》中的李元芳就是千牛衛大將軍，官居正三品，非常神氣，也非常神祕。

在古代，「千牛」指的是千牛寶刀，意思是即使砍殺一千頭牛，鋼刀依然不斷。如此好貨，自然要給皇帝隨身佩戴使用。問題是，皇帝親自佩刀很不方便，也沒威嚴，所以就把刀交給了身邊的衛士。隨著歷史的發展，皇帝的貼身衛士就成了千牛衛，替皇帝拿刀的衛士就叫千牛備身。

千牛衛是禁衛軍，有完整的編制體系。其中，帶頭的叫千牛衛大將軍，屬於職事官。

如果你想服役，可以選擇千牛備身、備身左右、太子千牛。

千牛備身就是拿千牛寶刀的，編制十二人。這些人都是權貴子弟，往上數兩代，必須是家世清白的貴族後裔。基本要求是武藝出眾、膽氣豪邁，不能給皇帝丟臉的同時，更不能把千牛寶刀砍向皇帝本人。

備身左右拿的是御用弓箭，編制十二人。在尚武的年代，皇帝很在意出行的排場，身邊的衛士必須拿著武器，這才覺得有面子。

瞧瞧唐高祖李淵，七歲就繼承了唐國公的爵位；但李淵想入朝為官，先得給隋文帝楊堅做幾年千牛備身。服役結束，隋文帝滿意了，才將李淵外放為刺史。

在五府三衛、千牛衛服役，確實是你的榮譽，只是榮譽畢竟不能當飯吃；更何況朝廷對服役時間也有限制，比如千牛備身要求服役五年。你十九歲服役，二十四歲除役，已經算是大齡男子了。而且雖然是武官，但唐朝統治者都喜歡有文化的官員。政府規定，你也得學習文化知識。接受兵部的考試及格後，才有資格參加下一階段的選拔。

簡單點說，你在軍中服過役，代表你有資格參加選官；但吏部給你安排什麼職務、什麼時候安排，完全是個未知數（要和散官、科舉士子一起銓選）。

更何況，五府三衛的編制有四千多人，究竟誰能做官，還得繼續靠家世。因此，到了中唐時期，凡是家裡有點權勢，都不會讓子孫透過這個途徑入仕。

說來說去，最可靠的還是讀官學。

想想看，你靠著老爹的門蔭，已經獲得散官的頭銜，可以直接報考國子學、太學、四門學、崇文館、弘文館。混個幾年、拿到文憑後，再參加禮部的考試。禮部對門蔭子弟的要求很簡單：五官端正、寫字好看、背過幾本經書、腦子清楚、說話有條有理。你就等著吏部給你安排職事官吧。

說來說去，大致流程都是先靠門蔭獲得散官封賞，再讀大學，或是服役，考試及格後參加吏部選官，這都屬於間接入仕的途徑。那麼問題來了，有沒有更加簡單的模式，比如依靠門蔭，直接做朝廷的職事官？

當然有。古代是人治社會，既然皇帝說了算，萬般皆有可能。

比如，你的老爹有爵位，你是家裡的嫡長子，可以繼承老爹的爵位，然後直接做官。就拿貞觀名相房玄齡來說，他去世後，嫡長子房遺直繼承了梁國公的爵位。永徽年間，唐高宗李治下詔，封他做了禮部尚書、汴州刺史。開元年間，宰相張嘉貞的孫子——張延賞的兒子張弘靖，直接以門蔭做了河南府參軍。

當然了，房遺直是功臣的後代，又是李治的姊夫，能有如此高的仕途起步是非常罕見的。大多數孩子只能和張弘靖一樣，從低階官員做起。

# 第四章
# 在唐朝去各級官衙輪值是什麼感覺？

# 衙門的行政體系

混跡在大唐盛世，不管你是買房子、置田產，還是吃零食、上館子、上街找樂子，都需要花錢。這時候，你一定會發出靈魂的拷問：在唐朝，哪一行最賺錢？

我可以負責任地告訴你：在唐朝，當國家公務員既體面又賺錢。如果你想體驗一下公務員生活，在進入職場前，有必要好好了解一下行政體系。

**在唐朝，官員大致分為四種：職事官、散官、勳官、封爵。**

**職事官，就是有實際權力，執掌實際政務的官員。**比如中書令、兵部侍郎、戶部員外郎等京官；華州刺史、黃岡縣令、襄陽縣尉等地方官。

關於職事官，我們後面慢慢詳聊。

**散官，就是有官名但沒有實際職掌的官員**，分為文職散官、武職散官。其中，文職散官分為二十九階（見表二一）：

**表二　文職散官品級表**

| 文職散官 | 品級 |
| --- | --- |
| 開府儀同三司 | 從一品 |
| 特進 | 正一品 |
| 光祿大夫 | 從二品 |
| 金紫光祿大夫 | 正三品 |
| 銀青光祿大夫 | 從三品 |
| 正議大夫 | 正四品上 |
| 通議大夫 | 正四品下 |
| 太中大夫 | 從四品上 |
| 中大夫 | 從四品下 |
| 中散大夫 | 正五品上 |
| 朝議大夫 | 正五品下 |
| 朝請大夫 | 從五品上 |
| 朝散大夫 | 從五品下 |
| 朝議郎 | 正六品上 |
| 承議郎 | 正六品下 |
| 奉議郎 | 從六品上 |
| 通直郎 | 從六品下 |
| 朝請郎 | 正七品上 |
| 宣德郎 | 正七品下 |
| 朝散郎 | 從七品上 |
| 宣義郎 | 從七品下 |
| 給事郎 | 正八品上 |
| 征事郎 | 正八品下 |
| 承奉郎 | 從八品上 |
| 承務郎 | 從八品下 |
| 儒林郎 | 正九品上 |
| 登仕郎 | 正九品下 |
| 文林郎 | 從九品上 |
| 將仕郎 | 從九品下 |

在唐朝，職事官和散官是「充分但不必要」的關係。意思是，如果你是職事官，那你必定有散官的官階；但就算你有散官的官階，也不一定是職事官。

請記住，**職事官代表你的職務，散官代表你的資歷**。

假如你剛好在貞觀二十年的一場科舉考試中，意外獲得了進士身分，朝廷要授予你官職。按規矩，你剛入行，資歷爲零，吏部賞了個將仕郎（從九品下）的散官品級給你。他們告訴你，這是你的初級待遇，以後好好工作，爭取早日成爲國家棟梁。

吏部官員沒想到，因緣際會之下，讓你邂逅了李世民，有了一番眞誠的交談；而且李世民發現你是個學富五車、足智多謀的人才。

他大手一揮，你去做蓬萊縣令吧。

在唐朝，蓬萊縣屬於下縣，縣令的官職級別是從七品上。於是，你同時擁有了兩個品級：一個是從七品上的職事官，一個是從九品下的散官。

初來乍到，你可能會有很多疑問，需要一一向吏部官員請教。

你：職事官和散官是什麼關係呀？

吏部官員：你雖然有兩個品級，可散官才是你的本品。

你：「本品」是什麼意思？

吏部官員：你穿的衣服、出行的配置，全部按本品來定。比如，你的本品是從九品下，那就應該穿青色的官服。

你：那散官有俸祿嗎？

吏部官員：按規矩，三品以上的散官才有俸祿。六品以下的散官不僅沒有俸祿和官服，而且還要到吏部、兵部輪番服役……

你：輪番服役……這是什麼意思？

吏部官員：就是當胥吏的小幫手，好聽一點的說法叫見習，講白了叫打雜。

你：這……那我這個官做得還有什麼意思？

吏部官員：你先別急，如果你只有散官品級，需要先服役，再獲得職事官的頭銜。不過，你已經是縣令，就不需要走這個流程了。

你：嚇死我了，那你說低階散官沒有俸祿。難道我只工作，不吃飯？

吏部官員：那不成，朝廷不能讓你餓肚子嘛。如果你有職事官和散官兩個品級，你的俸祿會按照職事官的品級發放。

你：我是個有理想有抱負的人，如果想晉升，怎麼辦？

吏部官員：按理，你有兩種晉升的方法。第一種，你是國家棟梁，才華橫溢，但職事官和散官的級別差距太大，皇帝可以特別開恩。

比如，唐代宗李豫時期，宰相常衮是門下侍郎，同中書門下平章事，官居正三品，但他的散官品級是朝議郎，正六品上。按制度，常衮只能穿深綠色的衣服上朝，但三品高官應該穿紫色朝服、佩金玉帶。意思是，常衮的穿戴不符合他宰相的身分。於是，皇帝李豫給他連升九級，加銀青光祿大夫（從三品）。

除非皇帝特別賞識你，願意爲你破例，才會出現越級提拔。一般來說，職事官的升遷看皇帝偏好，所以速度快；而散官升遷看資歷，比較慢。因此，大部分宰相都是正三品，卻穿著緋色（四品、五品）或綠色（六品、七品）的衣服。

對話繼續。

你：第二種方法呢？

吏部官員：很簡單，你刷資歷，吏部按制度考核。

你：怎麼刷？

吏部官員：六品及以下的職事官，每四年有一次升遷機會。四年之中，吏部每年都會進行考核，如果你連續四年都獲得中中的評價，可以晉升一級；有一個中上，再加升一級；有一個上下，再加升兩級，依此類推。

在古代，吏部對官員的考核分爲九種評語：上上、上中、上下、中上、中中、中下、下上、下中、下下，其實就是對官員的績效考核。

假設你在貞觀二十年一月做了蓬萊縣令。貞觀二十一～二十四年的吏部考核中，你先後獲得了中上、上下、中中、中中的評價。貞觀二十四年，吏部計算你晉升的級別應爲四級。貞觀二十五年，你的散官頭銜就可以飆升到承務郎，從八品下。

要知道，能連續獲得吏部好評的官員可謂鳳毛麟角，因此大部分官員只能按部就班，隨著年齡的增長，慢慢往上升。如果你眞的是人才，而且有很好的機遇，可以飆升到五品散官，吏部就無法考核你了。是否晉升、晉升多少級別，完全由皇帝裁定。到了那個時候，就得注意和皇帝打好關係。

在大唐王朝，還有一群特殊的人：只做散官，不做職事官。

如果你碰到這種人，跟他們打交道時，心裡要有輕重。畢竟他們基本上是開國功臣或王公貴族的子弟，因家族政治地位才獲得散官封賞，惹不起。

唐朝規定，擁有開府儀同三司、特進頭銜的大老，朝廷必須給俸祿；每逢上朝，他們也都要列席會議。只不過站班時，他們要站在同品職事官的後面。光祿大夫以下、朝散大夫以上的散官，可以身穿朝服，但是無俸祿、不上朝。

表三　勳官品級表

| 勳官 | 品級 |
|---|---|
| 上柱國 | 正二品 |
| 柱國 | 從二品 |
| 上護軍 | 正三品 |
| 護軍 | 從三品 |
| 上輕車都尉 | 正四品 |
| 輕車都尉 | 從四品 |
| 上騎都尉 | 正五品 |
| 騎都尉 | 從五品 |
| 驍騎尉 | 正六品 |
| 飛騎尉 | 從六品 |
| 雲騎尉 | 從七品 |
| 武騎尉 | 從五品上 |

唐朝的武職散官也有二十九階，這裡就不再贅述了。

如果你屬於戰鬥部門，那就只能走辛苦、曲折的勳官路線。

在大唐，勳官分十二階（見表三）；**勳官的授予，只能靠打仗賺軍功**，更像是一種勳章的獎勵。

比如，在一場與外族的戰爭中，你賣力苦戰，堅守城池，最終擊敗敵軍。又如，你用五百人的騎兵，打敗了三千人的敵方軍團；或你效仿諸葛亮，空城撫琴退仲達，朝廷都會用小本本記好，然後給你獎勵勳官。

你可能會很好奇，勳官究竟是什麼角色？待遇究竟如何？

勳官只是朝廷對軍功的一種認可，如果你不是職事官，是不能享受朝廷俸祿的；至於上朝面聖，那和你沒有任何關係。不過，你可以享受兩大待遇：獲得很多永業田（國家分給你的私人田產，不必繳稅，可以讓兒子繼承），而且不用交租或絲帛等物品給朝廷。

如果你想做職事官，請記住以下路線：上柱國到騎都尉，先到兵部報到，做四年的衛士兵；驍騎尉到武騎尉，做五年的衛士兵。時間一到，參加兵部的選拔考試。如果考試合格，就可以獲得散官的頭銜，再參加職事官的選拔考試。如果落選，那你就得重新做四年或五年的衛士兵，從頭再來。如果你的應試能力很差，就別蹚這個渾水，讓自己心煩了。

除了勳官，人們夢寐以求的封爵含金量也很高（見表四）。

一般而言，「親王」只會授予皇子。

武德年間，李世民的秦王、李元吉的齊王都是親王等級。要說例外當然有。唐朝開國初年，西涼的李軌、江南的杜伏威投靠李淵，李淵就封他們做了親王；安史之亂中，史思明兵敗投降，也被朝廷封爲歸義王。

郡王基本上是授予皇太子的兒子。

嗣王基本上都是授予親王的嫡長子，也就是繼承王位的那位兒子。

在漢朝和明朝，皇帝們被諸侯王禍害得不淺，他們對王爺，尤其是異姓王非常忌

表四　爵位品級與封戶表

| 爵位 | 品級 | 食邑 |
|---|---|---|
| 親王 | 正一品 | 食邑一萬戶 |
| 郡王、嗣王 | 從一品 | 食邑五千戶 |
| 國公 | 從一品 | 食邑三千戶 |
| 開國郡公 | 正二品 | 食邑二千戶 |
| 開國縣公 | 從二品 | 食邑一千五百戶 |
| 開國縣侯 | 從三品 | 食邑一千戶 |
| 開國縣伯 | 正四品 | 食邑七百戶 |
| 開國縣子 | 正五品 | 食邑五百戶 |
| 開國縣男 | 從五品 | 食邑三百戶 |

憚；爲了杜絕禍患，他們很少冊封異姓王。不過唐朝的皇帝很有個性，在他們眼裡，郡王只是個頭銜，哪裡有需要，封賞就出現在哪裡。

有唐一朝，異姓郡王猶如過江之鯽。你是有功大臣，可以晉升郡王，比如神龍政變的功臣張柬之、桓彥範等；你是投誠的叛將，可以晉升郡王，比如安史之亂後投誠的田承嗣；就算你是宦官，也可以晉升爲郡王，比如李輔國；皇帝喜歡你，也可以封你爲郡王，比如安祿山。

混跡在大唐，如果你有屬於自己的爵位，那你就是名副其實的貴族。不過先別高興得太早，貴族固然有其社會地位，至於能享受什麼待遇，那要看你的緣分。

比如，國公爺的封戶待遇是三千戶，但那是禮儀標準，用來顯示皇家的面子。至於你實際擁有多少戶，要看皇帝冊封的詔書裡寫著「食實邑〇〇〇戶」。說白了，如果皇帝把封戶都給你，那是斷他自己的財路，叫缺心眼，他會幹這事嗎？

正常來說，你的封戶待遇一定會被打折，甚至一個也撈不到。

你可能會覺得這哪算什麼，有了權還怕沒錢？爵位是可以世襲的呀！

唐朝規定，爵位確實可以世襲，不過有個條件：父親去世，兒子繼承，但爵位要下調一級（看實際執行）。如果你是國公爺，兒子繼承到的可能只是郡公；如果你的生育能力有問題，沒有子嗣，那朝廷就會收回你的爵位。爲什麼電視劇裡的貴族喜歡納妾生子，就是因爲他們需要兒子來繼承自家的爵位和產業。

## 宰相：要辦事也得走流程

大家可能看出來了，做大唐的職事官才是最有前途的。

每天早晨，皇帝都會舉辦早朝，**參加早朝的官員叫「常參官」**。

**第一類是朝廷五品以上的高級文官**，不分部門，全部參加。

**第二類是中書省和門下省的供奉官**，包括門下侍中、中書令、黃門侍郎、左右散騎常侍、中書侍郎、諫議大夫、給事中、中書舍人、起居郎、起居舍人、通事舍人、補闕、拾遺。這幫人都是皇帝的參謀和御用文人，必須參加。

**第三類是監察御史**。他們官居正八品，只能算低階官僚，卻肩負監督百官、巡視郡縣、糾察朝儀的高階職責，必須上朝監督。

比如有一天早朝，兵部侍郎嘴角還殘留著早餐的胡餅渣渣，監察御史就要彈劾他不遵守禮儀，丟了文官的臉。又或者，禮部郎中夜宿妓院，監察御史可以選擇睜一隻眼閉一隻眼（因為監察御史可能也是這種人）；但是禮部侍郎站班時衣冠不整、精神萎靡，監察御史就有權力彈劾他。

**第四類：尚書省二十四司的員外郎**。他們官居六品，品級不夠，但他們是尚書省的主要成員，列席聽會，對工作很有幫助。

**第五類：太常博士**。官居正七品，掌管祭祀事務，列席聽會。

早朝結束後，百官退出，能留下來和皇帝商議政事的，是宰相。

## 中書省

最高主管爲中書令，編制兩人，官居正三品（唐代宗時期升級爲正二品）。

中書令是大唐第一筆桿子，朝廷冊封太子、皇后、王爺的冊書、出臺政策、大赦天下的制書、任免官職、廢置州縣的敕書……凡是需要起草的政府文件，全部由中書令領頭負責。

中書令的副手叫中書侍郎，編制兩人，官居正四品（唐代宗時期升級爲正三品）。由於中書令是宰相，需要經常和皇帝、其他宰相一起議政，統籌全國的工作，使得中書侍郎事實上變成中書省的實際負責人。

中書舍人是中書省的核心成員，編制六人，官居正五品。

在任何朝代，部門領導者都不會親自動筆，寫草案這種雜事，只能交給中書舍人來做。能接觸機密資訊、近距離接觸皇權，那就是實權職位。

在中書省內部，資歷最老的中書舍人被稱爲「閣老」，主持常務工作。還有一位加封「知制誥」，每逢宰相議事，這位老兄都要列席聽會，做好會議紀錄，以方便起草。其餘的四位，一般都加封「兼知制誥」。

在你的職業生涯中，難免會起草一些你看不慣、覺得有問題的詔書。遇到這種情況時，請記住，不管對方是皇帝還是宰相，拿起你的毛筆，有理有據地懟回去。想當年，官員獨孤郎、李景儉因爲醉酒得罪了宰相而遭貶，白居易覺得不合理，直接駁回了上級的要求，還上奏反駁了這項規定。

如果你反駁的話很有道理，又碰到皇帝心情很好，說不定就能飛黃騰達。

在唐朝，中書舍人是文人士子最青睞的職位。只要你做了中書舍人，多熬上幾年，或碰到點機遇，就能榮升爲宰相，實現位極人臣的終極理想。

## 門下省

最高主管爲侍中，編制兩人，官居正三品（唐代宗時期升級爲正二品）；副手爲門下侍郎，編制兩人，官居正四品（唐代宗時期升級爲正三品）；核心成員爲給事中，編制四人，官居正五品。

門下省的職責很簡單，就是審核、駁回、再審核。

中書省不是很厲害嗎？好的，門下省覺得你起草的詔書有失偏頗，直接給你打回，要你重新起草。中書令覺得沒問題？好的，門下侍中也覺得沒問題，可是侍中昨晚和老婆吵架了，心情不好，就是想駁回，你能怎樣？

如果實行電子化審核流程，侍中就是審核鏈上的最強王者。

對於中書省的詔書，如果侍中覺得沒問題，就會留下原件存檔，並命人重新謄寫一份，由侍中批註「制可」二字、蓋上騎縫章，隨後交給尚書省執行。

在門下省，還有兩類特殊的官職：供奉官、符寶郎。

比如諫議大夫、拾遺、補闕，他們屬於清流供奉官：魏徵、褚遂良、王珪等大批宰相、名臣都曾擔任過供奉官。這幫兄弟經常在皇帝身邊侍奉，不論皇帝說了髒話、飲酒過量、縱欲過度，他們都可以進諫警告。如果哪天皇帝突然想做明君，而你的話又說到了他的心坎裡，賞賜就會滾滾而來，李世民就是這種皇帝。

符寶郎，掌管傳國玉璽及天子的其他印章。在電視劇裡，傳國玉璽都放在皇帝的龍案上。但試問：如果某位宦官心術不正，偷偷把玉璽藏起來或偷偷帶出宮，那該怎麼辦？真相就是玉璽由符寶郎掌管。皇帝上朝時，符寶郎端著玉璽上殿，讓皇帝使用；皇帝出行時，符寶郎端著玉璽跟在後面。需要用的時候，符寶郎就把玉璽拿出來；不需要的時候，符寶郎就把玉璽收起來。

## 尚書省

最高主管爲尚書令，編制一人，官居正二品。

在職事官裡面，尚書令算是品級最高的一位。

可能有人想問，究竟高到何種程度呢？

隋唐兩朝，尚書令是全國最高行政長官，同時也是行政體系裡品級最高的官員。在隋朝，只有宰相楊素做過尚書令，再無旁人。在唐朝，李世民做過尚書令，而且是執掌實權。龍朔二年（西元六六二年），唐高宗李治覺得尚書令是老爹李世民的專利，因此廢棄了這項職務，以示對李世民的尊重。唐代宗時期，太子李適做過尚書令，可是沒有執掌政務，只是榮譽官職。終唐一朝，再無人敢問鼎這個職務。

尚書令副手：尚書左、右僕射，編制兩人，官居從二品。

在當時，朝廷沒有尚書令，因此尚書左、右僕射就是最高的行政長官。

官大好嗎？短期來看確實好，但長期來看，未必就是好事。想想看，尚書左、右僕射是從二品，但門下侍中、中書令是正三品。大家都是三省長官、大唐宰相，憑什麼品級不一樣？坐在一起論事，不覺得彆扭嗎？

要知道，祖輩設計三省六部制，目的就是讓皇帝獨攬大權，讓宰相互相制衡。尚書左、右僕射的品級這麼高，權力這麼大，顯然有點過分啊。

貞觀年間，大臣們含沙射影地說尚書左、右僕射的地位太過顯赫，事實上就是吃醋。李世民聽完後覺得有道理，於是下了一紙詔書，從此尚書左、右僕射只負責重大國事，尚書省的日常政務則交給尚書左、右丞（正四品）打理。簡單來說，奪權了。

唐朝初年，尚書左僕射、尚書右僕射、中書令（兩人）、侍中（兩人）就是名副其實的宰相。可是到了後來，宰相一職就開啟了眼花繚亂的「變體模式」。

## 變體一：同中書門下三品

發明者：唐太宗李世民。

李世民是中央集權的狂熱粉絲，削弱相權是他終生奮鬥的目標。更何況，在李世民眼裡，宰相是皇帝的高級幕僚，他們的職責就是貢獻智慧、建言獻策。既然如此，朝廷只有六位宰相，是不是太少了？別說了，加人吧，人多力量大！

於是乎，「參議朝班」「參知機務」「參知政事」「專典機密」的專業詞彙滾滾而來。只要你擁有其中一個，就可以和宰相一起指點江山。聽起來很風光，但事實是，如果你是門下侍郎，就算「參知政事」，你還是正四品。

想升官，你還得繼續熬著。

貞觀十七年（西元六四三年），晉王李治被冊封爲太子，李世民特地請太子太保蕭瑀、太子詹事李勣輔佐。太子太保是從一品，太子詹事是正三品，品級很高，卻都是虛職。李世民覺得過意不去，於是給他們加了個「同中書門下三品」的頭銜。

從此時開始，擁有這個頭銜，你才算眞正的實權宰相。

在後世，中書省、門下省的名字經常變動，因而出現了「同東西臺三品」「同鳳閣鸞臺三品」「同紫微黃門三品」的頭銜，但性質都一樣。

## 變體二：同中書門下平章事

發明者：唐高宗李治。

平章事，也叫平章政事，貞觀年間就已有這種說法，意思是商議國家大事。永淳元年（西元六八二年），唐高宗李治正式將它敲定爲宰相的專用頭銜。

如果你看唐朝的電視劇，官方詔書中經常會出現「同中書門下三品」「同中書門下平章事」這兩個頭銜。宣詔的人一讀出來，你可能就直接暈了。

別著急，聽我給你解釋。這兩個頭銜可以從三方面做區別：

**區別一：使用時間不同**。

貞觀十七年～開耀元年（西元六四三～六八一年），唐朝只有同中書門下三品。

永淳元年～至德二年（西元六八二～七五七年），同中書門下三品、同中書門下平章事共存。

至德三年以後，唐朝只有同中書門下平章事。

**區別二：授予對象不同**。

同中書門下三品、同中書門下平章事只是一個頭銜，不是職事官，因此沒有品級；如果要看官員等級，那就要看他們的職事官或散官的品級。

永淳元年～至德二年間，朝廷任命了八十三位同中書門下三品。

其中，三品及三品以上官員占了八三％，尚書左、右僕射十一人，六部尚書三十人，侍中三人，中書令一人，其他若干。

永淳元年～至德二年間，朝廷任命了一〇三位同中書門下平章事。

其中，三品以下的官員占八〇％，中書侍郎、門下侍郎有五十二人，六部尚書十二人，尚書左、右僕射兩人，其他若干。

也就是說，以同中書門下三品拜相的，基本都是三品以上的高官。就算你是侍中、中書令，也只有擁有同中書門下三品的頭銜，才算眞正的宰相。

那好，假如甲是中書令，卻沒有議政的資格，這說明了什麼？可能是皇帝不喜歡中書令甲，而喜歡中書侍郎乙，也可能是皇帝想架空中書令，讓中書令成爲一種榮譽官職（這是眞相）。

同理，以同中書門下平章事拜相的，基本都是三品以下的官員。中書侍郎、門下侍郎等實權部門的副手，幾乎成爲絕對主力軍。顯慶三年（西元六五八年）後，更有甚者，如尚書省六部侍郎也開始躋身宰相的序列。

那麼，唐朝的皇帝爲何要搞兩種頭銜呢？誠心誠意地回答你，皇帝們的想法都是一樣的，否則同中書門下三品就不會消失了。梳理時間脈絡就可以發現，兩種頭銜並存，其實是一種過渡模式。

大唐是中央集權的國家，在維護皇權的路上，門閥貴族、特權階層都是絆腳石。在此國策上，唐朝帝王的基因是一脈相承的。爲了遏制這些絆腳石，唐朝進一步完善了科舉制度，給寒門學子晉升通道、提拔重用中級官員。其中，唐高宗李治、武則天兩位皇帝最爲強勢，你瞧瞧時間，是不是剛好能對上？

唐朝後期，中央集權到達鼎盛狀態，門閥貴族的特權基本上已經消失，他們要不就是退居二線，要不就是透過科舉入仕。那個年代，中書令、侍中成爲榮譽官職，尙書左、右僕射成爲虛職，能做宰相的，只有門下侍郎、中書侍郎、六部侍郎等官員。在這些崗位的官員，確實有門閥子弟，但基本都是寒門學子。

**區別三：級別都是正三品，但資歷不一樣。**

擁有同中書門下三品頭銜的，基本都是一品、二品、三品官員，他們原本就是朝廷貴族，特權階層。而擁有同中書門下平章事頭銜的，基本上都是四品、五品官員。不管是資歷，還是本品級別，都是有差距的。

從現實一點的角度來說說，特權階層的孩子可以直接選官。如果你是同中書門下三品，你家就有兩個名額；但如果你是同中書門下平章事，你家就只有一個名額。

# 御史：官不大，說話卻很有分量

在電視劇裡，御史集團就是神祕而霸氣的存在，只要御史出場，必定有人遭殃。而且他們獨立於三省六部，想處置誰就處置誰，還不用負責任。

所有御史都隸屬於一個組織：御史臺。

御史臺的老大叫御史大夫，官居從三品；二把手叫御史中丞，編制兩名，官居正五品上，這三位是御史臺的高級官員。

至於其他御史，則分屬於臺院、殿院、察院。

## 臺院

侍御史六人，從六品下。

臺院有一名院長，由最資深的侍御史擔任。排名第二的侍御史負責裁決御史臺日常行政事務，號稱「臺端」或「雜端」。

其餘四位侍御史，一人負責彈劾有過、有罪的官員；一人負責東都洛陽御史臺的工作；一人負責「東推」，也就是監督審核京城各司的疑難案件；一人負責「西推」，也就是監督審核天下各州縣的刑獄案件。

上朝時，侍御史是要站班的。東班的侍御史站在門下侍郎和給事中後面，西班的侍御史則站在中書侍郎和中書舍人後面。

日常朝會，侍御史不需要向皇帝彙報工作，但如果哪天巡街時碰到朝廷官員欺男霸女，或聽說某某官員強占民房民田，侍御史就可以暗中收集材料，準備彈劾。這就是侍御史的日常工作。

開元七年（西元七一九年），唐玄宗李隆基下詔：三品及三品以上官員開會，侍御史可列席旁聽，監督中央帝國最高級官員的一言一行。在所有御史中，這是獨一無二的權利。

## 殿院

殿中侍御史九人，從七品下。

殿院有一名院長，由最資深的殿中侍御史擔任。

殿中侍御史出現頻率最高的場合，首先是元旦、冬至等大朝會。

朝臣站班時，要按照尊卑等級來站。如果官職相同，爵位高的人站在前面；官職和爵位都相同，年齡較長的站在前面。有時碰到性情散漫、心不在焉的朝臣，可能會站錯自己的位置，這時殿中侍御史就要出面彈劾。

貞觀六年，唐臨任殿中侍御史，韋侍階任御史大夫。有一天，韋侍階責備唐臨，說朝臣站班很混亂，他這個御史卻沒有彈劾，有點失職。

唐臨把主管的交代記在了心裡。第二天，朝臣列班，等待上朝，江夏王李道宗和韋侍階聊了起來。不知不覺中，兩位大老離開了隊伍。

就在此時，唐臨走上前，說道：「王亂班。」

李道宗很不解：「本王只是和御史大夫說了幾句話，何至於此啊？」

唐臨看著韋侍階，來了一句：「御史大夫，你也亂班了。」

韋侍階明白他的意思，頓時覺得臉上火辣辣的，偷偷回到了隊伍中。

殿中侍御史出現頻率次高的場合，則是皇帝舉行祭祀或出巡時。

每逢這種場合，殿中侍御史就會騎著高頭大馬，到處晃悠，他們主要是看陳設物品是否齊備，擺放順序是否符合制度。

再其次，殿中侍御史出現的場合是長安的大街小巷。

在那個年代，每天都有殿中侍御史巡街，他們身穿便服，時刻觀察著街上的動靜。如果朝廷官員欺負百姓、私下鬥毆，或吃霸王餐可能就要遭殃了。

## 察院

監察御史十五人，正八品。

察院有一名院長，由最資深的監察御史擔任。

監察御史雖有彈劾京城官員、整肅朝儀的責任，但絕大部分時間都在巡視全國各州縣。他們最關心六件事：

其一，各地官吏的善惡。其二，戶口是否流散，籍帳是否清晰，賦稅是否平均。其三，農桑耕種，府庫核查。其四，盜匪是否欺負百姓，無業遊民是否危害社會。其五，地方豪強的土地兼併，老百姓是否有冤情。其六，訪查山野遺賢，推薦給朝廷。

在唐朝，監察御史就是皇帝的欽差大臣，每逢出使都要有傲人的戰績。要不威懾地方官員，要不宣傳中央權威，要不解決民生疾苦。

元和四年（西元八〇九年），監察御史元稹巡視蜀東地區，發現地方官府擅自徵收稅賦，壓榨百姓，而始作俑者就是已去世的節度使嚴礪。元稹二話不說，直接將彈劾的奏表遞交給朝廷，最終讓蜀東七個州的刺史接受了處罰。

唐朝侍御史韋思謙說過：「御史銜命出使，不能動搖山嶽，震懾州縣，誠曠職耳！」這話的意思是，身為監察御史，若不幹點驚天動地的大事，那就是不及格的。

平日裡，皇帝舉辦朝會，監察御史必須到場。文武百官分為兩班，站在朝堂的東西兩面，其中就包括兩名監察御史，一人主管東班，一人主管西班。如果監察御史發現某位官員違反朝廷禮儀，就要出面彈劾。

唐朝初年，監察御史只盯公共場合，比如朝會、祭祀、典禮等，而這些都是看得見的場合；此外還有許多看不見的角落，比如各部門內部會議。

大曆十四年（西元七七九年），唐代宗李豫下詔，讓監察御史重點監督尚書省六部，只要尚書省七品以上官員開會，就必須到御史臺備案，由監察御史前往會場，現場監督。這樣的安排，很像公司各部門開會時，由人資派遣專員旁聽。

這種情況下，如果主管官員搞一言堂，或者在討論不充分的情況下就形成最終決議，監察御史便有權上奏彈劾。

御史臺是朝廷的最高監察機關；御史的職責是發現隱藏在角落裡的犯罪並揭露，引起皇帝和相關部門的重視，整肅朝廷風氣。

所謂的彈劾，只不過是御史的武器。

彈劾分為兩種，一種是當面彈劾，一種是書面彈劾。

如果是彈劾非高級官員，當面彈劾即可。

如果要彈劾中書省和門下省五品以上的官員、尚書省和六部四品以上的官員，或其他部門三品以上的官員，要用書面彈劾，並送達中書省和門下省。畢竟四品以上都是中央大員、朝廷支柱，不是所有人都能彈劾的。至少讓御史打個報告，把事情的前因後果寫清楚，算是對他們的尊重。

書面彈劾流程是：御史準備彈劾的奏疏，先彙報給御史中丞，接著向御史大夫彙報，再將奏疏送達中書省和門下省審核，最後才能送到皇帝的辦公桌上。

也就是說，在御史的奏疏上，會有御史中丞和御史大夫的署名，中書省和門下省要審查備案。問題來了，如果御史彈劾的對象是御史中丞、御史大夫，或是中書省、門下省的大老，豈有把奏疏給彈劾對象審查的道理？

唐朝初年，御史大夫基本上是耿直的朝臣，皇帝相信御史臺的職業操守，並沒有過多的規定。可是到了唐朝中期，御史大夫和宰相集團中開始出現敗類。

比如開元年間，御史大夫崔隱甫搞一言堂，限制御史的彈劾自由；只要不合他的意，就將御史貶斥到地方上，引起基層御史的強烈反感。

至德元年（西元七五六年），唐肅宗李亨取消了御史大夫、御史中丞署名的規定。至德四年，李亨再取消了中書省和門下省審查彈劾奏疏的規定。因此我們也可以這樣理解：一直到肅宗時期，御史集團的戰鬥力才被皇權徹底釋放。

如果有一天，你晉升爲監察御史，覺得這個工作很容易得罪朝廷大老，爲了前途考慮，不想隨便彈劾同僚，可以嗎？答案是不可以。畢竟彈劾朝臣是御史的天職，朝廷對你業績的考核，主要就是看你彈劾了多少不法官員。

如果官員違法，但滿朝御史都沒有察覺，也沒有彈劾，那就是御史臺的失職。在御史臺內部，有個叫「黃卷」的小本本，專門記錄御史的失察紀錄。

對於嚴重的工作失職，御史臺會啓動內部調查，同時徵詢「知雜御史」的意見，確定是否處罰主責的御史。比如，開元年間，崔隱甫擔任御史大夫，將御史失責的罰金定爲三千文。而在此之前，罰金曾高達一萬文。

現在大家在公司上班，萬一遲到或曠職，可以扣薪，但對整體收入不至於有太大影響。然而對御史而言，一次扣罰就可能讓他陷入債務危機。有扣薪這個威脅擺在這裡，御史臺整天都跟打了雞血一樣。

除此之外，經常彈劾大臣，皇帝自然會熟悉你；如果彈劾成功，業績就有保障，還有機會升官。

在唐朝，御史的品級普遍在八品到六品之間，算是中央朝廷的基層官員。如果得罪了某位大官，御史很容易遭到報復。不過也不用擔心，我們能想到的問題，朝廷都考慮到了。爲了維護御史臺的利益，朝廷設置了幾項保護性的遊戲規則。

第一，御史的任命與罷免有兩條途徑，一種是皇帝覺得你能幹，直接任免；另一種是御史臺、吏部和宰相議定，由皇帝親自裁決。

武則天時期，吏部對御史的任免已沒有發言權。因此，不管哪種方式，如果有人想罷免御史，哪怕只是八品監察御史，也要由皇帝親自審批。

御史的官職調動獨立於官府行政體系，這是何等的恐怖。在這種制度下，如果皇帝力挺監察御史，就連宰相也沒辦法。

相對來說，其他部門六品及六品以下的官員，全都由吏部決定。只要頂頭上司不喜歡你，他給吏部打個招呼，你可能就要捲鋪蓋走人。

第二，儘管御史臺內部有互相監督的關係，卻沒有嚴格的上下關係。

按照規則，監察御史的奏摺可直達皇帝辦公室，只要彈劾對了人、讓皇帝滿意，自然有大把的升官機會。監察御史不需要考慮御史大夫的情緒，不需要可憐巴巴地求御史大夫，辦事自然少了幾分顧慮。

同時，監察御史還能彈劾自己的主管。

武則天時期，酷吏來俊臣擔任御史大夫，監察御史紀履忠上奏彈劾，聲稱來俊臣犯了專擅國權、謀害良善等五條罪名，著實讓來俊臣吃了一回虧。

由此我們可以看出，御史不但可以彈劾大臣，還受到制度的保護，更有出人頭地的機會，簡直就是完美理想的工作。不過，如果你要上任當御史，必須要經過嚴格的資格審查。畢竟，每天懟朝臣，如果自己沒點本事，那怎麼行呢？

在唐朝，想擔任御史需要符合三項條件。

其一，**要有州縣官職的經歷**。畢竟州縣官員有基層工作經驗，說話辦事比較接地氣；至少和中央官員相比，這些人更適合做御史。除此之外，御史的品級普遍偏低，提拔中央官員做御史，基本上算是平調或降級；如果提拔地方官員，容易讓他們產生晉升的感覺。

其二，**具備不畏強權的魄力**。

其三，**自己的行事爲人沒有問題**。

比如，唐高宗李治要求官員舉薦御史候選人，有人推舉了萬年縣尉楊子——縣尉就是古代的警察局局長，混跡於市井，不拘小節。許多朝臣都覺得楊子可以勝任工作，但臨近提拔時，李治卻對群臣說：朕聽說過此人，經常穿著褻服（居家的衣服）在公堂辦公，這種人能做爲百官的表率嗎？

李治一句話就封死了楊子的晉升之路。但李治的做法完全是正確的，畢竟楊子自己不注重禮儀，確實沒資格再去彈劾別人。

御史還要監督全國的刑獄案件，以及司法部門的工作。

比如，大理寺是最高審判機關，堪比現在的最高法院。有時皇帝覺得大理寺的判決有問題，或案件牽涉到許多方面的時候，就會要求御史臺也參與審判。

每逢此時，御史就要調查案件的前因後果，還要學會審訊罪犯。因此，不具備刑獄工作能力的御史，絕不是頂級的御史。

在唐朝的監察體系中，侍御史、殿中侍御史、監察御史等人都有彈劾朝廷官員的資格。其中，侍御史可以列席宰相會議，監督中書省、門下省三品以上的高官；監察御史重點盯著尚書六部的官員，列席七品以上官員參加的會議。

至於地方政府、中央的其他機構，包括民政、人事、財政、軍事、戶籍、禮儀、祭祀等工作，都在御史臺的監察範圍內。

客觀來說，唐朝的御史監察制度已經很完善了。問題是，再好的制度也要有健康的運轉環境。在古代，皇帝恰好就是決定政治生態是否健康的靈魂人物。可是誰能想到，眞正開始破壞朝廷監察制度的，就是盛世的幾位皇帝。

**第一名：唐高宗李治**。

高宗時期，有位出身寒門的大臣李義府，他是武則天的親信。這位老兄生性風流，他聽說洛州監牢有位叫淳于氏的絕色美女，便想據爲己有。

問題是，淳于氏身處牢獄，儘管李義府有心納妾，可惜鞭長莫及。思來想去，李義府找到大理寺丞畢正義，希望他編個理由，讓淳于氏無罪釋放。沒想到，這件事被人捅了出來。爲求自保，李義府最終逼迫畢正義自殺。

這件事是事實，無可爭辯。在一次朝會上，侍御史王義方當面彈劾，並喝斥李義府，讓他退出殿外，等待皇帝的最終處置。誰料想得到，李治根本不想治李義府的罪，反而指控王義方呵斥李義府的行爲是侮辱大臣，最終將他貶官。

從政治大局考慮，李治的決策是正確的。因爲，李治和武則天要聯手對付國舅長孫無忌，而李義府是打擊長孫無忌最給力的馬前卒。爲了獲得李義府的絕對忠誠，李治做出了棄卒保帥的決定。

問題在於，李治確實破壞了朝廷的監察制度，而且是赤裸裸地破壞，赤裸裸地傷害御史集團的感情。這口鍋，李治是絕對甩不掉的。

**第二名：武則天。**

武則天時期，政治環境非常惡劣。爲了穩固自己的統治，武則天起用了許多酷吏，而這些人大多都兼任御史臺的職位，比如來俊臣就是御史大夫；還有侯思止、王弘義，都是靠誣告大臣才晉升爲朝廷御史的。

**第三名：唐玄宗李隆基。**

唐朝前期，軍隊的監軍基本上由御史擔任，宦官是沒有存在感的。到了玄宗時期，宦官成爲各大軍隊的常駐監軍（開元二十年後，並以中官爲之）。在李隆基的默許下，宦官開始走向政治舞臺：禁衛軍被他們控制、地方軍隊受他們影響、朝廷官員相繼被收買。總而言之，只要是宦官染指的地方，御史臺根本沒有說話的餘地。這樣的局面，一直持續到唐朝覆滅。

貞元十九年（西元八〇三年），監察御史崔薳到神策右軍巡視，卻被宦官舉報到唐德宗面前，最終吃了四十杖刑，還被發配到崖州。

再如，監察御史元稹控告河南府尹房式爲非作歹，擅自將他停職，使得唐憲宗李純非常不滿，對元稹罰俸一個月，並詔令他返回長安。誰料想，元稹走到半道，遇到了房式的靠山劉士元（宦官），最終被宦官群毆一頓，還被貶爲江陵士曹參軍。

做御史，最難的是遇到明君，最開心的也是遇到明君。

# 大理寺：全國最高司法審判機關

大理寺是古代等級最高的審判機關。

前一陣子，你剛通過科舉考試，吏部將你分配到大理寺，職務頭銜是大理寺錄事。開始吃公家飯，你心情很舒爽；不過你很快就高興不起來了，因爲你不知道大理寺的內部編制、領導者是哪些人、運作規則是什麼，更不知道自己要幹什麼。

沒關係，我們先從最高領導者開始介紹。

最高領導者是大理寺卿，官居從三品。做到這個品級，基本不用再幹活了，下級官員審理完案卷後，大理寺卿審核簽字，按照流程執行就可以。

其他時間，大理寺卿主要關心長安的刑獄工作動態。比如，吏部尚書長孫無忌覲見皇帝時，忘記取下自己的佩刀，失了禮儀。皇帝震怒，判處監門校尉死刑（這是他的失職），大理寺卿覺得校尉有點冤屈，負責上表進諫，爲他求情。

至於管理方面的工作，大理寺卿願意的話就管，不願意的話，可以交給他的兩位副手：大理寺少卿。少卿的品級是從四品上，日常工作就是處理老大不想處理的事務。

眞正的核心成員是官居從五品下的大理寺正，以及從六品上的大理寺丞。在大理寺內部，他們是主要負責審判的官員，堪比現在的法官。

有時候，大理寺卿和少卿跟隨皇帝出差，大理寺正就要負責大理寺的管理工作。這個職位既是業務核心，又是儲備管理幹部，很吃香。

大理寺主管中央刑獄，州府主管地方刑獄。有時候，爲了鞭策地方的刑獄工作，大理寺會派遣官員到全國各處巡視。出差頻率最高的，就是大理寺司直（從六品上）和大理寺評事（從八品下）。

論官職，他們的品級確實不高，但畢竟是中央幹部，又是刑獄的主管方。到了地方，就算是藩鎮節度使，也要給他們幾分薄面。

一般而言，司直和評事不會擔任法官，但要是遇到難處理的案件，或覺得審判官做出了不公的審判，他們是可以發表見解，甚至影響判決的。

長慶二年，庶民姚文秀打死妻子王氏。大理寺經過審理，判定王氏是與姚文秀相毆致死，不是姚文秀故意殺人。司直崔元式就提出了異議：按照律法，相爭爲鬥，相擊爲毆，交鬥致死，始名鬥殺。王氏被打致死，但姚氏身上沒有傷痕，所以不是相毆。而且王氏已經死亡，相爭就更談不上。因此，這就是故意殺人罪。

在大理寺做官，誰的法理知識厲害，誰的話語就有分量。

說完以上官職，是不是就該到你了？

別著急，大理寺錄事上頭還有一位叫大理寺主簿，官居從七品上。這位老兄是大理寺的綜合祕書。比如，大理寺會有許多卷宗，主簿需要閱讀內容，再用簡短的文字把事件概括出來，送給主管審閱。如果發現案卷有疑問，或審理時間超過規定時間，主簿也要及時提醒主審官員。

至於大理寺錄事（從九品上）的主要工作，就是接收有關部門移交的案卷，及時登記。比如，某日大理寺接收一起刑部移交的案卷，大理寺審判時限為二十五天，錄事就要提醒主簿，及時安排主審官介入處理。

大理寺是個技術部門，只要自己有能力，多刷存在感，升官的機會還是很多的。比如，大名鼎鼎的狄仁傑就在大理寺丞這個位子上一戰成名，最終飛黃騰達，坐上宰相之位。只要肯付出，鹹魚翻身是遲早的事。

數一數大理寺的編制，主審法官也就十多個人，面對全國紛繁浩雜的刑獄案件，自然要有取捨。一般而言，大理寺直接審理的案件有幾類：

**第一類：中央官員的徒刑、流刑和死刑案件**。

以吏部為例，如果吏部郎中犯了法，按照律法要鞭笞四十或杖刑二十，吏部尚書可直接在吏部的衙門執行，不必送到大理寺。

也就是說，每個衙門都有執法權，但執法的範圍僅限於自己衙門，也僅限於笞刑和杖刑。如果上升到了徒刑、流刑和死刑案件，必須由大理寺介入。

**第二類：左、右金吾衛轉交的京城普通刑事案件**。

如果是笞刑、杖刑等刑罰，大理寺可以直接判決執行；如果是徒刑、流刑或死刑，需要上報到刑部。如果刑部審核無誤，會讓大理寺執行；如果有問題，會讓大理寺重新審理。當然，只要是死刑，都要上報給皇帝，讓皇帝親自審核。

**第三類：雖是地方的死刑案件，但刑部覺得有問題時，也會移交給大理寺審理**。

在電視劇裡，審案官員通常只有一個。那麼問題來了，如果主審官心術不正，收了被告的錢財，利用法律漏洞包庇罪犯怎麼辦？再如，如果主審官的專業不是律法和刑訊，而是半路出家，沒有能力做出最準確的判決，又該怎麼辦？

律法的公正是需要維護的，唐朝統治者想的辦法就是集議和連署制度。

按照規矩，主審官只有一個——大理寺丞或大理寺正。但其他寺丞、寺正，或司直、評事可以參加案情討論，以判斷主審官的判決是否公正。任何一個主審官，包括大理寺卿在內，都沒有理由阻止集議。

如果審判結果沒問題，大家集體簽名同意，這就是「連署」。如果案情有疑問，大家的觀點都不一樣，且無法達成一致，那好，照樣簽署名字，但要寫下自己的判斷，然後將案卷移交給刑部集議，讓上級主管來做決定。

說到這裡，大家可能看出來了，這實際上是司法領域的合議庭制度。

當然了，判案這種事情，雖然有律法條文可以參考，但法律畢竟不可能涵蓋所有的犯罪情況。比如，五位專家參加集議，可能就有五種不同的判罰尺度，這不是給刑部的主管找麻煩嗎？爲了降低工作難度，朝廷規定，最多只能有三種不同的意見，這就把難題重新拋給了大理寺。

要是在大理寺待久了，可能會遇到這種情況：主審官和律法專家集體判斷失誤。請注意，是在沒有任何徇私的情況下，誤判了被告的罪行。比如，張三要坐兩年牢，卻被判爲流刑；或是明明無罪，卻被判有罪。

如果出現這種情況，大理寺就要集體受罰了。

第一責任人：主審官，比如大理寺正。

第二責任人：大理寺正的上級主管，大理寺少卿。

第三責任人：大理寺卿，以及大理寺正的下級（如果有下級）。

第四責任人：主簿、錄事，因爲他們肩負審核案卷的責任。只要大理寺出現誤判，主簿和錄事是絕對要受罰的。

另外，身爲大理寺官員，不能對死刑制度和三司會審制度一無所知。接下來，我們就來說說這兩種制度。

## 死刑制度：複查複查再複查

死刑，這個話題很大，而且很壓抑。

在古裝電視劇中，常見的有斬首、凌遲、腰斬、車裂；不常見的有梟首、烹刑、絞刑、定殺（用水淹死）、坑殺、脯刑等。

到了唐朝，死刑只剩兩種：斬刑和絞刑。

根據清末法學家沈家本統計，唐律中適用死刑的條款有二三二條，其中斬刑八十九條，絞刑一四三條。意思是，只要行爲觸犯了法律條文，司法部門就可以判處死刑。當然，如果誰的行爲讓皇帝不爽，即便罪行未達死刑標準，皇帝也是可以判人死刑的。畢竟，在古代社會，皇權凌駕於律法之上。

比如兵部侍郎張三捲入皇子奪位陰謀之中。某皇子被判謀逆罪，賜自縊而死；張三被株連，被大理寺定爲斬刑，刑部和皇帝批覆，正常執行。

## 行刑時間

古代殺人需要奉行天道，立春到秋分是萬物生長的季節，殺人就是逆天而行，朝廷禁止殺人，刑部和大理寺也不能向皇帝奏報死刑。秋分以後，萬物開始蕭條，大自然成一片肅殺之象，處決犯人確實更應景。當然，如果是十惡不赦的重罪，比如奴婢、部曲（私人軍隊）殺害自己的主人，可以隨時行刑，不受律法約束。

《唐律疏議．斷獄》還有「斷屠月」和「禁殺日」的說法。

每年的一月、五月和九月是佛教長齋月，以修福報為主，世俗禁止殺生。每月的一、八、十四、十五、十八、二十三、二十四、二十八、二十九、三十等日子是朝廷規定的「十直日」，禁止死刑、屠宰、釣魚。

換算過來，立春一般在十二月或一月，秋分一般在八月或九月。也就是說，唐代能執行死刑的，也就農曆十月和十一月，而且就那麼幾天。

## 行刑現場

如果官職或爵位在五品以上，行刑那天，朝廷會安排專車送罪犯去刑場。跟隨車隊的護衛人員差不多二十人；每增加一名罪犯，押送人員就增加五人。如果是五品以下的官員，則直接步行到刑場，有種遊街的感覺。

到了刑場，相關部門會備上一壺好酒、幾碟小菜，當做送行酒。如果有親屬前來送行，朝廷允許親屬上行刑臺，爲罪犯舉辦小型的告別儀式。

身爲死刑犯，卻享受這樣的待遇，是不是很奇怪？其實一點也不奇怪，畢竟，朝廷培養的官員要是遭到侮辱和虐待，總有點打朝廷自己臉的意思，多點人道主義精神自然是最好的。更何況，都在朝廷混日子，誰沒有馬失前蹄的時候？同僚現在享受的待遇，可能就是其他官員以後的待遇。

古代的死刑除了懲治犯罪分子外，也有震懾百姓、讓百姓害怕犯法的教育意義。如果現場觀看死刑，百姓就會產生這樣的想法：哎呀，與家人平平安安過日子多好，非要違法犯罪，如今一腳踏進鬼門關，悔不當初吧！時刻謹記，不要犯法，不要犯法啊！

瞧瞧，朝廷的教育目的就達到了。

行刑的地方一般在鬧市，現場直播。

監斬官有三人，分別是大理寺正、御史和金吾衛將軍。親屬告別完後，監斬官會宣布罪犯的罪行，等待處決時間的到來。

在電視劇裡，有句說到爛的臺詞：「午時三刻已到，準備行刑。」午時三刻換算過來就是早上十一點四十五分左右，是執行死刑的最好時間。有人解釋，午時三刻的陽氣最盛，陰氣最弱，死刑犯多是罪大惡極之人，陽氣可以鎮壓他們。還有人說，這個時候行刑，罪犯的魂魄不會回到陽間，監斬官、行刑官的心理壓力也會小很多。

其實，午時三刻只是明清兩朝的行刑時間。《通典．刑法六》說「皆日未後乃行刑」，所謂「日未」，就是指太陽開始偏西。秋冬季節，下午一點到三點，陰氣開始集結，最適合犯人「托生輪迴」。

唐朝選擇這個時間執行死刑，還是比較尊重人性的。

## 複查制度

唐朝死刑，最值得按讚的就是複查制度。

大理寺審完案件，會將案卷移交給刑部，由刑部再次審核，御史臺監督；而這些都是初步審核。如果是死刑案件，皇帝會召集中書省及門下省四品以上的高官、六部尚書和九卿（大理寺卿、鴻臚寺卿等）共同討論案情。

你想想，一位老百姓的死罪會讓上述官員集體敲定，至少說明唐朝統治者對死刑的判罰是非常慎重的。當然，並不是這幫人閒著沒事幹，一來唐朝的死刑案例較少，集體討論的次數不多，不耽誤事；二來是唐朝統治者珍惜百姓的性命，奉行依法辦案的律法精神。

案情討論會上，大家各自發表意見，如果大家都說罪犯該死，那就直接判罰死罪；如果大家有疑問，當場討論解決，讓皇帝做最終的定奪。

一個制度的形成和完善，不是某位皇帝靈感突發而誕生的。追溯唐朝歷史，死刑制度的形成靠的是血淋淋的事實，而那位醒悟的皇帝，就是唐太宗李世民。

唐初有位大臣叫張蘊古，學富五車，穩重可靠。他曾寫一篇〈大寶箴〉給李世民，列出做一位好皇帝的行動指南，勸誡李世民做個千古明君。李世民看過文章後，對張蘊古讚不絕口，心生培養張蘊古的想法。

誰料想，這段君臣佳話很快就在現實面前崩塌了。

彼時，張蘊古擔任大理寺丞，正審理一件案子。被告叫李好德，罪名是口出謠言，煽動民心。張蘊古經過調查，判定李好德患有嚴重的精神疾病，不該治罪，最終將他無罪釋放。

這原本是一件小事，卻被御史權萬紀告到李世民面前。權萬紀表示，李好德的哥哥李厚德是相州刺史，張蘊古又是相州人，這其中必定有鬼。

政治打擊，靠的就是誅心言論。彼時，權萬紀正得李世民的恩寵，李世民偏聽偏信，熱血沖腦，在沒有進行任何調查的情況下，便下令將張蘊古處死。

李世民的理想是做千古明君，因此他會經常複盤自己的決策。在三省吾身的過程中，他想起了張蘊古，突然覺得自己可能有點衝動。於是，他派人重新調查，最後發現自己冤殺了張蘊古。慘劇雖然發生，但李世民痛定思痛，最終制定了一項規則：朝廷在執行死刑前，必須經過五次複查。

比如，九月二十日，張三要被處死，監斬官是大理寺正李二。那麼九月十九日，李二必須上兩道奏摺給李世民，請示他是否執行死刑。到了九月二十日當天，李二還要再上三道奏摺給李世民，提醒皇帝，要處死犯人了。

這樣的流程，就是爲了警示統治者，對待死刑要愼重，也給皇帝更多思考時間。因此，電視劇裡的刀下留人，歷史上是眞的存在的。如果在外地行刑，路途較遠，一般由刑部代替監斬官上奏摺給皇帝，次數爲三次。

大理寺的官員都是專家，很少會出現誤判的情況。如果大理寺判定張三有罪，九五%的機率就是有罪。問題在於，複查是朝廷的必須流程。

好了，行刑的時候，李二若沒有上奏五次，而是提前殺了張三，那麼對不起，李二得被流放到兩千里之外，哪怕張三的死罪是鐵一般的事實。

從監斬官到罪犯，眞的只在一念之間。

## 行刑後的安排

王二狗，長安百姓，家徒四壁，沒有任何親屬。他在走投無路之下，搶劫路人錢財，最終因過失殺人，被大理寺判處死刑。行刑當天，沒有親屬送行，也沒有親屬認領屍體，下葬之事該怎麼安排才好？難道要棄屍荒野嗎？

別擔心，唐朝以仁義治國，尊重百姓的感情。對於沒有親屬認領的罪犯，朝廷會提供棺材，將罪犯裝殮後，下葬在公家墓地，還會寫上罪犯的姓名。坐牢或流放的罪犯，如果意外去世，官府也會用棺材下葬。

至於十惡不赦的罪犯，朝廷會把他們拖到離京城七里遠的地方下葬。一般而言，這種地方就是亂葬崗的性質了。

# 三司會審：維護正義的高級審判制度

說完了死刑制度，我們來說說三司會審制度。三司會審是在歷史上持續了千年的高級審判制度。

三司會審起源於漢朝，成熟於唐朝。不過三司會審是明朝才有的概念，在唐朝，精準的叫法是「三司推事」。

審判場景：重大案件。

審判機構：尚書省刑部、大理寺和御史臺。

在唐朝，刑事案件大致分爲兩種情況。一種發生在地方，由縣政府和州政府審理。基本審判流程是這樣的：遇到案件，縣政府先行審理，給出明確的判決意見。如果是笞刑或杖刑，縣一級的司法官員（司法佐）可以直接執行；若是徒刑以上的案件，縣政府需要把案卷移交給州政府，由州府的法曹參軍處理。

如果是徒刑，或是能以其他刑罰代替的流刑，法曹參軍可以直接批准執行；如果是流刑或死刑，州府需要將案卷移交給刑部，由中央定奪。

五花八門的案件中，有些案子會比較特殊。

比如謀反和謀逆，或是涉及皇親國戚、王公貴族者，需要愼重對待；或是案件審理很困難、需要額外說明的。這種時候，皇帝就會啓動「三司會審」制度。

要注意的是，三司會審的案件必是重大案件，但不一定是死刑案件。之所以啓動三司會審，是因爲皇帝看重案件審判的公平公正原則。

每逢此時，刑部、御史臺、大理寺就會組成一個審判小組，成員叫「三司使」。根據案件不同，小組成員又分爲兩種。

一種是大理寺卿（從三品）、刑部尚書或刑部侍郎、御史大夫或御史中丞，他們組成的小組叫「大三司」，主要審理京城的特大案件。

三位長官中，大理寺卿專業度最高，居主導地位。

至於刑部和御史臺，他們也會參與審判，但更大的作用其實是審核和監督。尤其碰到政治鬥爭、惡意株連朝臣、政治誣告等情況，三司會審的效果確實非常好。

還有另一種組成，由侍御史或監察御史、刑部郎中或刑部員外郎、大理寺司直或評事組成。儘管他們品級偏低，卻是部門的核心官員，因此被稱爲「小三司」。有些案件發生在地方，不方便移交到中央，朝廷就會派遣「小三司」前去處理。

總而言之，三司會審獨立於原有審判規則，也是臨時性的組織，只有皇帝才能啓動。這個制度的存在，就是爲了追求公平公正。

在古代社會，這確實是難能可貴的制度。

# 縣令：老百姓的大管家

唐朝的縣級政府很複雜，按照政治地位的不同、戶口的多少，分爲京、畿、望、上、中、中下、下縣等七個等級。

京縣是首都的核心城區，也是中央政府、宦官貴族最集中的地方。在唐朝，長安、萬年、河南、洛陽、太原、晉陽都屬於京縣。按制度，京縣縣令的品級是正五品上，屬於中央高級官員、朝廷的常參官，在皇帝上朝的時候，京縣縣令需要到場參會。

京縣縣令品級很高，但不論誰來擔任這個職務，大概都會很頭大。你想想，長安縣令主管長安城的社會治安，如果出了刑事案件，中央肯定馬上知道。破了案還好說，如果案子成爲懸案，讓大老們置身危險中，那還了得？

更何況，長安的權貴多如牛毛，如果他們鬧事，你怎麼辦？

唐中宗時期，有個盜匪在萬年縣橫行無忌，無惡不作，縣令李令質派人將他關進監獄。誰料想，案子還沒公審，駙馬韋擢就騎馬闖進公堂，勒令李令質放人。李令質抵死不從，韋擢便在皇帝面前說李令質壞話，李顯便將李令質叫到宮中，狠狠訓斥了一頓。

訓斥理由很簡單：韋擢是權貴，李令質沒有給他足夠的尊重。李令質據理力爭，說他這麼做是維護朝廷的律法，李顯這才放了他。

你瞧瞧，長安就是個不講道理的地方，想做好京縣縣令，難比登天。

畿縣，就是京兆府、河南府、太原府下轄除京縣以外的縣。縣令品級正六品上。

剩下的縣分裡，望縣的畫分標準不詳，全國共八十個左右，數量浮動；上縣是六千戶以上的縣，縣令品級從六品上；中縣是兩千戶以上的縣，縣令品級正七品上；中下縣是一千戶以上的縣，縣令品級從七品上；下縣是一千戶以下的縣，縣令品級從七品下。這是《唐六典》所記載開元年間的標準。同樣是縣令的公子，上縣和中縣縣令的公子在一起玩，中縣縣令的公子就是豪橫不起來，畢竟人家老爹的等級更高。

縣衙雖小，五臟俱全，想在縣裡混得開，還需要認識縣中的大老。首先是縣令。想做一名優秀的縣令，有五件事必須親力親爲。

**第一是風俗教化**。

比如，禁止百姓在家裡收藏禁書、參加非法社團組織、進行非法祭祀活動；又如，縣裡有官學，縣令有空可以去給學生們講課，或參加縣學的祭祀禮儀；再如，縣令需要宣傳儒家文化，其中最典型的就是「孝」。

開元年間，虢州有個叫梁文貞的人，常年在外服役，回到家裡才發現父母已雙雙離世。梁文貞後悔沒來得及贍養父母，於是打通墓穴，早晚打掃，自己則在墓旁結廬居住，這一住就是三十年。縣令崔孝友感念他的孝心，爲他刻石記錄了此事，還將此事告知朝廷，讓史官記了下來。

**第二是發展經濟**。

對朝廷來說，地方人口就是最寶貴的財富，也是考核官員的指標。

對縣令來說，最重要的工作就是戶口登記。每村有多少戶，每戶有多少男丁，戶口是上等戶還是下等戶，這些都要搞清楚。人口確定後，要按朝廷政策分給永業田和口分田（同樣是國家分配的田地，用來種植穀物，但死後要歸還）。縣裡每年都有死亡的人，縣令要帶人普查登記，收回他們的口分田，再分給有需要的百姓。縣裡的田若是不夠，縣令還要拿起鋤頭，帶著百姓去開墾。

到了農時，老百姓下田幹活，若家裡沒有存款、無法維持生計的話，縣裡要安排提供貸款。水牛是農民的重要幫手，縣令要派人監督，嚴禁民間宰殺耕牛。

如果工作都做好了，就等著秋收吧，到時候，農民收田裡的糧食，縣令就收農民的糧食，交給朝廷做爲賦稅。

**第三是司法訴訟**。

唐朝的行政和司法並未分立，縣令既是最高行政長官，轄區內發生民事、刑事案件時，也需要親自審判。

如今辦案，DNA檢測、指紋掃描、監視器影像齊齊上陣；有法醫，有物證鑑定，還有心理學專家坐鎮。可是唐朝沒有這些先進玩意，唐朝官員斷案，最常用的手段就是推理和心理博弈。

裴子雲是河南新鄉縣令，轄下有個叫王敬的人，常年在外戍邊。服役前，王敬將家裡的六頭牛犢交給舅舅李進打理。五年後，王敬回到老家，聽說他的牛犢又生了三十頭小牛，便和舅舅商量，把牛分了。

誰料想，舅舅告訴王敬，六頭水牛已經死了兩頭，王敬只能拿回四頭，至於其他的三十頭，是李進自己得來的。王敬氣憤不過，只能到縣衙告狀。

裴子雲說：「你先到獄中住幾天，這件事我來幫你辦。」隨後，他將李進請到縣衙，厲聲斥責道：「李進，縣中盜匪和你一起偷了三十頭水牛，據說藏在你家裡，本縣令現在就讓他和你對質。」說罷，裴子雲將一個戴著頭套的人帶進縣衙，立於南牆之下。

李進沒見過世面，以爲有人誣告，於是大聲辯駁：「縣令大人，這三十頭牛是俺外甥的牛犢，並不是俺盜來的。」

一樁扯不清、道不明的民事案件，就這樣輕易告破了。不過，裴子雲覺得李進飼養牛犢有功，要求王敬送給舅舅幾頭牛犢，這才給此事定案。

**第四是維護治安**。

和京城一樣，地方的治安也很複雜，很難治理。別的不說，地痞流氓橫行街市，盜匪響馬出沒鄉村，地方豪強魚肉百姓，這三種社會毒瘤是必定存在的。對縣令來說，剷除邪惡勢力、保百姓平安，就是他的職責。

開元年間，河南眞源縣黑道橫行，欺壓鄉里，幾任縣令都收拾不了，朝廷便任命強悍務實的張巡爲縣令。才剛到任，張巡便安排了一場「斬首」行動，剷除黑道老大，赦免其餘從犯，一套組合拳下來，黑道分子只能乖乖就範。

**第五是工程水利**。

老百姓需要水源灌溉農田，縣令就要疏浚水道、修建水車、修建河堤水壩。朝廷的漕運河道若經過縣裡，縣令就要定期組織人手疏浚；萬一出了事，可是要吃不了兜著走的。皇帝出巡若是經過，要修建皇帝的行宮、修建道路、修補城牆，還要維修寺院和道觀。這些事情都需要縣令去籌備資金，組織人力。

其中，修建水利是硬工程，縣令要是幹得好，百姓會爲他勒石記功，朝廷也會通令嘉獎；如果幹不好，升職加薪的難度就會大大提升。

縣裡的二號大老叫縣丞，是縣令的副手，相當於副縣長。

如果有可能，還是盡量別幹這個職位。縣丞的定位是「通判縣事」，簡單地說，沒有明確的職責，輔佐縣令辦事即可。問題是，縣令才是決策者，身為縣丞，只能跟在縣令後面聽其號令，除非取代縣令，自己上位。

三號大老是縣主簿，主要工作是掌管政府蓋章、辦公用品、帳目出納、文書處理等事情，屬於綜合職務，相當於縣政府辦公室主任。

四號大老是縣尉，主要負責緝捕盜賊，掌管刑獄之事，相當於警察局局長。

五號大老是縣錄事，這個職位比較特殊。在京縣，縣錄事是正式官員；但在其他的縣，縣錄事不算正式官員，只能算胥吏。

縣錄事主要負責整理、審核縣衙的文書。比如，鄉里遞來一份文件，縣令拍板，讓縣丞立即處理。接下來，縣丞會將文書轉交給縣錄事，讓他審核文件中的資訊，包括錯別字等；待縣錄事審核無誤，寫上「檢無稽失」，再轉交給縣主簿、縣尉，由他們去具體執行。

在古裝電視劇裡，縣令身旁還會站著一位師爺，縣裡的司法判案、錢糧徵收，甚至縣令和老婆的家庭內務，師爺都會幫忙處理，完全是神一樣的人物。不過，師爺要到明朝才有，在唐朝是不存在的。

按照制度，縣令、縣丞、縣主簿、縣尉一般由通過科舉考試的學子擔任。他們都是讀書人，沒有處理實際政務的經驗，不了解朝廷律法、風土人情。對他們來說，自己身為管理者，想要有好的政績，只能依靠下面的基層胥吏，包括縣佐、縣史、司功佐、司倉佐、司兵佐、司士佐、司戶佐、司法佐、市令、市史、市帥、倉督、典獄、問事、白直，以及教育方面的博士、助教等。

縣令是由尚書省吏部任命。可是對皇帝來說，縣令就是自己的形象代言人，堪稱帝國的基石，因此皇帝對縣令的任免也非常關注。

貞觀時期，李世民下令，五品以上的中央官員可向朝廷推薦縣令；但如果被舉薦的縣令在任期內貪贓枉法，推薦人要承擔失職的罪責。

武則天時期，朝廷開設「縣令舉」，除了考察縣令的文化知識，還要考察國家政策、法令法規、禮儀制度及時務問題。

玄宗時期，朝廷直接規定，讀書人考中進士、明經，朝廷可以授官；但如果他們年齡太輕，沒有豐富的人生閱歷，就不允許擔任縣令職務。

如果你有幸當上縣令，還要經過各種嚴厲的考核。最重要的是年考，也叫常考，每年都有一次，和現代職場人人都經歷過的年終考核一樣，要先寫一份書面自評，再交到州政府。考核期間，上級主管會宣讀縣令的自我考核評語，再集體議定你最終的評級。

唐朝將官員考核分爲九等，分別是上上、上中、上下、中上、中中、中下、下上、下中和下下。考核主要看縣裡戶口的增減、老百姓的平均收入、縣令是否勤政、賦稅繳納情況。除此之外，考核團的印象也很重要。如果縣令曾經翹班，卻誇自己勤政；或頂撞過某位主管，卻誇自己謙虛謹愼，那就比較麻煩了。

除了常考，還有不定期的巡考。比如，州裡會有特派員巡視縣境，如果碰到刑事案件發生，或有老百姓告縣令貪汙受賄，那就壞了。

有時候，中央會派高級官員到地方巡查，這些官員叫「黜陟大使」或「採訪處置使」，他們既可以讓你飛黃騰達，也可以讓你的仕途戛然而止。想要一個穩健的仕途，最好的選擇就是好好做官，善待百姓。

按照制度，每四年是一個週期；考核成績達到吏部的升遷標準，就可以挪窩了。有時候則是三年一考核，或者五年一考核，每個皇帝的政策不一樣。

那麼，身爲縣令，要怎麼管理下面的百姓呢？

拿唐朝的中等縣來說，戶口數量有兩千；至於面積，平均下來，小縣有幾萬平方公尺，大縣有幾百萬平方公尺。也就是說，走上十里可能都碰不到一戶人家。在古代，官府沒有汽車，也沒有電話，縣令要管理村民，就只能透過基層組織，比如坊、村、鄉、里。

首都、州城、縣城的基層組織叫坊，負責人叫坊正；在田野郊外，基層組織叫村，負責人叫村正。

一般而言，一個村可能有三、五戶人家，也可能有幾十戶人家，朝廷對此不做任何規定。如果一個村不滿十戶，它可以叫村，但不允許設置村正，只能由相鄰的村正代爲管理。如果一個村超過一百戶，可以設置兩位村正。

唐朝還規定，一百戶爲一里，五里爲一鄉；四家爲鄰，五家爲保。每鄉設鄉長一人，鄉佐兩人。貞觀十五年，李世民取消了鄉長編制。因此，掌管一百戶村民的里長，其實是基層組織中權力最大的人。

里長是對口縣政府的重要幹部，由縣政府任命。一般而言，村裡六品以下的勳官，或家世清白、身體強壯的青年，都有機會申請做里正。

簡單來說，坊、村是按照地域畫分的基層組織，鄉、里則是按照戶口畫分的基層組織。唐朝靠戶口管理百姓，因此在農村，村正要配合里正的工作。

首先是統計戶口。縣令任命里正，就是因爲里正熟悉農村的情況。法律規定，里正必須如實上報戶口數量。比如，張小二是你的姪子，你爲了讓他免去稅賦和勞役，沒有上報他們家的戶口。那可好，要是縣政府查出來，必定會請你吃一年的牢飯。

其次是掌管治安。舉凡鄰居間拌嘴吵架、誰家的孩子偷雞摸狗、單身漢偷看姑娘洗澡，里正都要出面調停。當然，這些都是小事，但如果某位村民偷偷離開村莊、躲到了外地，里正就要被鞭笞四十；如果逃戶超過四人，里正罪加一等。

然後是徵調賦役。朝廷要找百姓收糧食、徵調布帛、拉男丁服役，都得靠里正去擺平。究竟是拉張家的大兒子，還是李家的二兒子，里正會很爲難。在鄉村，很容易因爲這些事情發生暴力衝突，萬一處理不當，里正就要被縣政府鞭笞四十。

里正的職業風險雖大，但收益是與之並存的。

在唐朝，里正不是正式公務員，沒有品級，沒有工資。不過，里正是胥吏，在老百姓眼中，他就是村裡最大的實權人物，可以理解爲「村官」。

不僅如此，普通男丁需要承擔國家的徭役賦稅，里正卻不用交租和布帛，也不用服兵役，免除朝廷徭役。如果是村正，不需要服縣裡的雜役；比如縣裡需要修水渠，村正不用去幹活，這也算是額外的福利。

# 流外官：別瞧不起人了！

在唐朝的官職體系中，還有一種叫「流外官」。

前面講過，所有的職事官都有自己的品級，也有對應的散品，從正一品到從九品下不等，這些屬於九流以內的官職，叫流內官。

拿尚書省來說，最高首領是尚書左右僕射，官居從二品；最低品級的官員則是各司的主事，官居從九品上。主事雖是最低品級的官員，好歹也拿著朝廷的俸祿、穿官員的正式服裝、享受正式的福利，屬於「國家公務員」。

在尚書省內部，除了這批官老爺外，還有一群胥吏。比如，尚書省有令史、書令史、亭長、掌固等。

漢高祖劉邦就曾做過亭長，工作內容是維持地方治安，相當於地方派出所所長。亭長的任務就是每天定時開啓和關閉本部的府門。除了開關門，還要幫忙跑腿，比如吏部想把公文送到中書省，就是亭長的職責；掌固則主要負責看守部門的倉庫，維護內部的陳設。令史、書令史、制書令史主要負責部門的文書工作。

尚書省、中書省、門下省、兵部、吏部有許多機密檔案，存放檔案的地方就叫甲庫（機密檔案室）。就像警察局都有專門的槍械管理機構，警員領取或歸還槍枝，都要經由主管人員登記；而他們平時也要經常維護槍械。甲庫令史的職責其實就和槍械管理人員一樣。

除了尚書省，吏部也有令史、書令史、制書令史、甲庫令史、亭長、掌固；吏部各司也有令史、書令史、掌固。

胥吏數量非常多，光是尚書省的胥吏就多達數百人，遠超過尚書省的官員。但他們只是一群打雜的，是供官員使喚的人員，基本上沒有政治地位。有個詞語叫「官吏」，正式的公務員叫官，幫官員打雜的就叫吏。

在那個年代，每個衙門都有胥吏，職稱五花八門，很難窮盡。根據官方統計，全國至少有三十萬名胥吏兢兢業業地爲各機關服務。

當然，吏也有分等級。在尚書省、中書省打雜，就比在吏部打雜強；在吏部打雜，當然比在京兆府打雜強；在中央機構打雜，要比州縣的胥吏強。比如，尚書省要發公文通知，需要謄抄，要由內部的令史負責；其他部門或州府發來公文，數量繁多，又沒有電子文件系統，也需要由他們手工進行分類、整理，再送到各主管的辦公室。他們的工作雖然很低階，卻可以接觸到很多資訊，又經常在主管面前露臉。如果業務本領夠硬，運氣再好一點，還是有前途的。

那麼問題來了，既然叫流外官，那到底是官，還是吏？有人因爲它的名字叫流外官，就認爲它是官。然而就像鯨魚雖然叫魚，卻是哺乳動物一樣，按照唐朝的官場習俗，流外官屬於吏。

《資治通鑑》載：「有司門令史受絹一匹，上欲殺之。」瞧瞧，在官方稱呼中，令史之流確實是吏。

雖然是胥吏，但你要工作，就得拿到吏部的正式任命書。古代的朝廷很講究，既然是聘用你，那就得精心製作任命書，讓你有做官的儀式感。臨時聘用、外包合約統統不存在。

胥吏也分品級，最高的叫勳品，也就是一品。比如尚書省、中書省、門下省的令史，各部門的楷書手，都屬於勳品。最低的是九品，比如殿中省尚輦局的主輦、奉輦（皇帝出行的跟班）。胥吏是沒有正、從之分的。

和職事官一樣，胥吏也是國家公務人員，也是拿朝廷俸祿的。但和職事官比起來，他們屬於低薪階層，俸祿只能滿足自己的溫飽。想讓自己的日子好過些，要不就努力上進，躋身職事官的序列；要不就貪汙受賄，中飽私囊。

從官方紀錄來看，唐朝貪汙的胥吏不多。一來他們沒有實際的權力，無法以權謀私，充其量只能出賣機密資訊，換點零用錢；二來胥吏也要接受吏部的考核，考績分四等，其中「背公向私、貪濁有狀」屬於下下等，如果得到這種評價，說明此人是個官場垃圾，以後就很難在社會立足。

至於上班的服裝，職事官根據自己的品級，有紫色、綠色、紅色等諸多選擇，但胥吏只有一種：黃白相間，以銅鐵爲飾，和庶人一樣。要是你家裡有點儲蓄，想給自己置辦點金銀裝飾、金玉腰帶？對不起，那是僭越的行爲，小心挨板子。

每天早晨，官員們都是騎馬上班。

你可能會說：電視劇裡的官員都是坐著轎子上班，不怕日曬雨淋的。可是在唐朝，轎子還沒有完全普及，皇帝都是選擇步輦、輿輦（車駕）出行。所謂的步輦，就是由幾個人抬著皇帝，皇帝雙腿盤在一塊木板上，大家可以看到皇帝本人的那種——如果知道那是什麼模樣，可以看看唐朝畫家閻立本的〈步輦圖〉。連皇帝都沒轎子可坐，更別說普通官員了。

在唐朝，馬匹的價值很高，只有官員才買得起；而且唐朝尚武，不管是文官或武官，都以騎馬爲榮。可是對胥吏而言，他們沒有經濟實力；就算有，也得低調行事，加之政治地位低下，只能騎著小毛驢上班。

至於法律豁免權、蔭封等政治特權，胥吏是完全享受不到的。

那麼，在唐朝哪些人可以做胥吏呢？嚴格來說，只要政治方面的背景沒問題，也就是除了商人、罪犯、手工業等末流之子外，大家都可以嘗試。但官場有自己的習俗，在那個年代，經常參加胥吏選拔的有以下幾類人：

**第一類：九品到六品官員的兒子**。五品以上官員的兒子可以享受門蔭，只要選對了路、自己能力沒問題，多少可以混個職事官。但如果你老爹是六品以下，那你的選擇就少多了。學業成績好的，可以讀大學、參加科舉考試；如果沒那個能力，只能拿著老爹的資歷，再學個一技之長，參加流外官的選拔。

**第二類：州縣的佐吏**。他們已經是胥吏，工作技能沒問題，既懂人情世故，也有一技之長；可是在地方混跡，機會一定不如中央多啊。只要有點理想抱負，他們也會參加銓選。早日當上中央的胥吏、某一天轉正做職事官，也是可以期待的。

**第三類：散官、勳官**。

朝廷的坑位太少，等待分官的人太多，如果你老爹沒話語權，或得罪了某位大老，你可能就會一直和職事官擦肩而過。如果是這種情況，那就退而求其次，先做中央的胥吏，再找機會轉正做職事官。

**第四類：庶民**。

如果是前三類人，幾乎不用朝廷考核，就能直接參加銓選。但如果你是普通百姓，縣令、州刺史就得先審核你的條件；如果合格，再推薦到吏部。

流外官的銓選流程和流內官是一樣的。不過，流外官是給主管打雜的，有它自己的銓選標準：書（寫字好看）、計（會算術，腦子運算快）、時務（能辦事，有經驗）。只要符合其中一項，吏部就不會爲難你。

牛仙客是開元時期的宰相，史書評價其「目不識書」。他因爲讀書不行，不能走科舉考試的路子，一開始只能做個普通的胥吏。誰想到，牛仙客有兩大本領，一是會理財，二是會做事。在鶉觚縣工作時，牛仙客獲得了縣令傅文靜的賞識。傅文靜升官後，便將牛仙客帶在身邊，悉心培養，不斷提拔，讓他的名氣越來越盛。後來，牛仙客相繼成爲王君㚟、蕭嵩的下屬，在兩位大老的推薦下，牛仙客直接晉升爲中央官員，一直做到宰相的高位。

胥吏出身的鐘紹京，算術不好，時務一般，卻把小楷練成了一手絕活。在長安工作時，兵部尚書裴行儉欣賞鐘紹京的小楷，將他提拔到中央。此後，鐘紹京幾乎包辦了宮廷的牌匾、楹聯、門榜，一舉成為大神級人物。名聲在外，再加上不斷歷練，鐘紹京最後也做到了宰相的高位。

在那個年代，吏部郎中負責流外官的銓選工作。由於流外官的數量太多，且缺乏門下省的覆核監管（只有裴光庭的內閣監管過），難免存在營私舞弊的情況。比如給吏部官員輸送利益、找熟人推薦，甚至假造簡歷等。

有一個靈魂的拷問：如何成為一名優秀的流外官？

答案很簡單：盡快轉正，成為流內官。在體制內，凡是不想做流內官的，想必不是優秀的流外官。任何流外官都只是他們轉正的踏板。

**轉正第一步：獲得初步資格**。

流外官有自己的晉升流程：每年考核一次，每三年晉升一次。如果你做到流外一品，就獲得了轉正的初步資格。

所謂的初步資格，意思是朝廷還要繼續審核你的資格。不管怎麼說，一個是官，一個是吏，兩者有天然的鴻溝。為了填補這道鴻溝，朝廷設置了八年的考核期。這意思是說，就算是流外一品，也要再考核八年。

假設你二十歲時做流外九品，年年都得優秀，每三年晉升一次，到流外一品的時候，你已經是個四十四歲的糟老頭子了；再熬個八年，就是五十二歲。如果保養得不好，恐怕已是滿頭白髮了。對流外官來說，拿生命熬資歷、苦命晉升確實很殘酷。統治者也有考慮到這一點，因此，每逢大赦天下，或是新皇帝登基時，統治者都會減免流外官的考核次數，有時是一年，有時是兩年。

假如你屬於比較幸運的那一類，五十歲時熬出了頭，這時吏部會安排三門摸底用的考試：一門是試判，考核你獨立審案、決策的能力；一門是經書；一門是史書。

在唐朝的體制內，想做職事官，文化知識是繞不過的坎。你不想參加科考，所以去做了胥吏；但逃避了這麼多年，你還是得念書。有理由相信，你在當胥吏時一定挑燈夜戰過，啃完了幾本經書和史書。

**考試通過，你就可以參加流內官的銓選了。**

不要著急，你的選擇有很多。

尚書省二十四司、門下省、中書省的都事、主書、主事；太常寺、光祿寺、衛尉寺、太僕寺、宗正寺、鴻臚寺、司農寺、大理寺、太府寺的錄事，也就是傳說中的「九寺錄事」；親王府的錄事、親事府典軍、帳內府典軍；大理寺的獄丞；京縣或州中的錄事；縣裡的主簿、縣尉。

看得出來，這些職事官都是流外官以前的主管。按照官場規則，這些官職都是給流外官轉正而準備的，流內官很少染指。但到了後來，透過科舉入仕的學子越來越多，尤其是新科進士，很少有合適他們的職位。因此，縣主簿、縣尉幾乎成爲安排進士的主流去處。

仕途到了這裡，你的人生已經打開了一扇窗。運氣好的，可以留在京城做官；但絕大部分只能到州、縣或節度使的府衙任職。至於後面的仕途，完全看自己的機遇。做得好，你可以晉升爲宰相、州刺史；做得一般，你只能混個縣令。

# 第五章
# 在唐朝混跡官場是什麼感覺？

# 官場禮儀：官員的必修課

對現代人來說，穿越回唐朝，最難學的恐怕就是禮儀了。

當今社會，不管是親朋好友，還是職場同事，早上碰面時說句「早安」，代表你有修養；如果你問一句：「哈囉，吃過早餐了嗎？」代表你是個有溫度、接地氣的人。但要是回到唐朝，混跡在禮儀之邦，這些恐怕就不夠用了。

簡單來說，封建社會有尊卑、貴賤、上下、長幼等社會秩序。先賢大儒們創造禮儀，透過「禮」（教條制度）來明確區分社會地位；透過「儀」（表現形式）來強化大家對尊卑等級的共識。

簡單來說，禮儀就是維護當權者社會地位的遊戲規則。

有鑑於唐朝的禮儀太多，因此這裡將身分定位爲官員，先學官場的禮儀吧。

記住，你的身分是大臣。

在那個年代，皇帝就是神一樣的存在，任何對皇帝不敬的行爲，都是會要性命的。

爲了顯示皇權的尊嚴，禮儀部門針對不同的場合和時間，制定了五花八門的禮儀。根據粗略的統計，光是大臣面見皇帝，就有幾十種禮儀。
在電視劇裡，大臣覲見皇帝時，似乎都會跪在地上，高喊「皇帝萬歲萬歲萬萬歲」「給陛下請安」「祝陛下千秋萬歲」之類的話。
只能說，這些都是超級簡化版的禮儀。對導演來說，想還原唐朝的官方朝拜禮儀，一集四十五分鐘的電視劇可能眞的不夠長。不信，咱們來瞧瞧。

## 唐朝官方朝拜禮儀有夠多！

### 狂歡指數第一名：蹈舞禮

蹈舞禮別名拜舞禮，堪稱隋唐五代時期最隆重的禮儀，只有皇帝能享受這個待遇。也就是說，如果有人願意向你行蹈舞禮，那就是承認了你的皇權。
比如，隋末宰相蘇威以善於跳槽、拍馬屁著稱。隋末天下大亂，群雄紛爭，他輾轉到了李密麾下。爲了討好新主子，年邁的蘇威居然向李密行了蹈舞禮。李密垮臺後，蘇威又輾轉到王世充麾下，故技重施，旁人深以爲恥。
唐朝末年，軍閥李希烈割據地盤，成爲河南最強悍的勢力。河北軍閥朱滔爲了迎合李希烈，勸他稱帝，還專門派遣使者給李希烈行了蹈舞禮。

一般而言，每年元旦、冬至，皇帝接受群臣朝賀時，大臣都要行蹈舞禮。

朝賀前一天，掌管宮殿陳設和出行儀仗的殿中省尚舍局，會提前在太極殿內外擺下帷帳，準備好各種道具。宮城之外，禮儀部門熱火朝天，忙著畫分官員的等候區。比如，文官和武官分開，京官和外官分開，三品和四品以下的官員分開。就像閱兵時，每支隊伍都有自己的區域一樣。

朝賀當天，朝廷先安排黃土墊道，潑水淨街；禮儀官員、儀仗軍隊陳列在宮殿的大門和主幹道，形象威嚴，氣氛肅穆。

吉時一到，朝賀的總指揮官，也就是門下侍中會高聲宣布：「請中嚴。」（中庭戒備）這時，你會看到威武雄壯的侍衛魚貫而入。在中書省通事舍人的帶領下，四品以下的官員各就各位。請注意，千萬不能交頭接耳、東倒西歪。

隨後，門下侍中再次高喊：「外辦。」這時，皇帝就該出場了。

太極殿的西邊，皇帝乘坐御用車駕緩緩而來。如果是在元旦，他會穿袞服；如果是在冬至，他會戴通天冠、穿絳紗袍。御座之上，皇帝面南而坐，符寶郎則將傳國玉璽擺在龍案上。這時，王、公、侯等貴族與四品以上的官員相繼就位。一般而言，高官權貴站在太極殿內，四品以下的官員站在太極殿的廣場。

這時，禮儀官員高喊道：「再拜。」（拜兩次）這時，殿內的高官便會對皇帝行兩次拜禮；殿外的「贊者」也會跟著高喊「再拜」，讓低階官員跟著行禮。

完事後，某位德高望重的國公爺會代表群臣，向皇帝行禮。

按照禮儀，國公爺先脫掉鞋子，然後跪在地上、解開自己的佩劍放在席上。隨後，國公爺站起身，走到皇帝跟前，再次跪在地上，高聲唱道：「某官臣某言：元正首祚，景福惟新，伏惟開元神武皇帝陛下與天同休。」如果是在冬至，臺詞會換成「某官臣某言：天正長至，伏惟陛下如日之升」。

說完後，國公爺退回到自己的位置，跪著裝好佩劍、站著穿好鞋子。至於群臣，老規矩，一起行個「再拜」禮。

這時，門下侍中來到大殿的東北方位，宣稱：「有制。」

群臣再次拜禮。

門下侍中宣讀道：「履新之慶，與公等同之。」

群臣再次拜禮。

接下來，就是最隆重的蹈舞禮。太極殿內，群臣揚起自己的寬幅衣袖，揮舞著他們的小手，腳也不能停，要不旋轉，要不蹬踏，各自翩翩起舞。

你不用擔心有人跳拉丁，有人跳芭蕾，有人跳街舞，現場會發生混亂。在唐朝，官員上任前都要經過相關的禮儀訓練，蹈舞禮就是其中一項。

蹈舞禮結束後，群臣一起喊道：「萬歲、萬歲、萬歲。」

最後一個流程——你沒猜錯，再來一次再拜禮。

關於蹈舞禮，如果你忘記了基本舞步，那可能就比較麻煩了。

唐高宗年間，李治召見一位名叫韓思彥的官員，打算將他任命爲乾封縣丞。按照規矩，韓思彥要向李治行蹈舞禮，以示感恩。但韓思彥常年在外地做官，哪還記得蹈舞禮的動作，只好尷尬地站在原地。

不給皇帝行禮就是大不敬。更何況這位老兄疾惡如仇，經常抨擊武則天干涉朝政，比中央的監察御史還賣力。這次，以中書令李敬玄爲首的朝臣上奏彈劾，最終將韓思彥降級爲朱鳶縣丞。同樣是縣丞，一個是皇帝欽點的全國重點縣，一個是越南的縣，韓思彥爲自己的健忘付出了慘痛的代價。

## 心跳加速第一名：趨步禮

關於趨步禮，有些歷史劇還原得還不錯。比如，每逢早朝的時候，皇帝單獨讓某位大臣回話，大臣就會踏著小碎步，快步走到大殿中間。

趨步禮的精髓就是讓你有神經緊張、呼吸急促的感覺，這樣才顯得出恭敬，顯得出對方的高大偉岸。一般而言，皇帝單獨找你談話、上級主管到你家拜訪、在上級主管面前辦事回話，或在朝堂上遭到御史的彈劾，你都需要踏著小碎步，以最快的速度出現在你該出現的地方。否則，就等著吃癟吧。

不管是蹈舞禮或趨步禮，都是耗費體力的事。如果你是年輕人，跳一段舞蹈還不覺得有什麼；但有些朝臣已經年逾七十，行將就木，不但讓他們跳大舞，還讓他們小碎步前行，簡直就是要他們的老命。

唐代宗時期，宰相裴冕年邁體衰，在一次蹈舞禮中，因體力不支，最終昏倒在地，只能被人抬下朝堂，這也成爲長安百姓津津樂道的八卦新聞。

大臣見了皇帝，必少不了行禮；但如果你是德高望重的大臣或明星人物，皇帝也會給你一些禮遇。比如，允許你乘肩輿（人抬的步輦）上殿，房玄齡、李綱、馬懷素等大臣都享受過這種待遇。又比如步迎賜坐，像是李隆基第一次會見李白，就是主動出迎，還親手給李白調製羹湯。

## 玄妙指數第一名：叉手禮

關於叉手禮，《事林廣記》有詳細記載：「凡叉手之法，以左手緊把右手拇指，其左手小指則向右手腕，右手四指皆直，以左手大指向上。如以右手掩其胸，收不可太著胸，須令稍去二三寸，方爲叉手法也。」

北京故宮有一幅國寶叫〈韓熙載夜宴圖〉，是南唐畫家顧閎中的作品，畫中有兩人所行的就是叉手禮。

有一次，李隆基到御花園休閒散步。在他身後，有人抬著他的御輦，有人拿著皇帝儀仗，還有一個人跟在隊伍的後面，只負責行叉手禮。

簡單地說，這種禮儀非常玄妙，它不像蹈舞禮、趨步禮那樣，動作感和儀式感很強。這種禮儀的存在，似乎是用一種比較安靜的形式表示對尊者的敬畏。

提醒你注意一下，如果要行叉手禮，就要一直把手放在胸口，禮儀不能中斷。所謂「叉手不離方寸」，說的就是這個意思。

## 殘酷指數第一名：剪髮剺面割耳禮

剪髮剺（音「犁」）面割耳禮是少數民族的禮儀；能享受此禮的，必定都是受人尊敬的皇帝。

貞觀二十三年（西元六四九年），唐太宗李世民駕崩，舉國悲痛。少數民族首領得知消息，相繼派了數百名使者前來弔喪。按照中原禮儀，大家給皇帝守個靈、哭哭鼻子，以頭搶地就算很不錯了。大家都很好奇，少數民族究竟是怎麼弔喪的。

弔喪的當天，吃瓜群眾已經就位，只見少數民族使者涕淚橫流，如喪考妣，並沒有什麼稀奇的。就在大家失望的時候，他們突然掏出佩刀，割斷自己的頭髮，隨後用刀在臉上劃拉，一時間鮮血直流。最恐怖的就是，他們竟然割掉了自己的耳朵，將它們扔在地上。更有甚者，阿史那．社爾、契苾何力兩位將軍竟要求殉葬。

畫風突變，弔喪現場瞬間變成了自殘現場。皇室成員和朝廷重臣嚇傻了：他們跑到李唐的地盤自殘，難道是想碰瓷？就在這時，懂得的官員告訴大家，這是少數民族弔喪的最高禮儀，純屬對李世民的尊敬，大家這才安心。

## 虛僞指數第一名：西向拜謝禮

身爲朝中大臣，舉辦職場宴會或到軍中犒賞將士時，難免要致個詞。這時候，千萬要遵守以下流程：走到寬敞的地方，面向西方而站，再舉起你的酒杯，以示對皇帝的尊重，然後說幾句歌功頌德的話。比如「幸賴當今天子神於武功，聖於文治，得以天下大治，百姓安康」等等。

簡單來說，你有幸福的生活，全都仰仗皇帝的神威。

## 複雜指數第一名：跪拜禮

秦漢以前，中國是沒有凳子的；不論家庭起居，還是社交場合、公務場所，大家都只能席地而坐。標準坐姿是這樣的：兩隻膝蓋著地，兩條腿朝身後伸直；身子挺直，屁股則緊挨著兩隻腳跟，稱之爲坐，也叫跽（音「忌」）。

提醒你注意，屁股不能直接坐在腳跟上。那樣對你來說可能很輕鬆，對旁人而言卻很不雅觀，也很失禮。最好的姿態就是稍微挨著。

你想想，古人都是這種坐姿，如果要行禮，站起來想必不方便，最好的辦法就是在坐姿的基礎上發明一些禮儀動作。這就是跪拜禮的緣起。

跪拜禮分爲稽首、頓首、空首。

稽首禮是將你的左手按在右手上，掌心向內，將手放在地上，位置在膝蓋前方。叩首時，動作一定要慢，頭要碰到地面（拜頭叩地）。請注意，行禮過程中，絕不能快速起身，否則就是對尊者不敬。一般而言，稽首禮用於臣子對君主的正式禮拜，也是跪拜禮中最隆重的一種。

頓首禮的基本動作和稽首禮一樣，只不過叩首的動作很快，頭碰到地面後，就可以快速起身。一般而言，頓首禮是同僚間的行禮，或平輩之間的禮儀。

空首禮也叫拜手禮，基本動作還是一樣；但叩首時，頭不用碰到地面，而是觸碰手背（拜頭至手）。一般而言，空首禮用於普通社交場合。

中國古代有「三跪九拜」之禮，除了上面的三拜，還有振動、吉拜、凶拜、奇拜、褒拜、肅拜六種禮儀。簡單來說，只要你學會了稽首、頓首、空首禮，混跡在長安官場，別人絕對挑不出你的毛病。

## 隨意指數第一名：揖禮

揖禮的基本姿勢是站立，不算隆重正式的禮節，一般在非正式社交場合對身分相當的人使用，大致分為拱手、作揖、長揖、打躬幾種。

假設你行走在路上，碰到陌生人想問路，或早晨起床想和鄰居打個招呼時，把你的雙手拱起來，向別人行個禮，這就算拱手禮了。在電視劇中，練武之人想比武切磋，都會先禮後兵，來個拱手禮。一般而言，左手抱著右手，表示讓別人先動手，如果是右手抱著左手，表示自己先動手。

行拱手禮的，都是身分低微、不太講究禮儀的群體，比如小老百姓。

如果你是低階官吏，可以學學作揖。基本動作是這樣的：左手抱著右手，身體略微彎曲，保證你的眼睛可以看到自己的腳。如果碰到向別人道歉、致謝、祝賀、請教、敬酒的場景，作揖可能是最好的選擇。

這裡提醒你注意一下，在一般的場合裡，盡量別老是作揖。因爲你向別人作揖，別人也要還禮，這個動作還挺費勁的，恐怕會惹別人不高興。

所謂的長揖，就是將手臂舉高，然後做作揖的動作；至於打躬，就是將你的身體彎曲成弓形。一個注重手臂的運動幅度，一個注重身體的彎曲程度。

在那個年代，有些讀書人清高自傲，不願意向權貴行跪拜禮。於是，打躬就成了完美的選擇，既可以顯示對尊者的禮敬，也不會降低自己的身分。

## 官員和官員之間，也有很多禮儀

唐朝規定，三品及三品以下的文武官員，只要見到一品官員，都要行禮。四品拜二品，五品拜三品，只要是隔級的官員，在街上碰到時，都要下馬行禮。

大和年間，御史中丞溫造上街，剛好碰到了左補闕李虞。御史中丞是正五品上，左補闕是從七品上，按規矩，李虞應該下馬迴避。誰知道李虞就是不想迴避，溫造非常惱火，於是命人痛揍了李虞的僕人一頓，讓李虞吃了個啞巴虧。

身爲官員，如果遇到小老百姓擋道，也可以隨意訓斥，甚至拘留。

唐朝有個詩人叫賈島，有一次，他騎著小毛驢逛長安天街，時值秋風勁吹，落葉飄旋，賈島詩興大發，吟出一句「秋風吹渭水，落葉滿長安」。一句好詩出爐，賈島得意忘形，結果竟衝撞了京兆尹劉棲楚的車駕。劉棲楚大怒之下，請賈島到長安監獄住了一夜，最後才將他釋放。

禮儀是官員的必修課。身爲官員，了解朝廷禮儀，既可以避免犯錯，也可以耍耍威風，確實很有必要啊。

# 上朝流程：你見過凌晨四點的長安嗎？

**唐代的上朝，分爲大朝和常朝。**

大朝只在元旦、冬至兩天舉行，參加的人員包括藩國使臣、中央官員、地方高級官員、軍中將領。常朝，就是經常舉辦的日常會議。

唐朝開國初年，國事繁多，每天都會舉辦常朝。貞觀十三年（西元六三九年），尚書左僕射房玄齡上奏，說天下太平，國家無事，可以每三天舉辦一次朝會，李世民當即批准。房玄齡的意思是讓民間休養生息，政府不要太過插手，還是符合民情的。

貞觀二十三年，長孫無忌考慮國事繁多，重新啓動每日一朝的舊制。

唐朝每個皇帝的習慣不一樣，有隔日一朝，有五日一朝的。

如果想參加常朝，你必須是「常參官」。

第一類：五品以上的高級文官。

第二類：中書省和門下省的供奉官。

包括門下侍中、中書令、黃門侍郎、左右散騎常侍、中書侍郎、諫議大夫、給事中、中書舍人、起居郎、起居舍人、通事舍人、補闕、拾遺。

第三類：監察御史。

第四類：尚書省二十四司的員外郎。

第五類：太常博士。

如果你是九品以上、五品以下的職事官，只能在每月的初一和十五，遠遠地聆聽皇帝的教誨。

如果你穿越到唐朝，對參加朝會的地點要有所了解，因爲這也是有講究的。

如果是唐高祖、唐太宗和唐高宗時代，政治活動集中在太極宮。其中，大朝會、國家級典禮在太極殿舉行；常朝一般放在兩儀殿；皇帝和宰相們商議軍國大事、皇帝接見大臣，基本上在甘露殿。高宗以後，政治中心轉移到大明宮。含元殿、宣政殿、紫宸殿分別替代了太極殿、兩儀殿和甘露殿的功能。

長安實行宵禁制度，夏天的五更兩點（凌晨三點四十八分左右），冬天的五更三點（凌晨四點十二分左右），承天門的值班人員會敲響第一聲晨鼓。這個時候，長安的宮門、各坊的坊門會相繼開啓，表示百姓們可以出門活動了。

此時，普通百姓大多還在酣睡中，但大唐官員已經在爲上朝做準備了。

官員府邸亮起了燈火，官員起床梳洗打扮，穿好朝服、拿好裝備，騎上高頭大馬，在提著燈籠的僕役引路下，紛紛走向大街。

在現代的電視劇中，我們可以看到明清兩朝的官員都坐著官轎，可以遮風擋雨。但在唐朝，轎子還沒普及，不管是宰相或九品芝麻官，全都騎馬上朝。到了宮城附近，就得下馬步行，走到大明宮南牆的望仙門（靠東）或建福門（靠西）等候。如果想直接到皇宮內殿等候上朝，那是不可能的。那個年代，任何男子進宮都要經過嚴格的審查，沒有私自進宮的可能。

到達宮門的時間，大約是五更五點，也就是凌晨五點鐘。

一般而言，官員都會提前到場，排隊等候上朝。只不過，這裡沒有供官員休息等待的房屋，只能露天而站。不管是風霜雨露，還是暴雪寒冬，大臣們只能用肉體和意志硬扛。皇帝也很過意不去，覺得大家起早摸黑很不容易，於是將太僕寺車坊撥出來供宰相避雨——請注意，這裡只提供宰相等級的官員避雨。直到唐憲宗元和初年，朝廷才設置了「待漏院」，讓百官免了淋雨之苦。

百官候朝時，宣政殿內已有了動靜。

比如，有關部門在宣政殿的北壁整理御座，也就是龍椅。龍椅背後立著一面繪著斧形花紋的大屏風，面前擺著薰爐、香案。

比如，御史大夫在宣政殿外等候，準備引導官員入殿。

比如，兩名監察御史在東朝堂和西朝堂的磚道上，等候百官到來。

天色微明，望仙門和建福門同時開啓，文武百官依序入內。

想到宣政殿，得穿過層層宮門，每扇宮門都有監門校尉，他們會嚴格執行朝廷的「門籍」和「監搜」制度。

門籍是懸掛在宮殿門前的記名牌，長二尺、竹制，上面寫著官員的姓名、官職、樣貌等資訊。到了後來，門籍變成冊籍，也就是紙質版的花名冊。

官員進宮，需要向監門校尉申報自己的資訊，也叫「唱籍」。監門校尉逐一校對資訊，核對無誤，會說一聲「在」，表示你有資格上朝。這時，會有衛士前來搜身，防止你夾帶毒藥、武器進宮，這個步驟叫「監搜」。

就連宰相都沒有免唱、免搜的特權。

貞觀年間，長孫無忌進宮奏事，也不知是監門校尉疏忽了，還是長孫無忌忘了規矩，最後竟然佩刀入宮面聖。此情此景，讓群臣震驚不已，封德彝要求立即處死監門校尉、罰長孫無忌二十斤銅，李世民也無可奈何。

穿過望仙門和建福門，就算是到了禁宮。映入眼簾的，是大明宮的正殿含元殿。含元殿的東邊是通乾門，西邊是觀象門。在這裡，文武百官得按照官職大小站好隊，文官從通乾門入內，武官從觀象門入內。

別忘了老規矩，門籍和監搜。

越過通乾門，文官可以看到東朝堂；越過觀象門，武官可以看到西朝堂。在這裡，兩名監察御史會接手隊伍，將他們帶到宣政殿前，和御史大夫一同入內。

大家都知道，官員入殿需要行「趨步」，也就是小碎步。原本是禮儀，但唐玄宗李隆基覺得這種步伐容易造成慌亂，有失體統，後來宣布取消了。

宣政殿內，宰相站在最前面，屬於第一序列。

文官站在大殿的東邊，分為一品方隊、二品方隊、三品方隊、四品方隊和五品方隊。每個方隊的最前面，永遠是尚書省同級的官員。比如五品方隊，領隊一定是各司郎中。至於站立在西邊的武官，規矩也是一樣的。

大殿之內，還有一批殿中監官員，包括殿中監，殿中少監，尚衣、尚舍等局的領導，他們伺候皇帝的衣食住行，站立在皇帝的傘扇之下。

大殿之外，還有各種大將軍、中郎將等武職官員，他們佩帶武器，既是儀仗隊，又是御用保鏢。要是哪個不長眼的官員衝撞了皇帝，就由他們出面擺平。

一切準備就緒，門下侍中會高呼一聲：「外辦！」

這個時候，皇帝會從西序門進入大殿。不過，你看不到皇帝的臉，因為他被御扇擋住了。這個出場儀式叫「索扇」，發明者是玄宗時期的宰相蕭嵩。

蕭嵩認爲，皇帝是至尊無上的，出場一定要有神祕感，要讓大臣敬畏，不能隨便讓人瞧見。

御扇分很多種，專屬皇帝的叫雉尾扇，也是皇權的象徵。手持御扇的都是形象俊美的官家子弟，直到皇帝落座，左右各留三把御扇，儀式才算結束。

緊接著，金吾衛將軍會大聲奏報：「左右廂內外平安。」

意思就是軍隊已經控制了現場，皇帝可以開始工作了。

這時，中書省通事舍人會引導文武百官向皇帝行禮，正式升殿上朝。

在電視劇中，扮演這個角色的通常是太監，他們會高喊「有事早奏，無事退朝」，爲大臣宣旨的，也是太監。

其實，早朝這麼神聖的事情，怎麼可能讓太監插手？而且太監通常不識字，古代聖旨的生僻字多，又沒有標點符號，就憑太監的知識水準，很難準確傳遞皇帝的意思。

## 朝堂奏事

官員奏事也是有講究的。

《唐會要》記載：「舊制，六品以下官人奏事，皆自稱官號、臣、姓名，然後陳事，通事舍人、侍御史、殿中侍御史則不稱官號。」

意思就是，如果你是六品以下的官員，需要採取「官職＋臣＋姓名」的格式，比如兵部員外郎臣張三，有事上陳或有事上奏。

這是因爲六品以下的官員上朝的次數少，皇帝可能不認識，如果貿然奏事，皇帝直接問一句「你是誰」，場面就很尷尬了。通事舍人、侍御史、殿中侍御史等人經常在皇帝跟前晃悠，大家都是熟人，上奏只需稱「臣＋姓名」即可。

你可能很好奇，大家聊什麼呢？

唐朝初年，常朝是可以暢聊的。比如某位大臣發起一個話題，除了自己發言，其他大臣也可以反駁，爭辯。問題在於，朝廷那麼多機構，每個機構一件事，還要無限暢聊，一天二十四小時都不夠。

開元年間，朝廷發布新的規則：軍國大事可以當面上奏，日常政務則寫在奏摺上，遞交給皇帝審閱即可。所謂軍國大事，就是邊境打仗、商討軍事戰略、廢立太子、冊封皇后，或發表重大政策等。

當然了，軍國大事也要先寫成奏摺，給皇帝提前審閱，讓他知道大致情況。皇帝要做的就是主持會議、讓大家討論，再形成最終決議。

如果你要奏事，千萬記得言簡意賅。畢竟常朝是每天的晨會，官員下朝後，還要回到本衙辦公，常朝時間越長，代表你的同事越需要加班。代宗年間，朝廷直接規定，每天最多只能有三位大臣奏事，說完就散朝。

別怪皇帝懶散。你想想，如果大唐要對突厥開戰，皇帝能公開討論軍事戰略部署嗎？如果有人洩露機密怎麼辦？而且唐朝還眞有這樣的案例。

因此，每逢這種情況，皇帝就會結束常朝，命百官退出，然後帶著宰相討論軍國大事，這也叫「仗下奏事」，貞觀年間就有了。

## 延英殿召對

仗下奏事都是在常朝之後，時間基本上是固定的。畢竟如果有緊急情況，朝臣找不到皇帝，那可就耽誤正事了。尤其是安史之亂後，政局動盪，皇帝經常要找大臣商議政事，而常朝滿足不了需求，延英殿召對便橫空出世了。

延英殿是宣政殿的西偏殿，很像乾清宮的西暖閣。皇帝找大臣，大臣找皇帝，直接約個時間，在延英殿會面即可。晚唐時期，中央對藩鎮的戰爭決策，基本上都是在延英殿敲定的。在這裡，大家可以各抒己見，不怕洩密，不擔心禮儀。有一段時間，甚至達到「無復君臣之禮」的地步。

反過來說，如果皇帝把你叫到延英殿商議政事，你說話卻沒營養沒水準，那麼輕則遭同僚鄙視，重則被皇帝罷免。

如果你有機會到延英殿奏事，千萬記得別一個人去，大家會以爲你是去打小報告、進讒言的。別解釋，別找理由，這就是規矩，破壞了規矩，換來的只會是朝臣的冷眼和質疑。

## 朝堂禮儀

朝會是莊嚴肅穆的事，如果有人膽敢挑戰朝廷禮儀，處罰便會隨之而來。

比如，你是二品官員，卻站到了一品官的方陣；你的朝服被桌子刮了個破洞，你卻穿著它上朝；你心情不錯，想和旁邊的同僚分享樂事；帽子戴歪了、象笏拿反了，或上朝時嘴角還沾著早餐的胡餅渣渣。碰到這些情況，御史必定會彈劾你，然後罰你一個月的薪水。

早朝是必須參加的。如果實在有事，可以找吏部備案，請個事假。如果你覺得上朝的官員很多，別人不會注意到你，那你可能就要倒大楣了。第一，朝廷會點名；第二，侍御史、殿中侍御史、監察御史的工作，就是找無故曠職的官員。

只要被發現有曠職情事，一整季的薪水就沒了；如果惹怒了某些大老，隨便尋個理由把你貶了，也是很容易的事。畢竟，是你自己不想上朝的嘛。

《南部新書》記載了一件事：「大中十一年賀正，盧鈞以太子太師率百僚，年八十餘矣。聲容明暢，舉朝俱服。明年，柳公權以少師率班，亦八十矣。自樂懸南趨至龍墀前，氣力綿憊，誤尊號中一字，罰一季俸，人多恥之。」

柳公權，唐朝著名書法家。八十歲那年，他以少師身分率領文武百官覲見皇帝。由於路太遠，柳公權體力不支，再加上記憶力衰退，在念唐宣宗尊號的時候，竟然忘了一個字。

柳公權德高望重，是朝廷砥柱，可以對他網開一面嗎？御史告訴你，這是不尊重皇帝的行爲，非常惡劣，按照規矩，罰俸三個月吧。

## 起居郎

皇帝開朝會的時候，起居郎必須到場。

根據《新唐書・百官志》記載：「天子御正殿，則郎居左，舍人居右。有命，俯陛以聽，退而書之，季終以授史官。貞觀初，以給事中、諫議大夫兼知起居注，或知起居事。每仗下，議政事，起居郎一人執筆記錄於前，史官隨之。」

起居郎是門下省的官員，起居舍人是中書省的官員，他們同時記錄天子的言語和行爲。朝會的時候，起居郎站在左邊，起居舍人站在右邊。

你可能會想，他們是不是有個桌案，坐著記錄？

那你想多了，龍椅旁邊，若是他人悠哉悠哉地坐著那裡，皇權威嚴何在！所以不管是常朝，還是退朝後的仗下奏事，起居郎和起居舍人只能靠過人的記憶力，記住皇帝說過的話、君臣議過的大事，下朝之後再落實到紙上，這就是傳說中的「起居注」。每季季末，他們會把整理好的材料交給史官，寫成公開的國史。

## 皇帝輟朝

皇帝每天上朝確實很累。

有時皇帝也會找機會給自己放個假。電視劇中，宦官經常會說，皇帝偶感風寒，今日不上朝。請你相信，這是絕對眞實的。

一般而言，皇親國戚或三品以上的高官去世，皇帝可以選擇「輟朝」幾天。房玄齡去世時，李世民輟朝五日；宰相張說去世時，李隆基輟朝五日。

如果發生暴雪、暴雨天氣，官員們全身濕漉漉的，形象不整，有損朝會的禮儀、傷害皇權的威嚴，皇帝也會取消朝會。比如「五月戊戌朔，以雨罷朝」「十八年春正月戊午朔，大雨雪，罷朝賀」。

發生了戰亂，或出現日食、月食、彗星等天象時，皇帝都可以停止朝會。

# 官場稱呼：「大人」可不能隨便叫

上朝時，你會看到數十名官員魚貫而來。既然同殿爲臣，打招呼必不可避。你看，兵部侍郎李娃和工部侍郎張大膽剛好遇到了。

李娃：張大人，早安。

張大膽：李大人，今天天氣不錯啊。

是不是毫無違和感？畢竟不管什麼朝代的電視劇，不管是中央官員還是地方縣令，他們的稱呼都是「大人」。

還是那句話，電視劇你看看就行了，千萬別當眞。萬一穿越到唐朝，你要是這麼稱呼官員，對方一定會嚇得肝膽俱裂，冷汗直流。

**在唐朝，「大人」是用來稱呼父親的**。

你想想，對方聽到你這樣叫他，還以爲你是他的私生子呢。如果碰到愛惜自己羽毛的狠角色，人家說不定會將你拖到僻靜之處，一刀了結你。

說話有風險，稱呼須謹慎啊。

混跡大唐官場的人，可選擇的稱謂其實很多。

## 姓＋官職

第一種是姓＋官職。

對方是兵部尚書，你可以叫他「李尚書」；是兵部主事，你可以叫他「張主事」。比如大詩人王維做過尚書右丞，就喜歡別人叫他「王右丞」；陳子昂叫「陳拾遺」，李白叫「李翰林」。如果對方的官職很複雜，而且不好聽，比如杜甫做過檢校工部員外郎，可以稱呼他爲「杜工部」。

**如果你的官職是宰相，別人可以稱呼你爲「相公」**。在後世，這個詞是妻子稱呼自己丈夫的；可是在唐朝，它就可以用來稱呼宰相。

## 姓＋地望

第二種是姓＋地望（地理位置）。

魏晉時期，官員的社會地位取決於家族背景。如果是門閥貴族出身，走路有風，自帶光環。到了唐朝，社會風氣仍是如此。

比如，你出身河北博陵崔氏，在朝中爲官，別人就可以叫你「崔博陵」。韓愈出身河北昌黎縣，就有「韓昌黎」的稱謂。

唐朝中後期，門閥貴族失去了原有的光環，「姓＋任職地域」的稱呼逐漸成爲主流。比如柳宗元在柳州做官，就有「柳柳州」的稱號。

## 姓＋行第

第三是姓＋行第。

如果你穿越到某個家庭（也可以是整個家族），家裡有十個兄弟，你排行第八，別人會叫你「八郎」，八就是你的「行第」。在那個年代，不管是皇室，還是官場和民間，都可用行第來稱呼別人。

比如，裴寂在家族裡排行第三，李淵就喜歡叫他「裴三」。白居易在家族裡排行二十二，就有「白二十二」的稱謂。

## 姓＋公

第四種是姓＋公。

在唐朝，「公」是對有身分者的一種稱呼。不管對方是宰相，還是尚書、侍郎，叫他一聲「張公」「李公」，對方都會覺得你是個有修養的人。

## 姓＋官場雅稱

第五種是姓＋官場雅稱。

從漢朝開始，州刺史就有「使君」的雅稱。如果遇到州府的最高長官，你可以稱呼他「劉使君」。不意外的話，對方一定會很高興。

比如，縣令有「明府」的雅稱，縣丞有「少府」的雅稱。在中央，排名第一的中書舍人則有「閣老」的美稱。

如果想圖個簡單，可以直接叫「明公」。

身爲大臣，對皇帝可自稱爲「臣」；如果想謙遜一點，可以自稱「愚臣」「賤臣」。如果是書面用語，則可以用「草莽之臣」「草莽賤臣」。

如果是同事之間，或是對下屬，可以自稱「某」「吾」。

在唐朝，人的社會地位有等級，稱呼卻不分等級。宰相對下屬說話時，雙方可自稱爲「某」；官員和百姓說話，雙方也可以自稱爲「某」。

如何稱呼別人是一門學問，也有很多雷區。在唐朝，稱呼方面最大的雷區應該就是直接呼對方的名諱，比如連名帶姓地叫房玄齡、杜如晦之類的。

正因爲如此，歷代王朝都有一項超規格的待遇：贊拜不名。

這是什麼意思呢？就是你覲見皇帝的時候，會有一位贊禮官說：「房玄齡覲見。」如果皇帝給你這個特許，贊禮官就不能直呼你的名字，而要叫你的官名。

總而言之，唐朝的稱呼太複雜，但也彰顯出禮儀之美和對人的尊重。

# 第六章 在唐朝吃公家飯是什麼感覺？

# 上朝加班，皇帝供餐

正常情況下，官員早晨五點鐘就要到宮門等候。起床、梳洗、穿衣、趕路都要時間；算下來，三點鐘起床都算正常。講究一點的官員，可能會簡單吃點早飯；住得遠的，可能就餓著肚子去上班了。

當然了，許多官員都是吃路邊攤。比如宰相劉晏，半路上看到賣蒸餅的攤子熱氣騰騰，忍不住買了幾個，邊走邊吃。

那麼問題來了：早朝什麼時候結束？

《判曹食堂壁記》記載：「有唐太宗文皇帝克定天下，方勤於治，命庶官日出而視事，日中而退朝，既而晏歸，則宜朝食，於是朝者食之廊廡下。」

李世民是個工作狂，一個晨會可以直接開到中午。問題在於：他有高級軟墊座椅，群臣卻只能餓著肚子站著開會，這是何等痛苦啊！我們可以推測，大殿之中，肚子咕咕叫的聲音必然此起彼落，不絕於耳。員工餓著肚子上班，老闆的臉上也掛不住嘛。

因此，李世民讓相關部門準備了食物（可以理解為訂便當），放置在大殿外的走廊上。

下朝後，朝臣便可享用一頓餐食，也叫「廊下食」。

廊下食的標準因季節、官員等級不同，還是有差別的。五品以上的官員和員外郎，可以吃羊肉，標準是三頭羊；如果遇到節日，朝廷會多殺一頭羊，以示加餐。冬天是湯餅、黃米飯配羊肉，夏天是冷粥配羊肉。

正月初七、三月初三加煎餅；正月十五、正月三十賜糕糜；端午節賜粽子；七月初七賜斫餅（手切餅）；重陽節加糕點；十月初一加黃米羹。

吃慣大魚大肉的你，可能覺得唐朝的皇帝很摳門，因為這樣的餐食連你公司員工餐廳的水準都構不上。但你要知道，這些食物全都是皇帝自掏腰包，沒用到半分中央財政預算；而且能吃到皇帝賜給的食物，儀式感要遠比生理需求重要。

皇帝給的廊下食也不是隨便吃的，因為要講禮儀。比如，你端著餐盤到處蹓躂，想找某官員閒聊；或是幾個人聚在一起談笑風生；或是你明明身為兵部郎中，卻跑到了兵部侍郎的餐位。這時候，御史就要找上你了。一頓批評不說，還要扣罰你一個月的俸祿。

唐朝官員的薪水本來就高，一個月俸祿還挺可觀的；多幾個犯傻的官員，皇帝的購餐成本可能就回來了。官員也不傻，唐朝中晚期，他們不再以吃皇帝的賜食為榮譽，為了逃避被罰的可能，他們經常請假，溜之大吉。

# 宰相屋裡開小灶

廊下食，本質是吃公家飯。自從李世民開了賜食的先例，中央到地方各級機關紛紛效法，玩起自家的小食堂。標準最高的，當屬宰相的「堂食」。

爲什麼叫堂食？因爲宰相辦公的地點就叫政事堂。

到了吃飯時間，雜役會收拾好飯桌，將精美的餐盤送過來，邀請宰相入席用餐。考慮到宰相日理萬機、工作繁重，朝廷制定的餐食等級非常高，吃的是珍饈美味，做菜的都是頂級大廚。

由於用餐環境和配餐水準太高，宰相們都不太好意思。唐高宗年間，宰相們就「以政事堂供饌珍美，議減其料」。

當然，宰相們只是口頭說說，朝廷也不會當眞；要眞是減了他們的待遇，輿論會說朝廷不尊重宰相的地位，沒給予足夠的重視。

和廊下食不同，宰相堂食的氣氛稍顯輕鬆，大家可以聊聊長安城的八卦、自家子女、家鄉風土人情等，皇帝是鼓勵宰相交流的。

在政事堂吃飯，氣氛確實輕鬆，可是也有很多規矩。比如，必須等所有宰相全部到齊，方可開席；人要是沒到齊，就得等著。吃飯時，不允許百官求見，否則就是不尊重宰相。

唐順宗年間，宰相韋執誼、杜佑、鄭珣瑜、高郢在政事堂吃飯時，王叔文突然闖了進來，說要找韋執誼談事情。韋執誼想了想，王叔文正得恩寵，仕途光明，於是出門相見。其他宰相只能停止進餐，等待韋執誼歸來。

過了許久，韋執誼還沒回來，宰相們一問之下才知道，韋執誼和王叔文正在隔壁房間單獨用餐。鄭珣瑜覺得這是在侮辱他的人格，於是收拾東西趕回家中，一連曠了七天的班，以示抗議，但最終被罷爲吏部尚書。

在文人眼裡，面子大於一切。

# 各地府衙的小廚房

中央和地方的府衙也都有員工餐的福利。差別在於中央府衙占地面積小，無法開闢空間做餐廳，只能在辦事的公堂吃飯，順便聊聊工作，交流一下感情。地方府衙規模宏大，通常會建自己的小食堂。光說吃飯這事，地方官員確實比中央官吏幸福。

你可能很好奇：官府蓋餐廳、提供員工餐，是一筆不小的開支，難道這也是從政府預算撥款嗎？只能說，皇帝們比猴子還精，他們知道公款吃喝就是個無底洞，就算富可敵國，也經不起官僚集團的揮霍。

《判曹食堂壁記》記載：「遂命其餘官司，洎諸郡邑，咸因材賦，而興利事。取其奇羨之積，以具庖廚，謂為本錢，雜有遺法。」意思是，財政部門會撥付一筆初始經費做為本錢；如果是中央機構，負責發錢的是尚書省戶部。比如，中書省、門下省、集賢院的本錢是一千貫；尚書省六部、鴻臚寺、國子監、祕書省是數百貫；如果是地方，就由州府發錢。

各衙門拿這些錢去放款收息或經營產業，再把盈餘充做伙食費。究竟是吃山珍海味，還是蘿蔔醬菜，就看各衙門賺錢的能力。如果每年有多餘的伙食費，財政部門不會沒收，全讓各衙門自行處理。

朝廷不遺餘力地推行公共食堂，自然有其道理。

其一，除了日常俸祿，公共食堂算是額外的福利，對薪酬不高、生活壓力較大的基層官員而言，這絕對是提高他們忠誠度的法寶。

其二，對官僚集團來說，飯局永遠是連絡感情、交流資訊的最好管道。官員之間一旦變成了熟人，跨部門辦事的效率就會大大增加，對朝廷統治也是有好處的。

朝廷的想法很豐滿，現實卻很骨感。

你想想，放款收息、經營產業屬於商業行爲，需要靈敏的商業頭腦，官員的腦子夠用嗎？顯然大部分都不夠用。而且這門生意經營得好，無非能幫助大家改善伙食，但畢竟不是升官的考核指標，誰願意賣力？再者，朝廷沒有制定規範，這筆錢放出去後，怎麼監督它的投資效益、怎麼回收，都是問題。因此，血本無歸是常見的事。

沒飯吃，各衙門只能找上級主管要補助。元和二年，集賢院大學士武元衡找皇帝要了一千貫，充當伙食費；太和元年，殿中省尙食局找皇帝要了兩千貫……說來說去，皇帝才是最終埋單的人。

# 第七章
# 享受唐朝官員的福利待遇是什麼感覺？

# 祿米：流傳百年的薪酬

大唐的高官上班時與皇帝指點江山，充滿熱情活力；下班後和同僚好友激揚文字。不過，晚上回到家後，你老婆可能會來這麼一句：「郎君，你在外頭瀟灑沒問題，但家裡快揭不開鍋了，明天是不是去領一下俸祿？」

咦？俸祿不就是薪水嗎？不是應該直接匯入帳戶裡嗎？

如果你這樣想，那就大錯特錯了。

## 一次搬這麼多米是什麼感覺？

身爲朝廷命官，你可以獲得「祿米、土地、俸錢」三項常規待遇。當然，體制內的官員自然還有其他福利。比如，皇帝會賜給你雜役、食料、金銀器、布帛、木炭等。總而言之，讓你的生活體面，品質高。

祿米，也就是糧食。

在唐朝，糧食主要包括稻米（稻）、小米（粟）、豆子（菽）、小麥等，其中稻米口感最好，且已成爲主要的口糧。

朝廷發放糧食自是美事一件；但官員們也很煩惱，因爲糧食沉重，不方便保存，而且流通不是那麼方便。

以唐高祖李淵的年代爲例，正一品官員（榮譽官職，地位超然）的祿米爲七百石；正二品官員如尚書令，祿米爲五百石；正三品官員如兵部尚書、中書令、門下侍中，祿米爲四百石；正四品官員如中書侍郎、尚書左丞，祿米爲三百石；最低級別的從九品官員祿米爲三十石。

根據《中國科學技術史·度量衡卷》推算，唐朝一石粟米約四十二公斤。也就是說，一品官員需要搬運二九四〇〇公斤祿米，從九品官員需要搬運一二六〇公斤祿米。這還是在唐朝初年國家很窮、李淵曾下調過官員待遇的情況下。如果回到隋朝做官，需要搬運的祿米會更多，那是何等痛苦啊。

唐朝初年，京官的祿米存儲在長安城西北的太倉（「凡京官之祿，發京倉以給」）。到了發薪日，長安的官員們開始熱火朝天地準備著驢車，帶家裡的雜役前往太倉排隊，然後將大山一樣的糧食搬運回家。看到這種場景，你可能就會明白「天下熙熙皆爲利趨」的生活內涵了。

提醒你一下，唐朝初年，官員的俸祿是一次性全部發放。也就是說，你需要準備一個龐大的車隊，才能把祿米帶回家。有句話說得好，官做得越大，擔子就越重，煩惱也就越多，其實就是這個道理。

這還沒完。糧食運回家裡，總得找地方存放吧。因此，官員們只能擴建房屋；官做得越大，房子就會蓋得越大間。在現代的電視劇裡，我們經常看到高級官員的府邸總是氣派非常，除了給家人住、講究門面上的氣勢外，其實還有儲存糧食的實際用途。

## 不是不發錢，是沒那麼多錢可發

那麼問題來了：爲什麼不直接發錢給官員呢？

我們能想到的，以前的統治者都能想到。不發錢財，是有客觀歷史原因的。

主要原因在於，唐朝以前的貨幣是輔助工具，糧食才是眞通貨。

古代的生產力低，對金屬的開採能力有限，沒有足夠的銅和銀，就無法鑄造足夠的貨幣，想讓錢幣順暢地流通很困難。因此，從秦朝開始，官員的工資全都是祿米；雖然有少許錢財，但都不屬於正規的俸祿。

南北朝時期，貨幣經濟確實有點起色。不過三年一小仗，五年一大仗，以至於人口銳減，最直接的後果，就是糧食成爲人人搶奪的稀缺物品。在戰爭年代，糧食比錢財重要，這是最基本的常識。因此，我們可以說，歷史發展的軌跡決定了一項事實：在流通循環中，糧食打敗了貨幣，占了主導地位。

這種情況一直持續到唐朝初年。

在唐朝，錢財可以買到東西，但糧食才是王道，如果你把糧食扛到街上，照樣可以換取布帛、食鹽、茶葉等生活物資。如果用一句話形容唐初的經濟，那就是實物和貨幣的雙軌運行。

次要原因是貨幣太少，不夠用。

假設你是唐太宗李世民。

有一天，河北道行軍總管府提交報告，說他們需要軍費，你能千里迢迢地給他們送幾十萬石糧食去嗎？就算你能徵調幾萬名男丁，費盡九牛二虎之力將糧食送到河北，將士們會答應嗎？難道要他們背著糧食去打仗；或者說，讓將士們把糧食運回老家，充當家人的生活費嗎？很顯然，這是荒謬至極的事。

說白了，國家必須留著現金，做爲軍隊的開支。

有一天，尉遲敬德、程咬金等人征戰歸來，你身爲皇帝，必須賞賜他們。於是，你突然蹦出一句話：「傳旨，給他們每人賞賜六百石糧食。」

可以想像，尉遲敬德和程咬金一定會在心裡罵人。因爲這樣的賞賜等於逼他們每天去街上兜售糧食。

所以，皇帝必須留著錢財，時常發放賞賜，以樹立自己的威信。隋朝末年，瓦崗軍領袖李密就是因爲沒有錢財獎勵小弟，最終爆發了嚴重的內訌。

還有一個原因：貨幣是個好東西，但需要統治者控制。

畢竟，錢能買到一切，也能腐蝕人心。

作家賀清龍編過一本名叫《中國歷史十大貪官》的書，裡面記載了十位超級貪官：東漢的梁冀、西晉的石崇、唐朝的李義府、北宋的朱勔、南宋的賈似道、元朝的阿合馬、明朝的王振、明朝的劉瑾、明朝的嚴嵩，以及清朝的和珅。

大家對貪官排行榜可能有不同的看法，但有一項事實不容置疑：十位巨貪中，七位出自唐朝之後。梳理中國歷史，歷朝歷代都有貪官，但資料告訴我們，貨幣經濟越發達、國家的財富越多，越容易滋生超級巨貪。拋開制度、文化的因素，錢財確實是腐蝕人心最直接、最有效的工具。

## 做京官才是上上選

如果你穿越到唐朝，請記住：一定要做京官，別做地方官。

以唐朝初年為例，祿米只發給京官，地方官員沒這個待遇。如果你是某縣的縣令，別指望皇帝發祿米給你，你只能從其他管道撈錢養活家人。

為什麼會有這種現象？

歸根究柢有兩個原因：一是國家一窮二白，拿不出這麼多糧食；二是統治者重視中央政府，輕視地方官員。

聽起來很難接受，但這就是唐朝初年的現實。

貞觀六年（西元六三二年），中書舍人高季輔上奏，說地方官員不但等級低，還沒薪水，已經到了「飢寒切身」的地步，還是要給祿米才行（「外官卑品貧匱，宜給祿養親」）。李世民想了想，地方官員沒米下鍋，養活不了家人，哪還有心思為朝廷辦事啊。這才下詔，開始發祿米給地方官員。

即便如此，同一品級的地方官員和中央官員，待遇還是有差別的。比如，四品地方官員只能拿五品中央官員的祿米待遇，你說這多氣人！

待遇低也就罷了，地方官員的俸祿來源也沒有保障。

在長安當官，太倉的糧食儲備絕對是足夠的；至於州府的正倉，由於經常被朝廷徵調，空空如也反倒是常態。

事實上，一直到中晚唐，地方官的待遇都不如長安的官員。開元時期，揚州官員班景倩升任大理寺少卿（最高法院副院長），進京的路上剛好經過好友倪若水的地盤，倪若水到郊外為他送行。有趣的是，班景倩離開後，倪若水心裡羨慕嫉妒恨，情不自禁地感嘆道：「這小子去長安當神仙了，我恨不能做他的車夫啊。」由此可見，中央官員的地位和待遇有多高。

在唐朝，祿米是可以浮動的，其性質堪比現在的年終獎金。至少在貞觀年間，李世民經常考核官員的成績，如果得到上等考績，可得到三個月祿米的獎勵，後來還提升到一年祿米的獎勵。也就是說，只要你成為優秀員工，就可以獲得額外的祿米獎勵；如果表現平凡，那就只有羨慕別人的分了。

## 找人代耕：租金也能成為現金流

當然，做爲公務員，只有祿米絕對不夠。

我們可以算算看：一位九品官員，配備一名隨從、娶兩個老婆、生兩個孩子，再養四名奴婢，就是一個十口之家。一二六〇公斤的糧食分到每個人頭上，每人每天只有〇．三五公斤，就連日常的溫飽也無法滿足。如果再加上請客吃飯，購買美酒、食鹽、茶葉、製作衣服鞋帽、社交禮金等方面的開支，這個家庭的經濟應該就直接崩潰了。

官員連家人都養不活，還怎麼給朝廷幹活？

皇帝考慮到這個問題，因此想了個辦法：賜給土地。

土地分爲兩種，一種是職分田，一種是永業田。

職分田主要分配給職事官，也就是實際辦理政務的官員。如果你只是散官（開府儀同三司、光祿大夫等）、勳官（護軍、輕車都尉等），對不起，沒你的分。

按規定，一品官的職分田有十二頃、二品十頃、三品九頃、四品七頃，九品兩頃。

打個比方，你是中書侍郎，官居正四品，可分到七頃土地。按《新唐書．食貨一》

的記載，一頃等於一百唐畝。

換算下來，中書侍郎可以獲得七百唐畝的職分田。當然，中書侍郎不會親自下田幹活，他會將土地交給佃農，再定期找他們收租。在唐朝，肥沃土地的產量一般是每畝兩石，貧瘠的土地大約可以收穫一石糧食。考慮到官員都會分到較肥沃的土地，再按照每畝六斗（一石＝十斗）的標準向佃農徵收糧食，換算下來，一位正四品的中書侍郎靠著七頃職分田，可以獲得四二〇石的糧食。這筆收入已經超過了皇帝給他的祿米。

只要你還是朝廷的官員，你就是職分田的主人。當然，如果退休或被貶爲老百姓，朝廷就會收回你的職分田，交給下一任官員打理。

至於永業田，就是你的私人田產，是國家賞賜給你的。就算你去世了，永業田仍可以傳給兒子，永世繼承。

按規定，正一品官員永業田有六十頃、從二品三十五頃、正三品二十五頃、正四品十二頃，八品、九品官員各兩頃。

一般來說，永業田會拿來種植榆樹、棗樹、桑樹等作物，以滿足衣料、水果等方面的需求。如果種得好，還可以拿水果去賣錢，以換成實物或貨幣。

在唐朝，永業田是可以公開買賣的。如果你缺錢，可以拿田換錢；如果你有錢，可以收購永業田。我們常說的「土地兼併」，指的就是永業田的交易。

關於土地制度，所說的都是最理想的狀態；但現實是，朝廷官員的更新和淘汰很頻繁，皇帝不可能完全按制度執行。有時朝廷沒有多餘的耕地，就會換算成糧食。標準是每畝地給兩斗粟（「凡給田而無地者，畝給粟二斗」）。

## 現金收入：朝廷靠放貸籌錢

### 靠捉錢當官

那麼問題來了，朝廷還會發放現金給官員嗎？

如果兵部侍郎今天想買點食鹽、茶葉，於是扛著麻袋上街吆喝；明天想上街打點醬油，於是推了一車稻米去雜貨鋪；老婆和小妾需要買胭脂，小推車又出門了；晚上和文人雅士搞個聚會，酒肆門口擺滿了糧食……

這樣的生活該是何等痛苦啊。

貞觀年間，李世民的日子過得也很苦。雖然手上還有點現金，但要用於供養軍隊、皇室消費、賞賜官員等。至於官員的日常俸錢，李世民表示，這個待遇當然有，但不能拿國庫的錢直接給付。

爲了幫官員籌錢，李世民想了個辦法：放高利貸。官方高大上的說法叫做「公廨本錢」。

操作主體：京城各司的令史。

令史就是胥吏，是政府辦事人員，非主管職，和官員在本質上有所區別。比如尚書省兵部的職方令史、書令史等。鑑於他們都有同樣的工作任務，李世民幫他們取了個高大上的名字「捉錢令史」，講白了其實就是放款專員。

操作編制：每司只有九名編制。

操作規則：捉錢令史找官署領取五萬錢（約五十兩銀子），也就是他們的活動本金，每個月再向官署繳納利息就可以了。

至於捉錢令史怎麼撈錢，完全得靠他們自己的智慧。

比如，他們可以在民間尋找「有誠信、有眼光、有生意、無本錢」的商人，雙方簽訂契約，在規定的時間收回本金和利息。當時，市場的年報酬率基本上能達到六〇%～七〇%，只需要一年多的時間，朝廷的錢就可以翻倍。

比如，捉錢令史有了本金，可以自己做點小買賣。在那個年代，有官方背景，就有強買強賣、破壞市場規則的能力，牟取暴利根本是小兒科的事。

再比如，如果你覺得前兩種辦法很麻煩，也完全可以自掏腰包，上繳利息。

說白了，性質等同於賣官鬻爵。

在那個年代，胥吏很難升官，除非上級特別賞識，或有突出的表現。如今有了晉升的管道，胥吏就算砸鍋賣鐵，或和商人勾結借貸也在所不惜。

在缺錢的年代，捉錢令史的回款貢獻是有目共睹的。

怎麼說呢，七〇%的報酬率只是平均水準，不是業務菁英的水準。爲了培養理財小能手，李世民下達了一項指標：只要能完成每個月四千錢的利息收益（年報酬率達九六%），且能在一年後收回本金，就由吏部登記在冊並授予官職。

效果是顯著的。一年多時間，就有六百多名捉錢令史晉升爲國家官員，分布在七十多個政府部門中。我們可以算一下，每個部門九人，七十多個部門，剛好是六百多名捉錢令史。也就是說，只要獲得捉錢令史的資格，你就會想盡辦法完成皇帝的業績指標，然後晉升爲官員。

然而有兩類人很討厭他們的存在：一類是十年寒窗苦讀的學生，捉錢令史不須經過考試就能做官，那自己的奮鬥還有什麼意義？另一類是既得利益者，身爲門閥子弟，卻和捉錢令史同朝爲官，這是很沒面子的事。

諫議大夫褚遂良曾滿懷怨憤地悍然上奏：朝廷開科取士，尚有知法犯法的人，更何況這些無恥的市井之徒，絕不能讓他們入朝爲官。

李世民是個信奉實用主義的皇帝，諫臣的話他願意聽，但捉錢令史要不要存在，還是由皇帝說了算。至少在貞觀一朝，捉錢令史活得很滋潤。

不僅中央政府有捉錢令史，地方政府也有。操作模式基本相同，不同的是，地方的捉錢令史沒有晉升的資格。

## 當錢變得不值錢

到了唐高宗李治一朝，官員的工資待遇有了明顯的改善。

比如，官員的現金收入變得穩定。

再如，取消年薪制，改成月薪制。官員們不再苦哈哈地盼望著一年一度的「領薪盛典」，而是每個月都能入帳（詳見表五）。生活有了保障，也有了些儀式感。

高宗麟德元年（西元六六四年），一斗米的價格是五錢，一石米的價格是五十錢。還是拿中書侍郎爲例，待遇如下：祿米三〇〇石，職分田收租四二〇石，現金收入換算成糧食大約是一〇〇八石，總收入約一七二八石，基本上足以滿足家庭的開支。

還有一種有趣的計算法，將官員薪酬換算成現今的貨幣。

一七二八石約爲一〇五一三八公斤（唐代一石約爲五十九公斤），按照大型超市每公斤白米價格約四十六元，年薪大約是新臺幣四八三．六萬元。同樣的糧食，折合唐代白銀約八六．四兩（一斗米約五文錢）；如果再用唐代白銀的購買力來換算，一兩唐代白銀大

**表五　不同品級官員的月俸及津貼**

| 品級 | 月俸 | 餐飲補貼 | 雜用 |
|---|---|---|---|
| 一品 | 八千 | 一千八百 | 一千二百 |
| 二品 | 六千五百 | 一千五百 | 一千 |
| 三品 | 五千一百 | 不詳 | 九百 |
| 四品 | 三千五百 | 不詳 | 七百 |
| 五品 | 三千 | 不詳 | 六百 |
| 六品 | 二千 | 不詳 | 四百 |
| 七品 | 一千七百五十 | 不詳 | 三百五十 |
| 八品 | 一千三百 | 三百 | 二百五十 |
| 九品 | 一千零五十 | 二百五十 | 二百 |

（單位：文）

約是新臺幣五．六萬元。

這種算法是一種估計，核心邏輯是只看官員獲得的糧食重量。

如果要看現金收入，就要假設市場比較穩定，比如糧食價格穩定在每斗五錢；但如果發生在戰爭時期，出現通貨膨脹，現金收入就很難看了。

現實是，經濟波動是一種常態，不同時期官員的生活水準，自然也要跟著經濟的波動而變化，而且是那種非常煩心的變化。

唐朝初年，官員拿到手的是糧食，基本可以管你吃得飽。

高宗時期，實物工資和貨幣工資可以達到一比一。

高宗永徽五年（西元六五四年），粟米的價格是每斗二．五錢，這意味著官員貨幣工資的購買力是貞觀年間的兩倍。

但到代宗大曆十二年（西元七七七年），粟米的價格是每斗八〇錢。錢，開始貶值了。

德宗貞元八年（西元七九二年），粟米的價格是每斗兩百錢。

武宗會昌三年（西元八四三年），粟米的價格是每斗一千錢。

蝗災、旱災、水災、戰爭，還有漕運困難，任何一項因素都會讓糧食價格飆升，但官員的貨幣工資卻雷打不動，最終的結果就是錢變得不「值錢」。

錢變得不「值錢」不光是現代人的煩惱，唐朝官員和百姓更煩惱。我們的貨幣貶值，是有規律、可預見的貶值，只要合理調整開支，多半還撐得過去。

唐朝官員呢？說不定鬧一場蝗災，一年的工資就沒了。

唐穆宗時期有位官員叫薛放，做過刑部侍郎、兵部侍郎，後來晉升為禮部尚書。他因為清廉耿直，不善斂財，最終竟讓家庭到了破產的邊緣（「孤孀百口，家貧每不給贍，常苦俸薄。放因召對，懇求外任」）。

## 現在，當地方官比當京官好

安史之亂後，糧食價格一直居高不下，官員普遍較窮。至於解決辦法，通常是申請調任地方官，因爲中晚唐地方官員權力較大，收入也比較豐厚。

最著名的調官申請，就出自大詩人杜牧的手筆。

杜牧，京兆府萬年縣人，算是天龍國人。據史料記載，杜家在長安的安仁坊有一片祖宅，大約三十間房，幾個兄弟住在一起。杜牧做過京官，也做過地方刺史，哥哥杜慥也是朝廷的縣令，唯獨弟弟杜顗身有殘疾，臥病在家。兩個哥哥就算拚命賺錢，也只能讓杜家維持在溫飽邊緣。

元和年間，糧價上漲，杜家經濟困難，只能靠借高利貸度日；後來利息到期，杜牧兄弟無奈，只好含淚變賣了住宅，在長安租房過日子。

杜牧兄弟性格耿直，不善變通，在官場始終混得不甚順利，哥哥杜慥還因此弄丟了官職，以至於失去經濟收入。這樣一來，養家的重任便完全落到了杜牧頭上。

杜牧很是頭疼，因爲每個月發完薪，要先寄錢給弟弟，再分點生活費給哥哥，再還上個月的借款，剩下的錢才交給妻子，做爲自家的生活費。

這樣的日子持續了很長一段時間，讓杜牧無比痛苦。大中三年（西元八四九年），杜牧擔任吏部員外郎，官居從六品。吏部員外郎是中央組織部的官職，權力很大，待遇卻很一般。杜牧權衡了一下，照這樣下去，杜家恐怕就要滿門餓死了。

於是，杜牧厚著臉皮給宰相寫了一封信——〈上宰相求杭州啓〉，裡面寫道：「某一院家累，亦四十口，狗爲朱馬，縕作由袍，其於妻兒，固宜窮餓。是作刺史，則一家骨肉，四處皆泰；爲京官，則一家骨肉，四處皆困。」

杜牧各種哭窮，哭訴自己家境艱困，希望獲得上級的關照。言外之意，杜牧想調到杭州做官，因爲那裡富庶。但宰相沒搭理他。

杜牧想了想，杭州遍地油水，主管憑什麼排給他啊。

於是，杜牧又接連寫了〈上宰相求湖州第一啓〉〈上宰相求湖州第二啓〉〈上宰相求湖州第三啓〉，退而求其次，去二線城市湖州吧。

在信裡面，諸如「凡十徙其居，奴婢寒餓，衰老者死，少壯者當面逃去，不能呵制」「長兄以一驢游丐於親舊，某與弟顗食野蒿藿，寒無夜燭」「無俸祿，乏氣勢，食不繼月，用不給日」「瀝血披肝，伏紙迸淚，伏希殊造，或賜濟活，下情無任懇悃惶懼之至」的句子，比比皆是，完全是祈求的姿態。

第三封信寄出去後，上級終於答應了杜牧，讓他去湖州做了官。畢竟，杜牧的家境貧寒是客觀事實，讓知名詩人活活餓死，朝廷會很丟臉。

在唐朝，做官能發家致富嗎？

只能說，要是腹黑心狠，當然能撈錢，不然貪官從哪裡來？

但薪酬制度的設計，還有客觀的經濟和社會情況，確實讓唐朝初年的地方官和中晚唐的中央官員日子過得很艱苦。在龐大的官僚集團中，最悲劇的就是薪資微薄的基層官員，以及恪守本分，不願貪汙受賄、中飽私囊的官員。

亂世之中，官員可以接受不體面的生活環境，但絕不會允許自己和家人活活餓死，這是人的生存本能。因此，大量的官員貪汙受賄、壓榨百姓，或遊走在法律邊緣，或出賣自己的尊嚴，祈求主管照顧，從而獲得晉升。

這，就是晚唐的官場百態。

# 防合庶僕：銀子不夠人來湊

打開電視機，正好在播放一部唐朝歷史劇。你看到兵部尚書出行，身邊有大批警備部隊，還有很多隨從，隊伍浩浩蕩蕩，場面隆重壯觀。

很遺憾，你被忽悠了。

在唐朝，皇帝確實分配了警備人員和隨從雜役給官員（見表六）。官方稱警備人員為「防合」，稱隨從雜役為「庶僕」。

可是你要知道，這只是朝廷給官員的一種福利編制，至於警備人員和隨從雜役從哪裡來，那就另說了。總而言之，朝廷不會給你配備到位的。

身為唐朝百姓，每年都要服役。其中有一種叫「色役」，也就是幫朝廷官員、王公貴族打雜。如果你是官宦子弟，基本上都是為親王、郡王等權貴站崗，或擔任他們的辦事員；如果你是老百姓，高級點的做警備人員，低級點的就只能給人家看守大門，打掃環境等。這幫人是義務服役，沒有任何工資。

張三，長安郊外的一名百姓，他很抗拒這份工作。

表六　唐代各級官員所分配的隨從雜役人數

| 品級 | 隨從配備 |
|---|---|
| 一品官員 | 警備人員九十六人 |
| 二品官員 | 警備人員七十二人 |
| 三品官員 | 警備人員四十八人 |
| 四品官員 | 警備人員三十二人 |
| 五品官員 | 警備人員二十四人 |
| 六品官員 | 隨從雜役十五人 |
| 七品官員 | 隨從雜役四人 |
| 八品官員 | 隨從雜役三人 |
| 九品官員 | 隨從雜役二人 |

第一，沒有任何工錢可領，純屬拿自己的時間為別人服務，很不划算。

第二，身為警備人員，需要幫高官擋槍，還可能有生命危險。

第三，秋天到了，家裡的麥子需要收割，但家裡只有他一名男丁。如果沒人下田幹活，就只能任由麥子爛在地裡。悲劇的是，這樣的農活還有很多。

第四，老二馬上就要出生了，但是身為父親，卻無法見證此一神聖時刻。瞧瞧，只要是正常的百姓，恐怕都不願意幹這活。

問題是，這是朝廷的徭役啊，你根本無法逃避。於是，百姓只好自掏腰包，來沖抵「色役」。官方的說法叫「力課」。官府不僅鼓勵這種行為，還制定了童叟無欺的價格：只要交二五〇〇文錢，這項義務就免了。

換句話說，所謂的警備人員、隨從雜役，在朝廷設計的遊戲規則下，其實變成了官僚集團的一種工資收入。至於買單者，自然是普通老百姓。

# 休假：上一百天班，休兩百天假

如果你穿越到了唐朝，做了兵部侍郎。有一天，你對同事說：「嗨，週末有空嗎，一起去打小白球？」同事八成會翻個大白眼，奇怪地問一句：「週末是什麼？」

這就是歷史代溝，因爲唐朝並沒有「週末」的說法。當了唐朝官員，就要入境隨俗，知道他們的休假規律。

先說法定假日，顧名思義，雷打不動的假期。

節日首推元旦。元旦爲什麼要放假呢？因爲元旦是新年的第一天，元是「開始」的意思，旦是個指事字，上面是太陽，下面是地平線；太陽從地平線升起，象徵著生機勃勃。古人崇拜自然的運轉規律，對新年的來臨尤爲敬重，因此舉國歡慶，以示重視。

夏朝時，農曆一月（元月）一日是元旦；商朝的時候，農曆十二月（臘月）一日是元旦；周朝的時候，農曆十一月（冬月）一日是元旦。直到漢武帝時期，劉徹大手一揮，將一月一日定爲元旦，後來延續至今。

唐朝規定，每逢元旦，放假七天；年前三天，年後三天。

再如冬至，農曆十二月二十一日或二十二日，不固定。

冬至這一天，陰氣（也就是寒氣）到達頂峰，陽氣開始出現，象徵著萬物復甦，下一個節氣迴圈的開始。按老祖宗的說法，冬至是個超級吉祥日，因為在農業社會，老百姓吃飯完全看天，冬至的來臨，意味著地氣開始變暖，他們的生活就有了保障。想想看，老百姓的日子變好了，統治者能不開心嗎？

祖先們都是質樸的，每逢美好的事物，都要隆重地慶祝一番。比如從漢朝開始，只要到了冬至日，就會舉國放假，朝廷出錢出力舉辦隆重的「賀冬」典禮，文武百官也可以隨意走動拜訪，俗稱「賀冬」。

在古代，冬至的地位甚至超過了元旦。

在唐朝，官方給了七天假期，節前三天，節後三天，簡直太爽了。

再說說寒食和清明。

相傳，春秋時期，晉國發生內亂，公子重耳為了躲避災禍，流亡他國長達十九年，大臣介之推始終不離不棄，追隨左右。後來，重耳絕地反擊，最終成為一代明君晉文公。重耳發達後，打算重用介之推，可這位老兄不給面子，最終決定和母親歸隱綿山。說白了，介之推就是信不過重耳，害怕兔死狗烹的結局。

只能說，介之推的眼光確實精準，看穿了重耳腹黑、毒辣的人品。

爲了逼迫介之推出山做官，重耳下令放了一把大火，結果將介之推燒成了灰。人死神滅，重耳又想起了介子推的忠誠，於是將他葬在綿山，修祠立廟，下令在介之推位列仙班的日子禁止燒火，只吃冷食，這就是「寒食節」的由來。

不過，寒食節除了人文淵源，還有更深的祭祀淵源。

古時候，每逢春季到來，氣候便開始變得乾燥，老百姓保存的火種很容易引發火災，頻繁爆發的春雷也容易引起森林火災，這可是要命的事。

在單純的世界觀裡，這些都是自然神靈造成的，最好的解決辦法就是祭祀。於是，每逢春季，老百姓就會將上一年保留的火種全部熄滅，吃幾天冷食，再重新取火，做爲新一年生活的起點。

總而言之，遠古時代就有了寒食的習俗，而重耳和介之推的一場恩怨，最終將這個習俗定在了寒食節，也就是清明節的前幾天。

到了唐代，基本上是寒食節熄火，清明節重新開火。唐代詩人韋莊寫的一首詩可以爲證：「寒食花開千樹雪，清明火出萬家煙。」

在唐朝，官方規定：寒食節和清明節一起放四天假。

唐朝的假日非常多，《唐六典・卷二》中對法定假日有非常詳細的記載（見表七）：

**表七　唐代法定假日**

| 節日名稱 | 農曆時間 | 放假天數 |
|---|---|---|
| 元旦 | 一月一日 | 七天 |
| 人日 | 一月七日 | 一天 |
| 元宵 | 一月十五日 | 一天 |
| 立春 | 二月三～五日 | 一天 |
| 春社 | 立春後的第五個戊日 | 一天 |
| 不詳 | 二月八日 | 一天 |
| 上巳節 | 三月三日 | 一天 |
| 春分 | 三月十九～二十二日 | 一天 |
| 寒食與清明 | 四月五日前後 | 四天 |
| 佛誕 | 四月八日 | 一天 |
| 立夏 | 五月五～七日 | 一天 |
| 端午 | 五月五日 | 一天 |
| 夏至 | 六月二十～二十二日 | 三天 |
| 七夕 | 七月七日 | 一天 |
| 中元節 | 七月十五日 | 一天 |
| 立秋 | 八月七～九日 | 一天 |
| 秋社 | 立秋後的第五個戊日 | 一天 |
| 中秋 | 八月十五日 | 三天 |
| 三伏 | 七～八月 | 各一天 |
| 重陽 | 九月九日 | 一天 |
| 秋分 | 九月二十二～二十四日 | 一天 |
| 不詳 | 十月一日 | 一天 |
| 立冬 | 十一月七～八日 | 一天 |
| 臘八 | 十二月八日 | 三天 |
| 冬至 | 十二月二十一～二十三日 | 七天 |

此外，每旬（每十天）各有一天假期，每月晦日（大月三十日，小月二十九日）各有一天假期。

除此之外，還有田假十五天，休假時間是五月。這個時間是春夏之交，農莊、田裡的事情很多，需要官員親自去處理。皇帝大手一揮，去幹農活吧。

還有授衣假十五天，休假時間是農曆九月。

《詩經·豳風·七月》：「七月流火，九月授衣。」

到了九月，天氣逐漸寒冷，家裡的婦女剛剛織完新衣服，到了衣服換季的時候。瞧瞧，老祖宗們輕飄飄地說了一句話：九月天冷，需要加衣服了。於是乎，後世的皇帝秉承老祖宗的意思，特批了十五天授衣假。

這就是文化的力量，是對文化的尊重。

「陛下，我們得回家祭祀祖宗啊，有假期沒？」

這個當然要有：春、夏、秋、冬各一次，每次四天。

「哎，我的父母年過七旬，好想回家看看他們啊。」

皇帝表示：你奉行孝道，這是好事啊，朕批了。

如果你的父母遠在三千里之外，每三年給一次三十五天的探親假；如果你的父母遠在五百里之外，每五年給一次十五天的探親假。

你可能會問：三千里，來回得花多少天？

皇帝當然已經幫你考慮到了，三十五天假，不包括路上耽擱的時間。如果你願意，可以一路遊山玩水，悠哉遊哉地回家休個長假。是不是很爽？

你要結婚了，皇帝給你九天婚假。

你的至親要結婚了，皇帝給你五天假期。

如果父母、親戚去世，還可以休喪假，這裡就不細說了。

還有一種特殊情況：官員調任是有「裝束假」和「程假」的。

「裝束假」就是收拾行裝的時間，「程假」就是趕路的時間。至於假期長短，根據調動的距離而定。在唐代，如果官員跨區調動，意味著你可以休一段很長的假。去哪裡、見什麼人，全由你自己說了算。

長慶四年（西元八二四年）八月，大詩人劉禹錫從夔州（今重慶市奉節縣）調到和州（今安徽馬鞍山市和縣），先後遊覽了岷江、洞庭湖、夏口。眼看著就要到目的地了，好朋友崔敦詩給他寫了一封信，說自己剛剛被罷相，在宛陵工作。

劉禹錫二話不說，直接騎著小毛驢繞到宛陵（今安徽省宣城市），和好友遊山玩水，宴飲了一番。這一次調動，劉禹錫玩了兩個多月的時間。更有趣的是，由於玩得很盡興，劉禹錫還把自己的旅遊見聞寫了下來。

劉禹錫表示，自己根本不怕吏部的官員去查他。好了，算一下唐朝官員的假期吧，光是法定假日、祭祀假、田假、授衣假就有一四〇多天的假。如果趕上自己結婚、職務調動或探親，就能有兩百多天的假期，這是多麼美好的生活啊。

老天爺，用一道神雷把我劈到唐朝做官吧。

調侃歸調侃，唐朝官員有這麼多假期，充分說明兩個問題：**對社會倫理的尊重，以及對自然和人性足夠的尊重。**

# 退休：上班上到老，到死退不了

不管工作或做官，最終的結局都是退休。

中國古代關於退休的別稱有很多。比如，周朝的說法叫「致仕」「致事」「致政」，意思是把官位和俸祿都還給國君。春秋時期，大家想了個文雅的名字，叫「乞骸骨」。至於「退休」的說法，最早就是出現在唐朝。文學家韓愈的〈復志賦．序〉裡，就有「退休於居，作〈復志賦〉」這麼一句話。

唐朝時，國家規定了法定退休年齡：七十歲。

唐朝皇帝的平均年齡只有四十幾歲，民間百姓的平均壽命也只有五十歲左右（如果算上戰爭或夭折的話，唐朝的平均年齡只有二十七歲）。古人能活到六十歲，朝廷就要給予特殊對待，比如送糧食送水果，以保障他的日常生活；如果活到七十歲，就會封賞官職或榮譽頭銜；如果活到八十歲以上，那就是國家的珍稀物種，必須責令地方官員嚴加保護，視爲一縣之寶。

七十歲的退休政策，已經遠遠超出了唐朝百姓的平均壽命。

沒辦法，國家培養一位官員不容易，尤其是優秀官員，必須在多年宦海生涯中積累閱歷和經驗，堪稱越老越值錢，國家必須尊重這個規律。但人到了七十歲，耳不聰、目不明、思維不清晰，說話容易惹皇帝生氣，這也是現實。無數皇帝總結經驗：七十歲退休確實是個最合適的政策。

也就是說，只要沒有犯錯被貶或遇上血腥的政治鬥爭，或自己想提前退休養老，你就可以一直做朝廷的公務員做到死。

當然，如果你是德高望重的國家砥柱或名臣，比如狄仁傑這樣的，退休之後還有可能被朝廷回聘當國策顧問。意思是，皇帝如果顧得上你，就會拿政務去問你；如果顧不上，你繼續享受這份榮譽就行。

如果是五品或五品以上的高級官員想要退休，必須寫個辭職報告給皇帝。身體疲乏不堪、想種菊南山、想去看看這個世界，都是辭職的好理由。至於皇帝批不批准，那是另外一回事。如果你是五品以下的官員，只需要給尚書省的大老寫封辭職報告，上級批准即可。

好了，辭職已經獲准，你最關心的應該就是辭職後的待遇吧。

唐朝規定：有功之臣，蒙天子恩典，可得全祿；五品以上官員退休，可得半祿；六品以下的官員退休，則賜給一定數量的田地養老。

比如李靖這樣的開國功臣，退休後繼續拿全薪，李世民還賞了一匹布帛、兩匹馬，和一根典藏版的靈壽木手杖給他。

五品以上的高官，可以拿原先祿米的一半做爲退休金。國家發米，一來是保障貧寒官員的生活，二來是對官員的一種價値肯定。至於沒有退休金可拿的官員，國家會分點土地，再加上永業田的收入，足夠退休官員過著閒雲野鶴般的日子。

到了宋朝，官員的退休待遇到達歷史顚峰。

如果你是四品官員，退休後不但能繼續保留官職，還能繼續拿原來的俸祿；如果有皇帝的恩典，你還可以享受三品官員的待遇。唯一不同的是，你不再享有實權。如果有機會穿越到古代，記得一定要去宋朝。

到了明朝，官員致仕是沒有任何退休金的。如果朝廷發現你太淸貧，以至於家裡揭不開鍋，可能象徵性地發放點慰問金，不讓你餓死。

到了淸朝，國家繼續保持明朝的退休制度，並將退休的年齡提前。也就是說，你可能五十歲或六十歲就已經退休了。因此，明朝和淸朝的官員爲了保障退休後的生活，基本上能貪就貪。

「三年淸知府，十萬雪花銀」，這句話還眞不是空穴來風。

# 第八章

# 穿正版唐裝是什麼感覺？

# 皇帝也不能亂穿衣服

## 皇帝的一天就是一場累人的服裝秀

有些電視劇裡，皇帝可能只有三件衣服，上朝的時候穿一件龍袍，在後宮裡穿一件高級便服，微服私訪的時候穿一件平民服。一整套劇演下來，皇后娘娘都不會給老公添置新衣服，這就有點離譜了。

不過我們倒不用苛責劇組不尊重歷史，如果真的按照古代帝王的標準來給劇中的皇帝準備衣服，製作成本可能要飆升好幾倍。

當唐朝的皇帝，衣櫃裡至少要準備十二套高級服飾，而且還不能亂穿（見表八）。是不是感覺很複雜？沒辦法，這些禮儀都是儒家讀書人制定的，連皇帝的衣服也是他們設計的。我們有理由相信他們考慮到了禮儀形象，卻沒有考慮皇帝的心情。

假如你是唐太宗李世民，你可以感受一下他的日常生活。

清晨時分，禮部安排祭祀天地的活動，你趕緊穿上大裘冕。

表八　唐代皇帝的服飾

| 服飾 | 功能 |
| --- | --- |
| 大裘冕 | 祭拜天地神祇 |
| 袞冕 | 祭祀天地、祭祀家族宗廟、大將出征典禮、凱旋典禮、慶功宴、皇帝登基大典、皇帝成人冠禮、迎娶皇后、正月初一大朝會 |
| 鷩冕 | 有事遠主（祭祀家族祖先） |
| 毳冕 | 祭拜大海和高山 |
| 繡冕 | 祭拜社稷神、先農神 |
| 玄冕 | 祭拜百神、日月 |
| 通天冠服 | 元旦、冬至朝會，會見王公貴族 |
| 武弁服 | 出征、講武、狩獵等場合 |
| 黑介幘服 | 祭拜陵墓 |
| 平巾幘服 | 騎馬 |
| 白紗帽服 | 上朝、會見賓客 |
| 白帢服 | 日常服飾 |

穿這件衣服的時候，走路一定要保持步伐穩定、呼吸平和；尤其是頭上的冕旒（音「流」，禮帽前後端垂下的穿玉絲繩），千萬不能左右晃動。否則左補闕、右拾遺及御史臺的大老就會批評你，鬧不好還會無限上綱，指責你不尊敬天神。

穿著沉重的禮服，終於完成了祭天典禮。中午回宮時，你已筋疲力盡，肚子餓得咕咕叫，想吃上一口飯，有關部門卻告訴你，侯君集將軍馬上要出征了，你得去送他。這場征討高昌的戰爭事關大唐帝國的威嚴，你是不可能躲得掉的。於是，你趕緊換上武弁服，又折騰了一下午。

到了傍晚，你不想批奏摺了，只

想躺著休息一下。但值班宦官又告訴你，魏國公、鄭國公、鄂國公等有要事求見。要做千古一帝，就必須勤政愛民、善納諫言，人家重臣都找上門了，能讓他們吃閉門羹嗎？沒辦法，趕緊換上通天冠服接見他們吧。到了下半夜，你終於送走了這幫大老。

這一天折騰下來，每出席一種場合，每見一批人，就要穿不同的服飾，扮演不同的角色，演不同的戲，是不是太累了？

高宗時期，李治和朝臣商量後，決定只保留大裘冕、袞冕兩套服裝，其他的服裝全部塞進衣櫃。玄宗時期，李隆基宣布，任何場合他都只穿袞冕。

## 帥到爆表的袞冕

不得不說，唐朝皇帝的十二套衣服中，袞冕確實也是最帥的一套。

袞冕有諸多配飾，其一是冠冕，也就是皇帝戴的帽子，電視劇裡經常出現。帽子外面是黑色，裡面是朱紅色，冕頂是一塊長板，也叫「綖」（音「延」），前面是圓的，後面是方的，寓意天圓地方。前低後高，整體略向前傾，前後端各綴有十二串白色珠玉，謂之「冕旒」。冕旒是袞冕的特色，這些珠玉既是裝飾品，也是平衡對照物。皇帝戴著冠冕走路，最標準的步伐就是不讓冕旒前後左右搖晃。

冠冕正面，即額頭的部位，以黃金做爲主要裝飾。冠冕戴在髮髻上，髮髻中間橫插一支玉簪，用來固定冠冕，兩端纏繞朱紅色的絲帶，繞過下巴繫住，謂之「朱纓」。還有兩根絲線，掛著黃色的棉球，垂至雙耳，稱爲「充耳」。

袞冕的配飾之二是玄衣纁裳。

黑中帶赤謂之玄，黃而兼赤謂之纁。古代有「天地玄黃」的說法，象徵宇宙的無窮奧祕，用玄色做爲上衣顏色，纁色做爲下衣顏色，代表最崇高的級別。

上衣繡日、月、星、龍、山、華蟲（即上古的雉雞）、火、宗彝（即虎與蜼，後者指長尾猿猴，據說很孝順）八種東西。下衣繡藻（水草）、粉米（白色米形繡文）、黼（半黑半白的斧形圖案）、黻（一種看上去像是兩個「弓」字背對背的圖案，寓意君臣合離）四種東西。

這十二種花紋統稱爲「章紋」，也是袞冕的特色。

工匠製作衣服時，按照層級順序，在衣服上繡上紋章，並在衣服的袖口和衣領繡上龍形圖案。

配飾三是白紗中單。玄衣纁裳是外衣，白紗中單則是內衣，領口繡有黼形圖案，袖口、邊飾、前胸呈青色，繡有黻形圖案。衣服上還繡有龍、山、火。

古人穿衣其實是一種信仰。白紗中單是貼身內衣，穿在裡面，旁人是看不見的，按理說不用太在意形式，簡單弄弄就行了，但白紗中單要繡上各式圖案，其實是表達對自然圖騰的崇拜。

配飾四是腰帶，分爲革帶和大帶兩種。革帶是獸皮製作的束衣帶，一是用來束緊衣服，二是用來懸掛的配飾。你看古裝電視劇裡的翩翩公子，腰間都會懸掛一塊美玉或香囊，這些配飾都繫在革帶上面。大帶是絲線織成的束衣帶，束在革帶的，本身就是一種裝飾物。繫好大帶後，還會多出三尺長的帶子，垂在身體前面，這就叫「紳」。古代的士大夫之所以叫士紳，就是因爲他們束了這個腰帶。

配飾五是各種專門配飾。比如雙授，是高級絲綢從臂部兩側懸下，用來繫佩玉等物品。如白玉雙珮，就是兩塊白玉懸掛在革帶上。還有鹿盧玉具劍，是天子專用的佩劍。

配飾六是舄（音「繫」），也就是鞋子。鞋子分兩種：一種是舄，鞋底是雙層皮底，中間夾一層蠟，有非常強的防潮和防寒功能；一種是履，只有單層鞋底。皇帝的舄，鞋頭都是黃金裝飾，非常奢華。

衣服鞋帽搭配起來，就成了皇帝的袞服。

如果問唐朝的皇帝是否喜歡穿袞冕，他們可能會這樣回答：「朕喜歡袞冕這衣服，但就是不喜歡穿它。」確實，袞冕是皇權的象徵、大場面的必備服飾，但在舒適性和便利性方面，袞冕是無法獲得好評的。

## 好看但不好坐的車駕

這種尷尬的情況也發生在皇帝的出行車駕上。

皇帝的車庫裡，有玉輅（音「路」）、金輅、象輅、革輅、木輅等高級商務座駕，堪比勞斯萊斯幻影等級的高級名車；還有耕根車、安車、四望車等專業座駕，堪比法拉利等名貴跑車；更有指南車、記里鼓車、白鷺車、鸞旗車、辟惡車、軒車、豹尾車、羊車、黃鉞車、豹尾車、黃鉞車，堪比日常出行乘坐的限量版賓士。

拿玉輅車來說，它屬於木質結構，車型笨重，防撞防摔。木頭零件末端全部配以玉飾（如果是金輅車，就以黃金包裹）。車輪採用重牙設計，也就是像今天的大型貨車那樣，每邊都有兩個車輪，以強化車輪的穩定性。

車廂左邊畫著青龍圖案，右邊畫著白虎圖案。車頂有青色車蓋，用來遮擋陽光。車的前面掛有鄣塵，用來阻擋灰塵。車內部全部用黃色布帛墊底，以綾羅綢緞裝飾，還有博山鏡，既是裝飾，也供帝王糾正儀態。

拉車的馬全都是高大雄壯的儀仗用馬，馬頭上套有錫質頭盔，上頭有黃金鏤刻，威武非常。馬鞍、馬鞭都是五彩裝飾，耀眼奪目。至於車轍、車輿、車轅、車衡、車軲、車軾，都有獨特的設計和裝飾。

按理說，行政座駕既然是爲大老闆而設計，就要追求高端的商務形象，還要保證舒適的乘坐體驗。然而古代皇帝的車駕完全是爲了形象而生，主要拿來震懾黎民百姓，至於舒適性，完全不在設計者的考慮範圍之內。

比如，車的旁邊掛有鈴鐺，只要車駕啓動，鈴鐺就會吵個不停。由於沒有專門的軟墊座椅，天子要不就站著，要不就坐在草墊之上，非常痛苦。再如坐車時，帝王要保持威嚴的儀態，就算有蚊子叮你，也得忍著別打；風吹流鼻涕，就算流到嘴裡，也得忍著。至於擠眉弄眼、左顧右盼等行爲，都是被禁止的。

唐高宗李治因乘車體驗感很差，最後悍然宣布，不管是祭祀典禮還是日常出行，自己只坐御輦。御輦分爲幾種，最常見的就是人抬的步輦，可參見唐代畫家閻立本的〈步輦圖〉。但到了玄宗時期，李隆基覺得步輦的層級太低，於是重新啓用了輅車。只是沒過幾年他就有點煩了，發現這玩意毫無優點，坐它完全是在折磨人。

開元十一年（西元七二三年），李隆基到南郊祭祀，去的時候坐的是輅車，但回來的時候，人們發現皇帝居然只騎著一匹馬。沒錯，李隆基終於受不了了。

從此以後，御馬成了皇帝出行的交通工具。不過，爲了保證皇帝的神威，李隆基規定，皇帝出行時，所有輅車都要空車隨行。

## 明黃色龍袍誕生於唐朝

在皇帝的出行配置中，最令他們滿意的可能就是常服了。在唐朝，皇帝、大臣、百姓的常服設計風格是一樣的，身穿袍衫、頭戴襆頭（男子用的包頭方巾），腳穿六合靴，腰束革帶，區別只在於服飾的材料、顏色、配飾各有規定。

影視作品中出現機率最高的明黃色龍袍，就是在唐朝產生的。

隋朝時，官員和百姓都可以穿黃色袍服。到唐朝初年，就規定只有皇帝才能穿明黃色；官員和百姓則只能穿其他黃色，比如土黃、淡黃、橘黃。不過黑色和赤色的袞冕，歷來都是皇帝冕服的主流用色，因爲象徵天地與五行，任何皇帝都不敢輕易更改。雖然明黃色是皇室專屬，但皇帝出席隆重場合時，還是會穿黑色和赤色的傳統冕服，電視劇中那種明黃色的龍袍，出場機會是很少的。

咸亨五年（西元六七四年），唐高宗一錘定音，一律禁止民間使用任何黃色服飾。從此時開始，黃色和皇權終於畫上了等號，一直延續到清朝末年。

# 衣服千萬別選錯顏色

## 官員的服飾等級畫分

咸亨五年，唐高宗李治下了一道詔書：三品以上官員穿紫色袍，金玉帶十三銙（音「垮」，銙是附於腰帶上的裝飾品，用金、銀、鐵、犀角等製成）；四品穿深緋，金帶十一銙；五品穿淺緋，金帶十銙；六品穿深綠，七品穿淺綠，銀帶九銙；八品穿深青，九品穿淺青，黃銅帶九銙。

古代是階級森嚴的社會，人分三六九等，同屬一等的就是一個階層。在階層內部，還要分爲幾個等級。這樣區分，就是爲了確立尊卑上下的社會秩序。

李治的詔書，算是把唐朝服飾的等級徹底定了下來。

假如沒有服飾等級，可以想像一下，一位五品官員走在大街上，覺得自己是個大人物，很神氣，結果衝撞了另外一名官員。由於大家都是穿同樣的衣服，無法判斷對方的身分，爲了挽回面子，只能硬著頭皮和對方開打。如果有了區分等級的服飾，光看對方衣服，就可以判斷對方的身分，省去了許多麻煩。

在唐朝，穿什麼樣的衣服，全部按照散官的品級來定。

拿白居易來說，他官居江州司馬，屬於從五品。但江州司馬是職事官，白居易的散官級別只有從九品，因此他不能穿淺緋色衣服，只能穿淺青色袍衫，正因如此，才會有「座中泣下誰最多？江州司馬青衫濕」的詩句。

除了服飾，官員身上還有一種很有趣的配飾：魚符。

唐朝官員，尤其是五品以上的要員，經常會出入皇宮。當時沒有人臉識別和指紋驗證，守門衛士怎麼驗證他們的身分呢？只靠認臉未免有點草率。爲了安全起見，朝廷發明了高級官員的特殊身分證：魚符。

魚符是隋朝的原創作品，起初是木質的，後來變成了銅製，其形狀酷似一條魚：魚頭、魚鱗、魚眼、魚鰭、魚尾清晰可見。魚符是一種特殊的工藝品，和法幣一樣，有一定的防僞功能。否則，不法之徒隨便僞造一塊，豈不就能隨意出入宮廷？

在魚符的內側，刻有官員的身分資訊。

如果某個官職只有一個編制，比如兵部尚書，魚符內側就刻著兵部尚書，拿著它，別人就知道你是誰了。

如果某個官職有多個編制，比如兵部侍郎，魚符內側就必須刻著官職和官員的名字，比如兵部侍郎李長河。否則，別人不知道究竟是哪位兵部侍郎。

唐朝初年，魚符是官員的臨時身分證明，如果官員卸任或者去世，朝廷要收回魚符。高宗時期，李治覺得這樣做有點不近人情，於是下詔，規定官員去世後，魚符不用交還朝廷，可留做紀念，永傳後世。

正因如此，永徽以後的唐朝墓穴，才經常出土銅製魚符。

在唐朝，身分地位不同，佩戴的魚符也有差異。比如，太子的魚符是玉製，親王的魚符是金製，普通官員的魚符是銅製。

除了魚符，還有一只裝魚符的袋子，叫魚袋。四品和五品官員的魚袋是用銀來裝飾的，也叫銀魚袋，三品以上的官員都用金魚袋。

每逢上朝，只看官員衣服和魚袋的顏色，大致就可以判斷出他的身分。如果是紫金魚袋，那絕對是大唐王朝的超級權貴，多半是宰相等級的人物。

到了武則天時代，官員的魚符變成了龜符。

你可能聽過「金龜婿」的說法，如果穿越回武則天的時代，千萬別說「我想做金龜婿」的話，**因爲這個時髦的名詞是大詩人李商隱的原創，而他生活在唐文宗時代，那是幾十年後的事情**。

在過去，新女婿第一次進門時，要送個龜給老丈人，表示祝福老丈人長命百歲，福壽綿延。有錢的會送金龜，沒錢的就鍍一層金粉。總而言之，**若要誇新女婿是個有錢有地位的孩子，就會叫他「金龜婿」**。

## 平民服飾也要分顏色

在民間，百姓服飾也是有顏色標準的。

隋煬帝時期，朝廷就規定了胥吏要穿青色衣服、普通百姓穿白色衣服、商人和屠夫主打黑色系列；至於軍中的士卒，全部穿土黃色。

電視劇裡經常有皇帝檢閱三軍的場景，爲了讓場面顯得壯觀、肅穆，導演通常會讓士兵穿戴黑色或紅色的服飾，場面確實很震撼。但如果是隋煬帝時期，豈不是在說他的軍隊是一群屠夫或商人？

到了唐朝，等級更加森嚴，朝廷的規定更加細緻。

以讀書人爲例，在獲得功名或者進入仕途前，他們只能穿白衣，所以讀書人通常被稱爲「白衣」或「白身」。要是你哪天出門想換個穿搭風格，走黑色路線，一定會被當成屠夫或商人。說不定，人家還會問你的店在哪、五花肉一斤多少錢呢。

在唐朝，你是什麼階級的人，就要穿什麼顏色的衣服。這不是約定俗成的社會習慣，而是明文規定的朝廷制度，就算是皇帝，也很難破壞它。

我們可以看看李泌的例子。這位老兄是唐肅宗李亨的好友，深得皇帝信任。不管是軍國大事，還是皇帝的家務事，李亨都會徵詢李泌的意見。李亨曾說過，只要李泌願意，他可以直接擔任宰相。但李泌覺得李亨心胸狹窄，擔心自己有兔死狗烹的結局，始終沒有接受任命，而是以自由身的姿態做爲幕僚。

以李泌的政治地位，還需要穿白衣嗎？

沒錯。如果回到唐朝，你經常會看到身穿黃色龍袍的李亨和身穿白色長袍的李泌並肩同行，他們一個叫「衣黃聖人」，一個叫「衣白山人」。

在古代，讀書人都受人尊敬。比如魏晉時期，讀書人喜歡避世、清談，出門穿件白衣，代表風趣高雅。到了唐朝，如果你十八歲出道時穿件白衣，代表你是青年才俊，前途無量；但到了四十歲，如果你還是一身白衣，那就說明你的科舉之路不順，人生相當失敗。

如果你是流外官、庶民，那就只能穿黃衣。此言一出，很多人馬上會質疑：黃色不是皇帝的專屬顏色嗎？老百姓怎麼能穿呢？

其實，剛開始，皇帝穿明黃色，普通百姓還可以穿土黃色。因爲明黃色色彩豔麗，帶著黃金光澤，顯得尊貴；土黃色灰暗無光，顯得傳統樸素，皇室就沒在意這些。但後來的一件事改變了皇室對黃色的看法。

柳延是洛陽縣尉，此人喜歡標新立異，某天晚上，他穿了一套黃色平民服在洛陽的街道上蹓躂，巡邏隊看到有人違反宵禁，又只是個庶民，悍然出手將他揍了一頓。縣尉被下屬群毆，這可是頭條新聞啊！這件事很快傳到了長安，唐高宗李治聽聞後，覺得臉上火辣辣的，於是傳下旨意，凡是大唐官員，一律不准穿黃衣。從此以後，黃色才成爲皇帝的專屬顏色。

在官府衙門，還有一群沒有品級的胥吏，也就是基層辦事員，他們只能穿青色的服飾。身爲胥吏，想換別樣款式的衣服，除非晉升爲官員或改行，否則，就只能把青色穿戴到底。

如果是社會最底層的奴婢、奴僕，全部穿青碧色的衣服。白居易「青衣報平旦，呼我起盥櫛」中的「青衣」，指的就是婢女；如果是男性奴僕，頭上還要裹一方青色頭巾，俗稱「蒼頭」。

在古裝電視劇裡，你經常看到一位半仙擺個算命攤子，每逢路人走過，都會猜測對方的身分和心裡正在想的事，顯得十分神奇。但要是眞要回到古代，其實沒那麼麻煩，想判斷對方的身分，看他的衣服顏色就行了。

# 男人穿搭也很講究

唐朝男人一般會怎麼打扮自己呢？手錶、皮帶、襯衫、西褲、皮鞋……這些都是不存在的。穿著這些現代服飾逛朱雀大街，必會被有關部門請進監獄，做為珍稀物種研究一番。

身為唐朝男子，應該有自己的品味。

## 襆頭

古代男人全都是長髮。出門在外，要是披頭散髮的，不僅顯得野蠻，也不符合禮教的文明要求。更何況，古人很少洗頭，出入公共場合時頭皮屑亂飛、蝨子亂跳，也不衛生。禮儀早就定下規矩，成年男性必須戴冠，除非是小孩子、和尚、罪犯或外國人。

**襆頭，其實就是一種冠**。

在唐朝，上至王公貴族，下至平民百姓，襆頭都是必備物品。襆頭也叫頭巾，是一塊青黑色四方形的布帛，如果家裡有錢，可以用黑色的絲織品；如果沒錢，就用黑色粗布。樸頭是用來蒙住髮髻、裝飾頭髮的，爲了固定髮髻，在樸頭的四個角安上了四根長長的絲帶。至於綁繫的方法，唐朝的帝王圖和名畫裡很直觀。

唐朝人戴樸頭，腦袋兩邊會露出兩根帶子，它們就是樸頭腳。到了宋代，烏紗帽開始流行，烏紗帽兩邊的「帽翅」，其實就是樸頭腳的翻版。

唐朝男性發明了各式各樣的樸頭繫紮攻略，頭巾的材料也千差萬別。在當時，**男子喜愛頭巾，就像女子喜愛胭脂一樣**。

讀到唐朝的軍事和歷史，你會發現唐朝男子驃悍威武的一面；但研究他們的樸頭，你則會發現他們也有愛美的一面，這就是歷史的趣味。

唐朝的樸頭分爲兩種：一種是用柔軟的布料包裹而成，也叫「軟腳樸頭」，官員和百姓都可以佩戴。早晨出門，做個樸頭，儀式感很強；美中不足的是，每天都要重新繫紮，比較麻煩。還有一種是用金屬固定樸頭形狀，用布料包裹而成，也叫「硬腳樸頭」，很像現在的帽子，拿起來就戴，很方便。不過，硬腳樸頭是皇帝的專利，普通百姓使用是僭越的大罪，鬧不好是要坐牢殺頭的。

硬腳樸頭是個好東西，皇室爲什麼不讓它流行呢？還是因爲等級制度。人分三六九等，物品也一樣。有時物品的等級分類，就是爲了區分人的社會地位。正因爲硬腳樸頭是個好東西，才只能由皇帝使用。

到了晚唐，皇權威嚴掃地，藩鎮節度使強勢崛起，硬腳樸頭開始成爲軍閥大老的時尚配飾，一直到宋朝，普通百姓才享受硬腳樸頭的便利。

## 上衣

說起穿衣，唐朝男性就略顯可憐了，因爲上裝品項非常少，**大致只有衫、袍、襖、糯和半臂這幾種**。

衫、袍、襖屬於同一類產品，單層叫「衫」，夾層叫「袍」，裡面塡充了絮的就是「襖」。這些上衣都是圓領窄袖，衣長到小腿。右衽，意思是左邊衣服在上，右邊衣服在下。領口和前胸各有一顆鈕子，用於固定衣服。

春夏之際，天氣暖和，適合出門遊玩，唐朝百姓會穿著靈動飄逸的衫。標準的衫是不開衩的，延伸至膝蓋以下，會用一塊布料接成一圈橫襴做爲裝飾，稱爲「襴衫」。在唐朝，讀書人、官員不幹體力活，襴衫是最合適的選擇。

如果是體力勞動者，比如農民、軍人，會在衣服兩側開衩，俗稱「缺胯衫」。初唐時期，這種衣服一般開衩開到膝蓋，以方便腿腳活動；到了後來，直接開到腰部，就算做個一字馬，也是毫無壓力的。部分審美獨特、追求新穎的人，甚至會在衣服的背後也開衩，用「三衩衣」來形容再合適不過。缺胯衫的實用性確實很強，到了宋朝，基本上已成爲老百姓的主流服裝，襴衫則升級成爲高級禮服，主要在隆重的禮儀場合使用。

秋冬之際，窄袖袍就要上場了。

中國早期服飾中，只有內衣才是圓領的；直到南北朝時期，這種圓領風格被外衣採用；到了隋唐時期，圓領袍已經成了主流穿搭。而且在唐朝，不管身分地位如何、社會等級如何，都可以穿圓領袍服。

如果想做時尚界的寵兒，吸引路人的注意，還可以選擇翻領袍。

翻領袍起源於回紇，隨著回紇與中原文化的碰撞，開放的唐朝百姓便借鑑了他們的風格。

天寒地凍時分，男人們就要穿襖了，裡面塡充棉絮，長度到膝蓋。說起來，唐朝的襖子就是現在的羽絨長外套；不過單論保暖效果的話，那是一定比不上的。如果是軍中的將士，一般穿短襖，方便操練、打仗。

袍衫則是男人的外衣，就像如今我們的春裝、風衣、厚棉T恤、羽絨衣。有時會在袍衫裡搭配一件半臂——放在今天，半臂就是短袖T恤或polo衫；如果是無袖的，那就是坦克背心。不過半臂不是圓領，而是交領（衣服前襟左右相交），腰部下面還會接一塊襴。於是，上身是短袖，下身則變成了短裙。這就是唐朝男性的日常服飾——超短連衣裙。

還有一種長袖，設計風格與半臂完全一樣，只不過袖長到手腕。

再裡面，自然就是男性的貼身內衣。在古代，內衣是拿來吸汗的，因此也有「汗衫」或「汗衣」的說法。因爲是貼身衣物，所以古人還取了個文雅的名字，叫羞袒，顧名思義，就是羞於袒露。

汗衫是貼身內衣，穿著時需要有強烈的舒適感，因此布料都是純白、輕薄的絲織品；至於普通百姓和軍中將士，基本上則是用粗糙的布料。

## 褲子

隋唐時期，男性的褲子分爲兩種。

一種是「袴」，屬於開襠褲的風格。有些人可能會聯想到嬰兒的開襠褲，然而就算在開放的唐朝，穿這種開襠褲上街也是有傷風化的。他們的「袴」其實就是兩隻褲管，也可以理解爲長筒襪，只不過上面會一直延伸到腰部，再用繩子將褲管繫在腰間。唐朝的「袴」，很像現在的西褲。

如果你穿著緊繃的西褲騎馬、幹活，會不會覺得不方便呢？別擔心，他們還有一種叫「褌」的合襠褲。同樣是褲子，先把襠部剪開，再用大塊布料重新拼接。如此一來，襠部的活動空間就會變得更大。

在古代，不是人人都穿得起褲子。尤其是戰爭年代，老百姓窮得叮噹響，裸露身體是很常見的。像是「穿同一條褲子」的說法，指的是兩個人的感情很好，其起源就是古代百姓窮到了一定程度，就只能同穿一條褲子。

## 鞋子

唐朝最常見的鞋子是烏皮六合靴，屬於胡服風格。

胡人生活在草原，當清晨的第一縷陽光灑滿草原，胡人出門蹓躂，門口都是綠草，草上面都是水珠。要是穿草鞋出門，腳上沾滿了水，走起路來既不舒服，也不方便。為了解決這個麻煩，胡人發明了長筒皮靴。烏皮六合靴是由七片皮革縫製而成，因為留下了六條縫製的縫隙，所以被稱為六合靴。

草原多牛羊，做雙眞皮靴是小事；但到了中原，眞皮就屬於奢侈品了。能穿得起眞皮長筒靴的，基本都是有錢人。不過，如果沒錢，布料版的也不錯。

在唐朝，長筒六合靴屬於中價位消費品，高配版的是絲履，尤其是以絲織品做爲布料的鞋，製作精美，男女老少皆宜。

至於低配版的選擇就很多了。比如麻鞋、藤鞋、芒鞋、草鞋、木屐。最常見的是草鞋，可謂幾千年來永不退流行的時尚穿搭。一般而言，草鞋以稻草、蒲草、麥稈、玉米稈爲材料，沒有鞋幫，都是用繩子固定，或直接當拖鞋來穿。

還有一種是木屐。日本流行的木屐，就是從中國傳過去的。

## 配飾

唐朝最主要的配飾就是腰帶，也叫束衣帶。你想想，袍衫沒有緊身功能，爲了不讓衣服散開，必須用帶子繫紮。至於腰帶的材料，主要看男性的社會地位，如果是王公貴族，通常用皮革，上面鑲嵌玉石，也就是傳說中的「玉帶」。

除了腰帶，男性還有其他配飾。比如玉佩，堪稱身分地位的象徵，也代表著高潔的品德。在唐朝，名流貴族才能佩戴金、銀、玉，如果是普通百姓，只能佩戴銅、鐵製作的小玩意。

如果是官員，還可以佩戴印信、魚符和香囊。出門在外，印信就是官員的身分證。

# 女裝三件組＋唐妝六部曲，瞬間變成小仙女

## 女裝三件組：襦、裙、帔

**在唐朝，女子最主流的穿搭是「襦裙服」。**

只要是襦裙服，那麼必備三件組：短衫（襦）、長裙、帔子。

走在長安朱雀大街，放眼望去，不管是貴族婦女，還是平民女子，如果是休閒出門，基本都是這種穿搭風格。如果想要有比較直觀的認識，可以看看《武媚娘傳奇》或《天盛長歌》等歷史劇中的服飾，還原度還算不錯。

### 襦

短衫就是上衣，單件稱為「衫」，適合春秋兩季穿。如果是夾衣，就是「襦」，適合冬夏兩季穿。

短衫只是一件搭配用的服飾，屬於修身型衣服，只要女性身體修長，胸圍飽滿，穿

起來會好看。一般而言，短衫的下襬都是塞到長裙裡的，就像穿正裝的男士會把襯衫下襬塞進西褲裡一樣。

長裙堪稱唐朝女性服飾的點睛之筆。這種裙子是用六幅或八幅布帛縫製而成。唐朝的六幅裙的周長約爲三公尺，也就是說，把裙子的布帛展開，就像一幅三公尺長的畫卷。尤其是上流貴族婦女身穿的衣服，都是以絲綢爲原料，其華貴和雍容可想而知。

這都不算什麼，唐朝婦女不流行穿超短裙，她們的裙襬非常長，有部分會直接在地上拖曳，就像現在的女性婚紗。唐朝讀書人是這麼形容的：「裙拖六幅湘江水。」「坐時衣帶縈纖草，行即裙裾掃落梅。」

不過這種服飾美則美矣，就是有點浪費布。唐朝初年，國家窮得叮噹響，統治者爲了控制開支，要求女性服飾以窄、短爲標準。拿唐初女性的短衫來說，袖口和現在的衣服差不多寬。但皇帝們忽略了，女人對服飾的追求可不會被貧窮限制。對她們來說，只要手裡還有閒錢，可以不吃飯，可以不玩耍，但必須要打扮。

這種被壓抑的需求，到了中唐時期徹底爆發了。據史料記載，設計師們爲了美化上衣，竟然將袖口做到四尺寬（唐代一尺略短於三十公分）。

請注意，四尺是袖口的寬度，而不是周長。意思是說，如果你稍不注意，袖子可能就會碰到地上了。由於這種設計太浪費布料，以至於唐文宗李昂頒布禁令，要求女性服飾的袖口不能超過一尺四寸（約四十五公分）。

## 裙

回到唐朝，裙子大概分爲兩種穿法。

一種是穿到腰部以上，用絲帶繫紮。有些女性可能會將裙子穿到胸部，然後將半個胸部裸露在外面，裡面只穿一件抹胸。但這種穿搭只適合宮廷女性，因爲他們生活條件優越，皮膚白皙，有本錢這樣穿。

這種「暴露」的裝束確實打破了女性的穿著傳統，也讓唐朝的男性大飽了眼福，唐朝詩人們用一大堆句子來描述這種打扮，比如「胸前瑞雪斜燈照」「慢束羅裙半露胸」等。

還有一種是穿到腰間，上面搭配衣服，將胸部全部遮住。這種穿搭適合臉朝黃土背朝天的農村婦女，因爲她們的皮膚普遍不好，沒必要外露。

至於裙子的顏色，以紅、綠、黃爲主，石榴紅裙可謂最時髦的款式。

現代的裙子基本上都是用工業染料上色。漂亮歸漂亮，但總感覺缺點什麼。回到唐朝，裙子用自然染料，自帶植物芬芳。拿綠色裙子來說，使用的是綠草汁；如果是黃色裙子，可以用鬱金香，顏色鮮豔，芬芳無比。李商隱「折腰爭舞鬱金裙」，讚美的就是鬱金香染過的裙子。

有位現代的知名博主曾在頻道裡用葡萄汁幫裙子染色，穿上身之後轉了一個圈，畫出了一道紫色弧線，那種宛如小仙女的氣質羨煞許多人。這其實就是唐代裙子的風格。

## 帔

除了短衫、長裙，還有一條「帔子」，可以理解爲飄帶。飄帶很窄很長，從身後圍到前面，搭在小臂上，兩端自然下垂，做爲襦裙的裝飾。

你可能很好奇：要去哪裡購買裙襦服？長安有品牌專賣店嗎？

很遺憾地告訴你，古代沒有服飾店，只有綢緞莊、布莊、裁縫鋪。你想逛街，沒有現成的服裝店，只有布料店。如果想購置新衣服，要先去綢緞莊挑選合適的布料，再去裁縫鋪提出要求、設計衣服，讓裁縫鋪幫你做。

如果是貴族婦女，可以邀請頂級裁縫到自家，專門訂做。現在流行的訂製服、部分客製化的生產模式，其實早在古代就有了。

## 布料也有百百款

在當時，貴族婦女是綢緞衣服的主力消費者。至於平民百姓，沒有穿絲綢的條件，她們一般是穿布帛。

所謂的「布」，就是葛布、麻布，是以植物纖維製作的布料。身爲農村婦女，種幾畝麻類植物，衣服的布料就有了。這種衣服涼爽透風，柔軟舒適，夏天穿起來格外舒服。不過布衣有個缺點，就是外型不夠精緻，而且如果保存不當，衣服容易泛黃。

所謂的「帛」，就是絲織品，原料是春蠶吐出的絲。這種東西很珍貴，基本上一生產出來，就全部被朝廷收走了。蠶農自己留著也沒用，去田裡除草或收割糧食時，也不可能穿著絲綢衣服去，否則回來衣服就得多幾個破洞。

絲織品也分很多種，比如絹、紗、綢、緞、錦、綺、綾等。

比如絹是生絲織品，最爲常見；綾是很薄的絲織品，電視劇裡人們上吊用的基本就是白綾；綺是印有花紋的絲織品，如果染色，就是彩綺；最昂貴的當屬錦，它是用幾種彩色絲線編織而成，質地精美，風格活潑，專供上流階級。

## 時尚是永恆的追求

裙襦雖然很美，卻無法滿足唐朝女人對個性、時尚的瘋狂追求。到了唐朝中期，胡服開始成爲長安最流行的新款式。

遊走在長安，你會看到活躍的回紇、吐蕃、龜茲、南詔、波斯、羅馬、阿拉伯等民族的人，他們穿著翻領、鑲邊、窄袖、開衩的胡袍。尤其是窄袖瘦衣，更能襯托女性的身材之美。有些胡服的褲腿短至膝蓋，對於經常穿長裙的女性來說，絕對是非日常的體驗。這時候，你在腰間繫一根革帶，戴一頂毛氈或皮帽，腳上穿著胡靴，簡直太酷了。這種感覺，就像二〇世紀初大家剛開始接受西方牛仔褲一樣。

穿上胡服，再跳一段西域的胡旋舞，檔次馬上就拔高了。如果唐朝有酒吧，胡服配合胡旋舞，絕對會引爆酒吧的氣氛。你可能覺得這麼說有些誇張，事實上，楊貴妃就是胡服的瘋狂粉絲，有時候在宮廷宴會，楊貴妃就會來上一段胡旋舞。

胡服簡約有個性，是唐朝女性喜歡它的原因之一。和裙襦比起來，胡服的陽剛之氣更濃厚，在唐朝尚武的文化氛圍下，這可能才是受歡迎的根本原因。

在唐朝，女性還可以隨心所欲地穿著男裝，甚至到街上晃悠。身穿半袖短身衣，下著窄口褲，足蹬紅色皮靴，頭戴捲簷胡帽，這是胡人男裝的風格；身穿圓領長袍衫，腰束革帶，足蹬錦靴，配以金銀玉飾，這是漢人男裝的風格。隨便挑一套，挽著老公的手臂，去西市逛逛或上館子吧，不要在意旁人的眼光。走在長安的大街小巷，許多女子都是女扮男裝，招搖過市。說白了，長安百姓早就對這樣的穿著見怪不怪了。

唐武宗時期，後宮的王才人經常和武宗皇帝一起走馬射獵，穿的是同一款男裝。他們身材相似，以至於朝臣前來奏事時經常認錯人。每逢此時，唐武宗就會哈哈大笑，以此為樂。

史料也記載了：「中宗時，後宮戴胡帽，穿丈夫衣靴。天寶中，士流之妻，或衣丈夫服，靴衫鞭帽，內外一貫。」唐朝張萱的〈虢國夫人遊春圖〉中，部分女子也穿著男裝，畫面非常和諧。

看到異樣的東西，唐朝百姓不會指手畫腳，反而還會帶著欣賞的眼光，這就是唐朝的包容、大氣之風。

## 髮型髮飾加配件，一樣得煞費苦心

穿上漂亮的衣服、做個時髦的髮型、化個美豔動人的妝，再挑幾件精美襯人的珠寶首飾，小仙女們就可以愉快地出門了。

在唐朝的任何年代，長安最流行的髮型都是高髻。這種髮型顧名思義，就是把頭髮梳得高高的，再插上飾品，美感瞬間爆表。至於髮髻怎麼梳，你可以參考祥雲髻、凌虛髻、奉仙髻、愁來髻、百合髻，總有一款適合你的氣質。

說起髮品，更是令人眼花繚亂。簪、釵、玉搔頭、翠翹、流蘇、步搖，保證你挑到直尖叫。如果你是富貴家庭的女子，可以挑選金、銀、玉、瑪瑙，珠光寶氣；如果出身一般家庭，那就選個角、貝材質的吧。

強烈建議你挑一個金玉步搖。這是將黃金製作成龍鳳或百鳥形狀，上面用珠玉做裝飾。插在髮髻上，另外一端是垂懸的金銀鏈，上面掛著珠玉飾品，保證你是這條街上最出色的女子。

髮型做好後，就要選擇首飾了。先來只手鐲吧，金玉的、純銀的，隨便挑一件。

還有香袋、香囊。在古裝電視劇裡，香袋都是用布縫製的，裡面裝著藿香、丁香、木香、薄荷、白芷，用來清神醒腦、驅除蚊蟲、消災辟邪。建議你使用銀製香囊，材料是白銀，香囊如同乒乓球一樣大小，鏤空，上面雕刻著漂亮的花鳥圖案。香囊由上下兩個半球組成，以合頁相連，裝有鉤鏈，以便開闔。香囊裡面是複雜的工藝結構，香料放置在半圓形的金香盂裡面。它既擁有香囊的功用，又是一件精細的藝術品，出門帶上它，非常有面子。

## 唐妝六部曲

### 基礎修圖：上粉塗胭脂

對唐朝女性來說，梳妝打扮過程中耗時最長、儀式感最強的環節就是上粉。

許多人都知道，古代的化妝品是鉛粉，不管是黑皮膚或滿臉雀斑，只要在臉上抹一層鉛粉，皮膚馬上變得白皙可愛。不過鉛粉雖然是個好東西，卻要懂得用。別的不說，如果上粉過量，立馬就有了「金屬感」和「科技感」，再把眼睛睜開，馬上成了超人力霸王。

而且鉛很容易氧化。想像一下，早上出門時，你的皮膚白皙得連自己都想親一口。但逛個半天街，皮膚就開始黯然失色。等吃完晚飯，你變成什麼樣了？

鑑於以上原因，加之鉛粉有毒，後來就慢慢下架了。回到唐朝，你有兩種選擇：上紅粉，或上白粉。

白粉的原材料是稻米。根據《齊民要術》記載，將米泡軟後磨成漿液，再用紗布過濾後沉澱米汁，晾曬乾、刮掉表層的粗糙顆粒，取精細粉末，再加入丁香花粉（可替換成其他花粉），就成了女性日常用的白粉。

白粉是純天然的，但不夠細膩潤滑，因此滑石粉、石膏粉就成了白粉的添加物。

如果你對白粉不感興趣，可以嘗試紅粉。紅粉就是胭脂，也叫「焉支」，傳說是在匈奴焉支山生產的。漢朝時，焉支山有一種紅黃兩色的花朵，百姓採摘花朵搗碎成泥，濾掉黃色的汁，再將紅色汁水過濾沉澱、自然陰乾，就成了紅色的花粉。

使用的時候，蘸著清水塗抹即可。流傳到中原後，美妝達人加入牛髓、豬胰等東西，讓胭脂變得潤滑細膩，最終成爲中原女子人人喜愛的寶物。

胭脂的美妝效果很好，但裡面有動物油脂，難免有腥膻味道。

塗抹胭脂後，最好不要劇烈勞動、讓身體出汗，否則你的身上會流淌紅色的汗水，簡直就是眞人版的「汗血寶馬」。

每到晚上，女子都需要卸妝，打來一盆清水，洗淨胭脂，盆裡會浮起一層紅色的泥漿。「歸到院中重洗面，金花盆裡潑紅泥」說的就是這個畫面。

看完這些，你也許覺得塗胭脂很痛苦。沒關係，你可以效仿楊貴妃的姐姐虢國夫人，素顏朝天照樣活得很自信。

上完粉，只能算完成了初步「修圖」，接下來還要各種「精修」。

## 精修第一步：畫黛眉

染青石謂之點黛，簡單來說，黛是一種黑色礦物質，也叫石黛。描眉前，先將石黛放在石硯上碾磨成粉末，加入清水調和，再刷到眉毛上。秦漢以前的主流顏色是黑色，到了漢朝，青黑色開始引領時尚。

石黛是個好東西，然而一旦加入清水，濃度和均勻度就不好把握。而且，每次畫眉之前都要碾磨一番，就像男人研墨寫字一樣，也讓女性多少有點煩躁。

南北朝時期，西域的「青雀頭黛」傳入中原，顏色是深灰色，有別於主流色號，著實風靡了一陣。到了隋朝，隋煬帝從古波斯進口了一種「螺子黛」。由於不用碾磨，只需要蘸水即可使用，因此迅速占領了化妝品市場。

在當時，別說民間，就連後宮嬪妃要弄到螺子黛也很困難。一些電視劇裡，皇帝寵愛某個嬪妃時，就會經常賜她一點螺子黛，這確實是符合歷史實情的。

愛美是女人的天性，不分貧富，不分階層。

如果是貴族婦女，買得起石黛，可以直接當畫筆描繪，就像現代的眉筆一樣；如果是農村婦女，家徒四壁，買不起畫筆，可以去路邊折一段新鮮的柳樹枝，將它燒成黑炭狀，以此畫眉，效果也是很不錯的。

在古代，描眉算是女性化妝的點睛之筆。可以說，眉毛的好壞決定整個人的氣質。古人有詩：「洞房昨夜停紅燭，待曉堂前拜舅姑，妝罷低聲問夫婿，畫眉深淺入時無。」說一位新婚女子，早起後問丈夫自己的眉毛是否爲時下最流行的款式，因爲她擔心眉毛要是畫得不好，就會被公婆嫌棄一輩子。

在唐朝的皇帝中，唐玄宗李隆基堪稱標準的「眉毛控」。每逢楊貴妃畫眉，唐玄宗都要指點一二，要不是礙於皇帝身分，李隆基可能會直接轉職當化妝師。

安史之亂後，李隆基逃到成都，欽定了他認爲最經典的十種眉形，命畫工作〈十眉圖〉以傳後世。一日鴛鴦眉（八字眉），二日小山眉（遠山眉），三日五嶽眉，四日三峰眉，五日垂珠眉，六日月棱眉（卻月眉），七日分梢眉，八日涵煙眉，九日拂雲眉（橫煙眉），十日倒暈眉。

不過，以現代的審美眼光來看，有些眉形確實很奇怪。就拿〈簪花仕女圖〉來說，如果在現實生活中看到有人畫著女主角所畫的垂珠眉，可能會讓人忍俊不禁。

## 精修第二步：貼花鈿

花鈿是一種點綴型的裝飾物，貼在眉心位置。

從唐朝的圖畫和出土資料來看，花鈿樣式至少有十幾種，包括雲母片、螺鈿殼、牛角、扇面、梅花、仙桃等，條件好的可以用金箔剪切，條件一般的就用紙。花鈿貼在眉心，別有一番韻味。

## 精修第三步：點面靨、描斜紅

三國時期，吳國的皇族孫和酒後把玩如意，不小心誤傷了夫人鄧氏的臉頰。孫和大驚失色，命醫士治傷，這名醫士用多了琥珀，在酒窩處留下了紅點。明明是醫療事故，孫和卻覺得別有韻味，使得在臉頰塗紅點的時尚流傳開來。

唐朝婦女喜歡在臉上點綴東西，於是效仿了孫和夫人的「面靨」。

無獨有偶，三國時期，魏文帝曹丕的宮女薛夜來撞到了水晶屏風，在臉上留下了一道傾斜的血疤，曹丕也覺得很有味道，最終引起了宮女的爭相效仿。

到了唐朝，婦女們經常在太陽穴描畫血痕，以為裝飾。

表面看來，唐朝婦女可能喜歡殘缺美。但細細想來，她們其實骨子裡喜歡追求新穎、時尚、別具一格的事物，審美情趣非常高雅。

到此時，唐朝婦女的精修就算完成，可以出門了。

## 最後修飾：點唇脂

喔，對了，出門之前，別忘了塗點唇膏。

唇膏是現代的說法，唐朝百姓叫「唇脂」。主要原料是動物油脂，其中以鵝油最佳，羊油次之，牛油最次。唇脂的輔助原料是朱砂，一種有毒的礦物質。這麼一想，和古代女性接吻，其實就是間接服毒。

唐朝唇膏和現代一樣，品種非常繁多，有大春紅、小春紅、嫩吳香、萬金紅等各種色號。塗上之後，就有了「唇若丹霞」「唇似櫻桃」「嬌唇紅潤」等效果。

受到吐蕃的影響，元和年間（西元八〇六～八二〇年），長安流行過一種黑色唇膏。產品很有個性，卻和中原女子的服飾、膚色不太匹配，所以短時間內就下架了。

總結起來，唐朝女性想要出門，基本的化妝流程是這樣的：塗胭脂、畫黛眉、貼花鈿、點面靨、描斜紅、點唇脂。這和現代女性相比，應該不遑多讓吧？

# 第九章 生活在唐朝的皇宮內苑是什麼感覺？

# 皇室成員的稱謂：叫錯了小心被砍頭

## 皇帝

唐朝的規矩很多，皇宮內苑尤其多。要是寫一本唐朝的規矩寶典，三百頁可能還寫不完；就算寫下來，你也背不起來。

特別是稱呼，要是搞錯了，輕則鬧個大笑話，讓對方沒面子；重則引起對方的報復，終結你的職業生涯。當然了，如果犯了皇帝的忌諱，就得頂個「大不敬」的罪名，杖刑一百、流放千里，甚至滿門抄斬也是有可能的。

根據學者統計，唐朝皇帝的稱謂有數十種，其中有褒義有貶義，還有中性的。先別覺得頭大，大部分稱謂都要分場合，我們聊幾個最常見的吧。

首先是「聖人」。這個稱呼最早出現在《易經．說卦》：「聖人南面而聽天下，向明而治。」所謂的聖人，就是君主、人間最高統治者的意思。有了這層含義，聖人自然成爲皇帝的專利。

比如隋文帝楊堅，深受少數民族首領的尊敬，撈了個「聖人可汗」的頭銜。唐太宗李世民也有個「天可汗」的稱謂。兩者比起來，隋文帝的規格還是更高些；至少在唐朝，皇帝們更喜歡聖人的稱呼。

拋開人間最高統治者的含義，聖人其實還有兩層高端、神祕的寓意。

首先，唐朝皇室信奉道教，上古神仙修煉，要經歷賢人、聖人、至人、眞人四個境界。皇帝們要比肩老子是不可能的，能達到聖人境界，也算是一種修行。

其次，孔子、孟子、莊子等人是中國民間的賢德聖人，如果稱呼能和他們沾上邊，皇帝們的形象就顯得高大偉岸，絕世超群了。

**不管任何場合，你叫皇帝「聖人」，絕對不會犯錯。**

在古裝電視劇裡，你可能經常聽到「大家」這樣的稱呼。提醒你，這是皇帝侍從的專屬稱呼。

在正式場合裡，如果你想拍皇帝的馬屁，可以叫聖上、聖君、聖天子；如果只是一般的稱呼，可以叫主上、陛下、皇帝、皇帝陛下。

至於「皇上」「萬歲」或「萬歲爺」這些在電視劇裡出現頻率最高的稱呼，在唐朝都還沒有。如果要叫「萬歲」，得等到大朝賀、大典禮的場合，而且是所有朝臣一起高喊「萬歲萬歲萬萬歲」。當時，還沒有朝臣有勇氣單獨稱呼皇帝爲「萬歲」。

穿越到古代，難免碰到昏庸暴虐的皇帝，比如殺伐太多、爲政暴虐、貪戀錢財、欺凌百姓，如果你詞彙貧乏的話，喊他們一聲「昏君」就很到位了。不過，唐朝百姓懂得的詞彙比我們豐富得多。他們在編寫史書、傳記和小說時，會用到很多詞，比如獨夫、昏主、驕主、暗君、庸君、虐主、僻王、邪主。尤其是「邪主」，已經叫出了江湖魔頭的味道。

皇帝也有專門的自稱。如果你是皇帝，可以仿效秦始皇自稱爲「朕」，這是使用頻率最高的。如果想復古，可以自稱「寡人」。當然了，寡人的含義是寡德之人，帶有自謙的味道，如果是自信心爆棚的皇帝，一般是不會這麼稱呼自己的。如果你想玩點新鮮的，可以自稱「沖人」。

以上都是口頭稱呼。皇帝祭祀天地、寫祝文時，經常會用到「嗣天子」「嗣天子臣」「嗣皇帝臣某」這樣的稱謂。不管怎麼說，古代的人們認爲，皇帝能夠主宰人間，都是老天爺的意思。對待自己的老闆，謙遜一點是應該的。

如果皇帝追封或祭祀先祖，經常會用到「朕小子」「餘小子」「予小子」這樣的稱謂。聽起來口語化，有家庭內部稱謂的味道。

那麼皇子、公主該怎麼稱呼皇帝呢，是稱「父皇」嗎？

不可否認，「父皇」的說法最好聽，也符合用語習慣，但唐朝並沒有這個稱呼。有理由相信，如果唐朝百姓發明了這個詞，應該會成爲皇室流行用語才是。

如果你穿越成了皇子，請記住，那個年代先講君臣，再論父子。如果不想犯錯，可以跟著朝臣一起叫「陛下」「聖人」等稱謂。

如果是私下或書面場合，你可以叫皇帝爲「父親」。

當然了，如果你覺得自己是人見人愛、花見花開的乖寶寶，想撒個嬌，可以效仿民間的習俗，叫「阿耶」「耶耶」「阿爹」。

## 太子和諸王

碰到了太子、皇子，你也得知道他們的稱呼。

回到貞觀年間，如果你碰到太子李承乾，可以稱呼他爲「殿下」或「太子殿下」。如果碰到魏王李泰、吳王李恪，直接叫「魏王」「吳王」即可。

你可能會好奇：能叫李泰「魏王殿下」嗎？

坦白說，翻遍《舊唐書》《新唐書》，只有太子出現時，「殿下」這個詞才會跟著出現。你也知道，古人說話非常講究，既然這樣寫，那麼「殿下」一詞多半是皇太子的專利。所以還是別叫「魏王殿下」，小心被人誤會。

如果是皇子們自稱，「寡人」這種復古的叫法算是最普遍的。皇室兄弟之間，稱呼可能隨便一點。比如，李泰可以叫李承乾為「太子」，也可以叫他「大哥」，李承乾可以叫李泰為「三弟」。

在唐朝，「郎」也是對男子的一種普遍叫法，和我們現在的名字有異曲同工之妙，不分社會地位，不分職業，大家都可以叫。就拿魏王李泰來說，李世民和李承乾都可以叫他「三郎」，唐玄宗李隆基在皇室排行老三，他就喜歡別人叫他「三郎」。

如果是身邊親近的人，可以叫他們「郎君」。

## 後宮

在皇宮裡晃悠，必定會碰到一些貴婦，比如皇后或嬪妃。

事實上，屬於她們的稱呼不太多。不管任何人，叫她們「皇太后」「皇后」保證沒錯。如果對方是嬪妃，可以稱呼她們的頭銜，比如貴妃、淑妃、昭儀；如果叫「姓氏＋頭銜」，那也是沒問題的。

如果你是皇子或公主，那就效仿民間，叫皇后為「阿娘」「娘娘」「老母」「老親」「母親」。至於「皇后娘娘」「貴妃娘娘」之類的，在電視劇裡看看就好了。**在唐朝，**

**「娘娘」代表母親**，你這樣叫，是打算撿便宜、認皇后當母親嗎？那風險未免也太大了。

至於這些貴婦會如何自稱呢？

電視劇裡好像有很多，比如哀家、本宮、臣妾、本后、本皇后等。但遺憾地告訴你，這些大多是戲曲裡的說法，有些則是電視劇的發明，以上任何一種說法，都是未被官方記載或承認的。

就拿「臣妾」來說，男爲臣，女爲妾，後來泛指臣服於統治者的百姓。唐朝詩人元稹寫過一篇〈授裴向左散騎常侍制〉：「朕以將壯之年，臣妾天下，司其忿速，其在於持重溫良之士以鑑之乎？」宋朝大詩人陸游寫道：「上天佑仁聖，萬邦盡臣妾。」你瞧瞧，「臣妾」不管是動詞（統治天下）還是名詞（被統治的臣民），都沒有用來表示后妃的。

其實，皇后、嬪妃對外人通常自稱爲「吾」，對皇帝或長輩則自稱「妾」「奴」「婢」等，視情形而定。

後宮還有宦官。如果你碰到了實權宦官或資歷較深的宦官，可尊稱他一聲「公公」；如果是一般的宦官，可以直呼其名，比如李狗兒、張大腳，絕對沒毛病。

在皇帝面前，宦官可自稱爲「奴婢」「老奴」；至於「奴才」這樣的稱呼，是清朝才使用的。

宮裡還有許多宮女，她們統稱為「宮婢」「侍女」。在那個年代，宮女的社會地位很低，旁人很少會直接稱呼她們。如果是主人叫她們，可以直呼其名或喚她們的小名。如果是宮女自稱，則是「賤婢」「奴婢」。

## 妃和嬪是不一樣的

如果你穿越到唐朝的後宮，有三類女性經常會出現在你面前。

**第一類是後宮嬪妃**。在唐朝後宮管理有限公司裡，皇帝是董事長，皇后是執行長，其他嬪妃是高階主管。皇后和嬪妃們全都是爲皇帝打工的，只要皇帝願意，可以撤掉任何管理者，包括皇后。

在唐朝後宮女強人排行榜上，武則天、長孫皇后、韋后可謂三甲。尤其是武則天，赤手空拳打天下，晉升爲執行長後，最終又擠掉李唐家族的繼承人，自己當上了後宮董事長。

**第二類是女官**。她們是中階管理者，也是高階主管的私人祕書。皇室有服裝、餐飲、文化、宮女培訓等產業，女官就是分公司的管理者。

**第三類是宮女**。她們是基層打工仔，要沒日沒夜地加班，卻沒有績效獎金。如果惹怒了上級，被開除是最輕的處罰；運氣不好，很可能會丟掉小命。

對於後宮，朝廷也明確了頭銜和等級，算是後宮女性的職業規畫（見表九）。

表九　唐代後宮嬪妃的品級及稱謂

| 品級 | 頭銜 | 編制 | 稱謂 |
|---|---|---|---|
| 超品 | 皇后 | 一人 | |
| 正一品 | 貴妃 | 一人 | 夫人 |
| | 淑妃 | 一人 | |
| | 賢妃 | 一人 | |
| | 德妃 | 一人 | |
| 正二品 | 昭儀 | 一人 | 嬪 |
| | 昭容 | 一人 | |
| | 昭媛 | 一人 | |
| | 修儀 | 一人 | |
| | 修媛 | 一人 | |
| | 修容 | 一人 | |
| | 充儀 | 一人 | |
| | 充容 | 一人 | |
| | 充媛 | 一人 | |
| 正三品 | 婕妤 | 九人 | 世婦 |
| 正四品 | 美人 | 九人 | |
| 正五品 | 才人 | 九人 | |
| 正六品 | 寶林 | 二十七人 | 御妻 |
| 正七品 | 御女 | 二十七人 | |
| 正八品 | 采女 | 二十七人 | |

算下來，皇帝老婆的正式編制有一二二個，和所謂的「三千佳麗」相差甚遠。

按理說，皇帝是天下的主宰，當然不缺女人，好色的皇帝可能會無限擴編，無意於此的皇帝就少娶幾個。但事實上，皇帝能娶多少老婆，他自己說了不算，眞正有發言權的人叫戴聖。這位老兄是西漢儒學大師，他編訂了一本書，名叫《禮記》，上面說得很清楚：「古者天子后立六宮，三夫人、九嬪、二十七世婦、八十一御妻。」

在中國古代，《禮記》是歷代王朝統治臣民的寶典，地位非常高。既然皇帝承認了戴聖的社會地位，就得尊重他的意見。因此，你可以看到，歷代王朝的後宮編制，基本上都是遵循《禮記》的編制。不過，皇帝雖然有一二二個後宮編制，但不一定會滿員。翻遍後宮嬪妃的名單，李淵有二十個嬪妃、李世民有十五個、李隆基有三十八個。

你可能會說，有些嬪妃的地位很低，史書沒記載。的確有這種情況，但細算下來，實際數量與一二二人的編制還是相差懸殊。這是因爲皇帝的精力是有限的，就算吃了補藥，也很難駕馭這麼多女人。更何況，後宮勾心鬥角的事不少，娶一百多個嬪妃，那得亂成什麼樣？只要皇帝有腦，自然不會放任自己的後宮上演無休無止的爭寵戲碼。

在古代，爲了顯示皇權的尊貴和男性地位，人們發明了很多詞彙來代指皇帝與嬪妃的夫妻生活，比如侍寢、寵幸、臨幸。

這是一種男女地位不平等的行爲，表示皇帝擁有絕對的選擇權。歷朝歷代，皇帝寵幸妃子都很隨意，晚上去找誰，全看他自己的意思。

晉武帝因爲後宮嬪妃太多，不知找誰侍寢，於是坐著羊車在後宮蹓躂，羊寶寶停留在誰的寢殿門口，晉武帝就會在此處過夜。

唐朝還是比較尊重女性的，爲了推行雨露均沾的皇恩，也爲了體現尊卑有別的制度，後宮採取「輪流侍寢制度」，輪的就是月亮的圓缺，每月從初一到十五，月亮會越來越圓，這也象徵後宮的等級。每逢初一，由御妻服侍皇帝；到了十五，由皇后親自侍寢，其他日子則按照嬪妃的級別輪流侍寢。每月十六，皇后繼續侍寢，到了三十，則由御妻侍寢，規矩還是一樣的。

理論上來說，皇帝如果有二十個嬪妃，那麼每個人都有侍寢的機會，皇帝自然也可以拒絕前往嬪妃的寢殿。

拿武則天來說，她十四歲入宮，第一個頭銜是才人。李世民起初是很喜歡她的，還給她娶了「媚娘」的可愛稱呼。但相處過程中，李世民慢慢發現她性格強勢、做事果決，使得李世民竟有些望而生畏，最終冷落了武則天近十年。

大部分皇帝的嬪妃不多，輪流下來，皇帝每個月總會有幾天沒有嬪妃陪伴；這樣一來，宮女就有了上位的機會。

唐敬宗李湛年輕時十分浪蕩，堪稱風月場的行家好手。他表示，老祖宗的輪流侍寢制度雖好，卻無法刺激自己的娛樂神經。於是，他腦洞大開，創造了風靡一時的侍寢制度：風流箭。

這種箭的箭頭用布帛包裹，裡面塞滿了麝香或龍涎香。李湛將宮女召集在一起，讓她們隨意奔跑，然後蒙住自己的眼睛，向人群放出羽箭。被射中的宮女身上香味撲鼻，自然就獲得了侍寢的機會。

不過，李湛很早就被宦官弄死了，風流箭自然也跟著銷聲匿跡。

身爲宮女，被皇帝寵幸是常事，但千萬不能抱著「皇帝要對我負責」的天真想法。在萬惡的封建時代，皇帝可能第二天就忘記了，如果宮女想找皇帝要名分，下場可能會很悲慘。

# 想進宮，要找對門路

說起來，後宮和官場其實是一樣的。

想做官，可以考秀才，可以考進士，可以考制科，可以門蔭入仕，可以直接爲官，也可以流外官轉入。進入官場的方式，決定了你在官場的地位。

如果你打算進入後宮，也有很多方式可以參考。

**第一種是禮聘**，顧名思義，就是明媒正娶，重金下聘。

唐朝皇室很愛面子，皇室男性成員要結婚，首選底蘊深厚、家世顯赫的門閥貴族，比如江南的王氏、謝氏、蕭氏；關中的韋氏、裴氏、薛氏；山東的崔氏、盧氏、鄭氏。一般而言，這些家族都是宰相輩出、家學淵源的書香門第，官宦家族憑藉姓氏的招牌，就可以縱橫婚姻市場。

爲了和他們聯姻，李唐皇室不惜重金下聘。比如，唐高宗李治的大老婆就是太原王氏家族的女子。貞觀時期，李世民討厭他們裝大老的作風，因此出版了《氏族志》，強行將他們的家族級別下調一等。然而即便如此，房玄齡、魏徵等名臣還是低聲下氣地花費重金求聘，只爲和高門貴族結成一樁婚姻。

**第二種是采選**。不論皇帝想充實後宮或培養後宮的後備選手，還是皇室成員要結婚、納妾，光靠禮聘一定不夠。但皇室又不想玷汙自己的血統，因此會選拔一批高品質的良家少女入宮。她們要不出身官宦家庭，要不出身書香門第。

要進行采選時，皇室會發出通知，要求臣子把家族內的年輕女子送到皇宮，集中選拔，就和清朝的選秀女相似。不同的是，在唐朝皇室采選之前，民間女子是可以自由婚配的，這比清朝的霸道條款強太多了。

起初，采選制度很正常，但到了唐朝中期，李隆基就把它玩壞了。

李隆基非常好色，爲了充實後宮，他替宦官安排了一個職務叫「花鳥使」，這個職位的任務就是幫李隆基搜羅美女。

比如，花鳥使在民間晃悠時看到美女，可能會直接帶回皇宮。再如，花鳥使聽說某位官員的女兒很不錯，於是闖到官員家裡，憑詔書將女眷帶走。

李隆基強搶民女的事兒，就連老色鬼元稹也看不過眼。他曾經寫過一首詩：「天寶年中花鳥使，撩花狎鳥含春思。滿懷墨詔求嬪御，走上高樓半酣醉。醉酣直入卿士家，閨闈不得偷迴避，良人顧妾心死別，小女呼爺血垂淚。十中有一得更衣，永配深宮作宮婢。」說的就是此事。

按照正常流程，朝廷采選的都是良家女子；但花鳥使不管這些，只要容貌上佳、身材曼妙，不管你是農婦還是妓女、商籍子女，他們一律帶走。玄宗時期，後宮宮女的人數暴增至六萬，花鳥使功不可沒。

一般而言，采選進宮的女子地位卑賤，都要從宮女做起。沒意外的話，她們會在宮中度過餘生，沒有愛情的滋潤，沒有男性的陪伴。如果運氣好，偶然得到皇帝寵幸，可能撈個低階的名分，但想晉升到高階，除非家世很好。

總而言之，古代的後宮就是龍潭虎穴，能活下來就不錯了，妄想通過進宮爭寵來改變自己的命運，比中彩券還難。對於有點智慧的女子而言，拒絕入宮才是追求幸福的終極之道。

**第三種方式是進獻**。身爲官員，巴結皇帝是重要的功課，進獻女子就是一種手段。有的皇帝喜好女色，那就搜羅漂亮的女孩子；有的皇帝喜歡娛樂藝術，那就搜羅歌姬、舞伎；有的皇帝喜歡異域風情，那就搜羅胡姬美女。總能找到合皇帝口味的。

進獻一般是搜羅民間女子，有的是強搶民女，有的則是花錢買斷。如果是官員自家的女兒，就需要皇家明媒正娶並給彩禮錢；如果只爲討好皇帝，就把女兒免費送到皇宮，絕對是很失格調的事。如果這麼幹了，也必定爲同僚所不容。可是在唐朝，某些沒有底線的官員偏偏就這樣幹了。

中宗時期，一個叫鄭普思的術士宣稱自己懂長生不老之術，受到皇帝李顯的重用，晉升成為祕書監。為了獲得更高的官職，鄭普思一咬牙，居然就將自己的女兒送給了李顯，以至於御史紛紛彈劾，同僚各種鄙視。

**第四種叫罪沒**。官宦家族若有人犯了謀逆大罪，皇帝一個震怒，可能會下令抄家滅門。但皇帝只殺罪臣家裡的男丁，至於罪臣的妻妾、女兒、孫女，包括相貌出眾的家妓在內，都會被朝廷收編。有些人到掖庭宮做手藝活，有些人到後宮當宮女，長相不好又沒有手藝的，可能就要到官府做地位卑賤的奴婢。

貞觀年間，廬江王李瑗謀反、漢王李元昌圖謀不軌，後來家族的女子都被李世民收編了。玄武門之變中，齊王李元吉和他兒子被殺，李世民查抄齊王府，順便收編了弟弟的老婆楊氏；兩人還生了個兒子，後來過繼給了李元吉。

一般而言，罪臣家的女子入宮，皇室是不可能重用的。畢竟，這些女子身負血海深仇，如果在皇帝身邊伺候時捅皇帝一刀，那就麻煩了。

**第五種則是另類霸占**，說到這個，當然離不開李隆基。

楊貴妃入宮前，李隆基最寵愛的是武惠妃。武惠妃去世後，李隆基寂寞空虛，日漸消瘦，身邊的近侍告訴他，壽王李瑁的妃子楊玉環不錯，李隆基便將她召進皇宮。

兩人第一次相遇就互相看對眼了。然而楊玉環是自己的兒媳，如果李隆基強行奪過來，豈不爲世人恥笑？李隆基思來想去，決定先讓楊玉環出家爲道士，道號「太眞」，這樣一來，李瑁就不能和楊玉環行夫妻之實。過了幾年，李隆基又重新給李瑁娶了個媳婦，輿論也漸漸平息。於是，兒子新婚後，李隆基就將楊玉環召進宮中，冊封爲貴妃。

李隆基與楊玉環的絕世戀情舉世皆知，但恐怕很少有人知道，爲了得到楊玉環，李隆基這個局布了有五年之久。

# 後宮也有薪水拿

很多人可能誤以爲，女子只要一進皇宮，就有吃不盡的山珍海味，享不盡的榮華富貴。畢竟從漢朝到清朝，後宮劇中的嬪妃要不忙著搞宮鬥，要不忙著取悅皇帝，要不忙著聊天八卦，什麼事都幹，就是沒人爲錢財發愁。

眞要回到古代，那可是另外一番光景。

如果是很有野心的嬪妃，想扳倒其他的妃子，獲得皇帝的獨寵，情報工作當然少不了。像武則天那樣收買對方陣營的宮女，需要很多活動經費。想培養幾個信得過的嫡系宮女，要是沒有錢財開道，人家憑什麼聽你的話？此外，身爲高階管理者，逢年過節時爲了圖個熱鬧，是不是也要給宮女賞點過節費什麼的？

在美女如雲的後宮，想吸引皇帝的注意力，是不是要打理好自己的外表呢？比如，置辦幾套漂亮服裝、使用最時髦的化妝品，或佩戴名貴的珠寶首飾。這些東西從哪來呢？當然要花錢啊。

唐朝初年，皇室崇尚節儉，爲了節省布料，要求嬪妃穿著窄袖上衣和窄幅長裙。制度是好的，但畢竟影響了服裝的美觀。爲了彌補外觀的缺陷，嬪妃們爭相在衣服上面繡金、銀絲線，這筆錢都是嬪妃自己掏的。

沒過多久，宮廷開始流行寬幅的衣服，隨後，少數民族的胡服成爲長安主流，布料一多，穿衣的成本也就增加了。

還有，宮廷雖然提供食物，但都是千篇一律的套餐；對美食愛好者來說，這絕對是一種痛苦。有時候，嘴饞的嬪妃只能開開小灶，於是，錢又沒了。

那麼，唐朝嬪妃的經濟來源有哪些呢？

**首先是正經的工資**。嬪妃也是有品級的，從正一品到正八品不等。唐朝初年，一品妃子的月薪是九．八貫錢，八品御妻的月薪是一．六貫錢。

在古代，銅錢是硬通貨。不管是朝廷府庫還是私人小金庫，銅錢都是用麻繩穿起來保存的，一根麻繩穿一千枚銅錢，這就是一貫錢。按照官方價格，一貫錢的價值是一兩銀子。

人的等級越高，花費自然越多。如果碰到大手大腳，或是搞內鬥、爭寵等需要收買人心的嬪妃，這點錢絕對不夠花。

開元時期，李隆基一聲令下，幫嬪妃們集體調薪。比如一品嬪妃的月薪，就漲到了三十一貫。

高級嬪妃都有顯赫的娘家背景，又有皇帝的寵愛，自然有她們的撈錢之道。一般的御妻就很苦了，既沒地位，又得不到皇帝的寵愛，還沒娘家可依靠，有時候只能指望朝廷的基本薪資過日子，能夠調薪，她們絕對是最高興的一群。

**第二項收入是皇帝賞的封戶**。在唐朝，封戶分兩種：一種是實封，一種是虛封。拿親王來說，可以享受一萬戶的待遇。意思是，這一萬戶百姓到了交租時，三分之二交給親王，三分之一交給朝廷。

不過皇帝都不傻，不會隨便把這些土地全都賞給權貴，因此這所謂的「萬戶」，大多只是虛封。而在賞賜封戶的詔書中，皇帝往往會加上一句「食實邑三百戶」，這就叫實封，意思是這三百戶才是眞正屬於親王的封戶。

在唐朝，後宮嬪妃也是有可能獲得封戶的。唐睿宗時期，貴妃豆盧氏、賢妃王氏就有封戶兩百的待遇。不過，能獲得封戶的嬪妃，要不就是當紅寵妃，要不就是有突出貢獻，一般嬪妃是很難獲得的。而且這幾百封戶的微薄收入，也很難滿足嬪妃的需求。

**第三項是皇帝的常規賞賜**。

唐朝統治者很有娛樂精神，愛過節，愛娛樂活動。比如端午節來臨，皇帝會召集朝臣、皇子、宗室、外戚、嬪妃一起到曲江池參加園遊會，有時也會邀請知名的樂器演奏家、舞女、詩人參加。爲了炒熱氣氛，皇帝當然要發紅包；有時幾十貫，有時上百貫。

每逢重陽節、端午節、中秋節、寒食節、除夕日等，也都會有賞賜。

再如，嬪妃生了皇子，皇帝一高興，可能就晉升其頭銜、賞賜金銀珠寶、送一大堆新鮮零食，最後再封一個大紅包。

和基本薪資比起來，這部分收入就很可觀了。

**第四項則是皇帝的非常規賞賜。**

在賞賜方面，皇帝自然也有預算，嬪妃究竟能得到多少，有時要靠自己的本事。

貞觀時期，李世民有個賢妃叫徐惠，不僅才華橫溢、性格溫婉，還有一顆體恤百姓的良善之心。有時碰到李世民大興土木、勞役百姓時，徐惠就會大膽進諫，替老百姓說話。李世民的理想是做明君，別人越是進諫，越能顯示他的高大偉岸。這時，李世民就會給徐惠賞賜錢財，以示鼓勵。

**第五項是嬪妃的灰色收入。**

對一些朝臣而言，想在朝廷混出名堂，最重要的就是人脈和資訊。很顯然的，後宮嬪妃正好同時擁有這兩項資源。

官員想巴結皇帝、投其所好，首先要揣摩皇帝的心思。皇帝討厭哪個大臣，喜歡哪個大臣，身為皇帝的枕邊人，嬪妃多少能知道一些情況。

唐朝後宮管理不太嚴格，嬪妃和官員是可以接觸的。尤其是開元時期，地方刺史、藩鎮節度使、朝中大臣爲了探聽皇帝的情報，經常送禮給嬪妃。珠寶玉器、田產房產、精美服飾、地方特產，應有盡有，史書記載道：「揚、益、嶺表刺史，必求良工造作奇器異服，以奉貴妃獻賀，因致擢居顯位。」

有時候，皇帝想提拔官員，卻苦於沒有合適的人選。這時大臣可以走後宮的門路，讓她們給皇帝吹吹枕邊風，也就是所謂的「美言幾句」。這個時候，大手筆的孝敬也是免不了的。

此外，還有一種最直接的撈錢方式，就是賣官鬻爵。唐中宗時期，韋后、上官婉兒有陰謀奪權的心思，爲了拉攏更多朝臣，她們直接幹起了賣官的勾當，堪稱唐朝歷史上著名的醜聞。

# 女人也能當官

遊走在唐朝後宮，你會看到高高在上的嬪妃，她們是享樂階層，也是後宮的高級管理者。還有許多宮女，有的是嬪妃的貼身侍從，有的負責打掃宮殿，有的負責埋鍋造飯，還有的負責看守殿門。

如果你細心一點，還會發現一群特殊的女性。

她們身穿顏色不一的服裝，年齡多爲二十幾歲到三十幾歲，有些人甚至超過了四十歲。看神情氣質，她們從容不迫。舉止不凡，和宮女有明顯的區別；看工作內容，有的人拿著文書、印章、籍冊來往穿梭，有的人指揮宮女擺放宮殿內的陳設物品，還有人陪伴在嬪妃的身旁，手中握筆，急急書寫。

告訴你，她們就是傳說中的「大唐女官」。

你別質疑，**她們雖是女性，但也是有品級、有俸祿的官員**。

事實上，女人爲官在漢朝早就有了先例，但當時的女性地位不高，就連史官也懶得記錄，因此無從查證。南北朝開始，女官制度逐漸成熟。唐朝算是中國女官制度的集大成者，影響了後世千年。

## 大唐女官有多少？

在唐朝內廷，女官的職責就是做好嬪妃們的服務工作，負責調教宮女。她們有獨立的運作系統，統稱爲「六局二十四司」。

尚宮局（五十八人），下轄司記、司言、司簿、司闈。
尚儀局（四十六人），下轄司籍、司樂、司賓、司贊。
尚服局（四十人），下轄司寶、司衣、司飾、司仗。
尚食局（四十六人），下轄司膳、司醞、司藥、司饎。
尚寢局（三十六人），下轄司設、司輿、司苑、司燈。
尚功局（三十八人），下轄司制、司珍、司彩、司計。
六局二十四司的官職設置都是一樣的。

就拿尚宮局來說，最高官員叫尚宮，編制兩人，都是正五品。其中，司記司有兩名司記，官居正六品；兩名典記，正七品；兩名掌記，正八品。

尚宮局基本上直屬皇后，掌管宮內所有文書的蓋章，負責對外的連絡工作，如宮女的籍冊資訊，嬪妃和宮女的工資、賞賜等。

比如，尚儀局制定了新的內廷禮儀制度，得要尚宮局先簽核蓋章後，才能實施。再如，皇后要訓誡某嬪妃，就要由尚宮局傳旨。

在電視劇裡，你經常看到皇后不論想做些什麼事，都讓太監去傳旨，這將女官置於何地？豈不是在讓宦官搶她們的飯碗嗎？顯然有問題。

在古代，皇帝是「乾」，主外朝；皇后是「坤」，主內朝，大家都有自己的一攤子事。這可不是空話。六局二十四司，其實就是皇后的小朝廷。

皇后管理尚宮局，皇帝管理皇后，尚宮局自然也要聽皇帝的調遣。當皇帝不方便叫外朝大臣的時候，有知識文化的女官就可以接觸到實際政務。

比如，皇帝想寫信給某位封疆大吏，並不會親自動筆，而是把大意說出來，由女官落實到紙上。有時皇帝想起草詔書，尤其是打草稿的時候，不好讓中書舍人直接主筆，就會讓女官代寫。批閱奏摺的時候，皇帝覺得累了，也可以讓女官代批。

歷代皇帝對使用女官都很謹慎，不會讓她們參與太機密的事情，也不會把重要的審批權、資訊轉達權下放給她們。正因如此，唐朝很少出現掌握實權的女官。

尚儀局主管宮內的禮儀和起居事務，也很有地位。比如其下所轄的司樂，負責教宮女們音樂知識。如果宮內要舉辦宴會，需要安排樂隊表演，所有的樂器配置、現場演奏等工作，全部由她們完成。皇后邀請命婦到內廷賞花、遊玩時，尚儀局要安排座次，還要負責禮儀引導。

你覺得自己可以坐尚儀局老大的位置？那請問，你知道長安有多少命婦嗎？她們的社會地位如何？與皇后的關係如何？如果宴會的席位安排錯誤，那可能就是一場慘烈的大戰。

有時候，電視劇裡會出現這樣的場景：某位國公爺的夫人年輕時和皇后是好閨密，夫人想幫自己的兒子求個官，於是直奔皇后寢殿。雙方就臭小子的前途展開了友善的磋商，最後皇后答應給老公吹吹枕邊風。

但眞實的唐朝可不是這個光景。

唐朝禮儀規定，命婦若想朝見皇后，要遵循以下禮制：寫下自己的姓名、品秩，提前一天把名牌交給尙儀局，尙儀局再把命婦們的名牌交給內侍省內謁者監。朝見當天，內侍省現場點名，確定她們的身分，再將她們帶到皇后的寢殿。

說白了，長安的命婦這麼多，要是沒有這個規定，大家想求見就求見，那皇后的寢殿豈不成了菜市場，恐怕一整天都沒辦法安靜。

其他四個局分別主管後宮的日常生活用度。比如尙寢局，負責宮殿的打掃、寢殿用品、宮殿陳設等事務。在電視劇裡，你會看到殿內的燭火一直是亮的，那都是尙寢局安排人更換的。當然，具體工作由宮女完成，女官只是監督者和管理者，就像工地裡的工頭。

如果你是尙寢局司苑的女官，還要負責管理後宮種的瓜果蔬菜，該播種的時候播種，該施肥的時候施肥，果實成熟後，再進獻到各位嬪妃的寢殿。

尙食局，負責後宮膳食、米麵、酒水、藥材等的管理和分配。這聽起來很像大型批發市場？那就錯了。春天來了，該吃什麼樣的食物；各宮嬪妃的飲食風格是什麼；食物的溫、涼、寒、熱如何搭配，尙食局的女官都要心知肚明。這樣算來，尙食局的女官至少要達到養生專家和美食達人的專業水準。嬪妃進餐前，尙食局要安排人先試飯菜，確保食物裡沒有毒。冬天到了，各個宮殿都要燒炭取暖，尙寢局則要負責發放炭材。

除此之外，宮裡還有一個獨立運作的神祕部門，其負責人叫宮正，官居正五品；副手叫司正（編制二人），官居正六品；下設典正（編制二人），官居正七品；還有一些打雜的女史，主要做文書工作。

以司正爲首的女官整日在後宮遊蕩，監督六局下轄的公職人員。要是誰敢偷懶或工作犯了錯，她們就會記錄在案，上報給宮正。如果是一般的過錯，宮正可以直接處置；

如果是重大過錯，或是平級的尙宮、尙儀等官員犯罪，宮正可以上奏摺給皇后，彈劾她們，地位堪稱後宮的御史。

## 女官們是何方神聖？

算下來，整個皇宮只有兩百多名女官，卻要負責幾十名嬪妃的生活起居和幾萬名宮女的日常調度、調教，由此可見，她們絕對是管理階層裡的菁英，要不身負特殊的才華和技能，要不見多識廣，所以才能控制得住場面。

你是不是很好奇：女官都是何方神聖？竟然這麼厲害。

有的女官原先就名聲在外，被皇室按特殊人才招募。在唐朝，女性本來就有地位，不是任人蹂躪對象。更何況，唐朝出現了武則天、太平公主、韋后等握有實權的人物，她們活在金字塔頂，有獨立的女權意識，也希望男性尊重女性。爲了提高女性的社會地位，能拉一把是一把。

武則天創業時，先後請裴行儉的妻子庫狄氏、顏眞卿的祖母殷氏、司馬愼微的妻子李氏入宮。這些人都是品行高雅、名噪一時的婦女。

你可以說武則天自己是女皇帝，所以重視女官。那麼唐德宗時期的「尙宮五宋」，足以證明唐代女性眞的受到社會重視。

唐朝有個詩人叫宋之問，學富五車、才華橫溢，就是人品不怎麼樣。他捲入宮廷鬥爭，還站錯了邊，最後被李隆基賜死，宋氏家族也開始走下坡，一連持續了幾十年。

到了宋廷棻這一輩，生了一男五女，兒子蠢笨如豬，但宋若莘、宋若昭、宋若倫、宋若憲、宋若荀這五個女兒，個個才華橫溢、聰慧機敏，堪稱大唐學霸。她們對知識有著狂熱的興趣，於是集體宣布，要單身一輩子，只做學問。

唐德宗李適聽說此事，趕緊將她們召進皇宮。究竟是做嬪妃，還是做女官，李適沒有乾綱獨斷，而是徵詢她們的意見。經過磋商，李適最終任命她們爲內宮「女學士」，讓她們教習宮女文化知識，李適也從未越雷池一步，對她們十分尊重。

宋氏五姊妹有學問、人品高雅，深得大家的尊重，歷經德宗、順宗、憲宗、穆宗、敬宗、文宗六朝，堪稱唐朝歷史的一個奇蹟。

女官的另一個來源是良家婦女中的佼佼者。這種方式和采選很相似，只不過采選的女子都是十幾歲的黃花大閨女，女官的年齡則從二十歲到四十幾歲不等。而且，女官大多是已婚婦女或寡婦，或是不打算結婚的女子。

宮女也可晉升爲女官。這種案例在唐朝史書上的記載很少，上官婉兒算是一個。

在當時，能做女官，有正規品級、能拿朝廷俸祿，絕對是女性同胞的福音和榮譽。

但當你獲得某樣東西，自然要付出相應的代價。女官付出的就是自由。

做了女官，你就別想著早晚打卡上下班。只要進了宮，基本上你就喪失了與親人團聚的機會。當然，武則天自己是個女人，也體諒女性的艱辛，於是爲女官開了先例：每年放假一次，以便女官和親人團聚。

有些女官沒有結婚、沒有要見的親人，也不會被皇帝寵幸，只能獨身一輩子。因此如果她們碰到討人喜歡的小宮女，有時候會收爲養女，聊以自慰。

身爲女官或宮女，難免有個小病小痛的。千萬別以爲尚食局提供藥材，你就能直接找她們拿，那些藥材都是專供嬪妃用的，自取等於監守自盜。女官生病時，若是輕微症狀，一般會找內侍省奚官局拿藥服用；如果得的是重症，通常要到「患坊」就醫，裡面有醫師、醫監、醫正，他們都是太醫署外派的醫生。

女官也有俸祿，但她們的品級和朝廷官員有差別，至於按照什麼標準發放，史料並沒有明確的記載。不過可以猜想，願意拋棄家庭和親人，長時間在宮內當值，女官的收入和地位應該不會太差。

# 皇室禮樂

在唐朝皇宮裡，還有一類女子比較另類，那就是「宮妓」。早在武德（唐高祖李淵的第一個年號）年間，皇室就已經有了娛樂產業。當時的官方說法叫「禮樂」，基本上囊括了歌曲演唱、舞蹈、樂器演奏等領域，其中，音樂大致分爲雅樂和俗樂。

雅樂就是宮廷音樂，著名曲目有《神樂歌》《東遊》《大和歌》等，每逢皇帝祭祀天地、宗廟，或舉辦重要的外交宴會時，有關部門就會安排莊嚴肅穆的雅樂。簡單來說，雅樂是國家的文化象徵，也是皇室維護正統的文化武器。

**雅樂的主管部門叫太常寺，是等級最高的文化主管單位。**

如果皇帝宴請群臣或自己喝喝小酒，那就安排俗樂。若說雅樂是古典音樂，俗樂就是流行音樂，專供大家消遣的。唐朝有個《秦王破陣樂》，原創者就是李世民。起初，這首曲目是李世民的俗樂，後來經過宮廷藝術家的加工，編排成了氣勢宏大、壯觀威武的歌舞表演節目，最終升級爲朝廷的雅樂。

對皇帝們來說，雅樂太正式，太不接地氣，很難滿足他們平時的消遣需求。因此，歷代皇帝都會搜羅民間的音樂、舞蹈素材，網羅民間的專業歌手和舞者，讓他們爲皇室服務。隋文帝、隋煬帝、唐高祖、唐太宗都經常幹這種事。

武德年間，李淵在內廷設立教坊，由太常寺主管。教坊專門管理俗樂，在教坊工作的女子就是宮妓。

唐玄宗李隆基是個藝術鑑賞家，他覺得俗樂是個龐大的藝術生態圈，因此將教坊從太常寺獨立出來，開始將它發揚光大。

開元時期，李隆基在蓬萊宮設立了內教坊，在長安和洛陽分別設立了左、右教坊，五個教坊共有兩千多人。他還開設梨園，收編了三百名樂器演奏家，再加上宜春院、雲韶院等機構，宮廷的宮妓多達數千人。

《新唐書．禮樂志》記載：「玄宗既知音律，又酷愛法曲，選坐部伎子弟三百，教於梨園。聲有誤者，帝必覺而正之，號皇帝梨園弟子。」

在唐朝，**宮廷樂舞分爲坐部伎和立部伎**。

如果要演規模宏大的歌舞，比如《秦王破陣樂》《五方獅子舞》，需要六十四人到一八〇人，就由立部伎演出，她們一般站著演出。

如果是小規模的歌舞，比如《小破陣樂》《天授樂》，演奏者爲三人到十二人，她們一般坐在堂上表演，統稱爲坐部伎。李隆基是專業鑑賞家，爲了把兩種表演分開，特地開設梨園，專門培養坐部伎的樂器演奏大師。

宮妓來源主要有三類：**第一類是民間樂師；第二類是犯罪官員的女眷，經過專業培訓成爲宮妓；第三類是官員爲討好皇帝而奉送的家妓。**

精通箜篌（形似豎琴，撥弦發聲）的女子經常在酒肆或馬路邊賣藝，很可能會碰到朝廷的「星探」，如果他們覺得水準不錯，或許會將其召至教坊。唐詩有云：「十三初學擘箜篌，弟子名中被點留。昨日教坊新進入，並房宮女與梳頭。」說的就是這種。做了宮妓，就算是一線明星，也有不可言說的痛苦。

第一，宮妓有單獨的戶口，叫「樂籍」，只要擁有這個戶口，子子孫孫都是樂籍。在唐朝，士農工商排在前面，樂工外表光鮮，其實不受社會尊重。

第二，宮妓吃著朝廷的糧食，代價卻是失去自由，沒了戀愛和結婚的權利。很多女子終其一生都在教坊虛度光陰。

# 引領潮流的皇家娛樂活動

說起娛樂精神，唐朝皇室稱第二，沒有哪個朝代敢說第一。

唐朝的皇帝，有一個算一個，從馬術到蹴鞠，從下棋到打獵，全部是行家能手。在皇室的影響下，堪稱全民瘋娛樂。什麼室內的室外的，休閒的競技的，文雅的激烈的，各種活動應有盡有。

## 球類運動

看了那麼多電視劇，你扳著手指頭數一數，有哪些球類運動呢？

好吧，蹴鞠可能是大家最熟悉的。

戰國時期，齊國就出現了蹴鞠。那時候的「鞠」，裡面填充的是動物毛髮，外面則用兩塊動物皮縫製而成。球裡面不是空氣，使得彈性不足；填充物多，使得重量提高，球的操作性變差，觀賞性自然跟著下降。

戰國之後，蹴鞠就慢慢消沉了。

到了漢朝，蹴鞠再次熱門了起來。原因也很搞笑，因爲蹴鞠耗費體力，朝廷將它列爲軍事運動項目，以此鍛鍊軍中將士的體魄。

關於蹴鞠，漢朝玩家開發了五花八門的技術。

某位蹴鞠狂熱愛好者耗盡畢生心力，寫了一部名爲《蹴鞠二十五篇》的踢球寶典，其中涵蓋了蹴鞠技術、遊戲規則、球場標準等內容。

這位老兄可能沒想到，他的書是世界上第一本體育專業教科書。隨後，漢朝史學家班固將它收藏到了《漢書》中，而這部寶典也正式被定義爲「兵書」。

隨後的幾百年，蹴鞠一直不上不下的。

唐朝的百姓很愛玩，也很愛思考，爲了普及蹴鞠，他們對「鞠」進行升級：從兩塊皮革變成八塊，塡充物換成了動物的膀胱。這樣一來，唐朝的鞠就更像現代足球了。

唐朝蹴鞠的第一種玩法是在球場的兩邊設立球門，人們分爲兩隊進行比賽，將球踢進對方球門就算得分，和現代足球一樣。

第二種玩法則是單球門的非對抗性玩法。人們在球場中央設置一個球門，兩邊各立著十公尺高的竹竿，中間懸掛一張網，網的上方和兩根竹竿呈U形，這裡就是得分區。玩家同樣分成兩隊，各站一邊，將球踢進得分區就算一分，總得分高的隊伍獲勝。說白了，就是將球踢進三層樓高的小網，玩的是技術，而非暴力。

第三種玩法是花式足球，也就是在不用手碰球的情況下任意發揮，什麼顚球、花式起球、花式停球等，還可和別人單挑，或邀請一名隊友，一起玩空中接力。技術好的，還可以再加上酷炫的舞蹈，比如將球踢到高空後，先完成幾個高難度的舞蹈動作，再接住球。

唐朝男人玩蹴鞠，後宮嬪妃也不甘落後。

女子的花式傳球叫「白打球」。詩人王建寫過：「宿妝殘粉未明天，總立昭陽花樹邊。寒食內人長白打，庫中先散與金錢。」寒食節那天，嬪妃們早早起床，聚在一起踢球，最終得勝的人就可以獲得皇帝賞賜的「白打錢」。

還有一種叫「踏球」。這種球是木頭做的，高一到兩尺，外表打磨光滑，塗上五彩斑斕的顏色，耀眼奪目。遊戲的時候，表演者身穿一襲漂亮的長衣，站立在球上，球因爲失去平衡，旋轉滾動，表演者要保證自己不掉下來。爲了提高觀賞性和娛樂性，表演者通常要表演舞蹈或雜技動作。

唐朝還流行馬球，也叫擊鞠，這算是唐朝貴族專屬的遊戲。原因很簡單，馬匹是稀有資產，不是每家每戶都能擁有的，沒有馬就無法打這種球。

馬球是用材質輕盈而韌性十足的木頭製成的，內部或是空心，或是塡充柔軟的東西。球的體積和拳頭差不多，外表塗上一層紅色的漆，漆上繪有彩色的花紋，因此馬球也有七寶球、彩球、畫球的叫法。

馬球桿是木質的，長約數尺，球桿底為月牙狀，繪有彩色圖案。

唐朝的統治者尤其喜歡玩馬球，大明宮的含光殿和梨園就建有好幾處馬球場。遠遠望去，碧草如茵，草色青青。馬球場的長一二〇公尺、寬五〇公尺，兩邊各有一扇球門。瞧這規模，比現代的足球場要長，不過沒有足球場寬。

想要玩好馬球，不僅要有擊球的技巧，還要有精湛的馬術功底。

在唐朝章懷太子李賢的墓中曾出土一幅〈馬球圖〉壁畫：在一場馬球比賽中，共有二十幾名參賽者。他們身穿深淺兩色窄袖長袍、頭戴幞巾、足蹬黑色長靴、手持球杖。其中五人圍繞馬球展開了爭奪，其餘十幾個人則爭先恐後、縱馬飛馳，展現了唐朝男性貴族的颯爽英姿。

在唐朝，馬球不只是男性的專利，宮廷女子也時常參加，許多詩人都描寫過女子擊球的盛大場面。北京故宮博物院收藏了一件八棱形唐朝古銅鏡，上面就刻著四位宮廷女子手持球桿騎馬擊球的畫面，非常震撼。

當然了，不是每個女子都會騎馬，對於那些想玩馬球卻又不會騎馬的女子來說，還有兩種球類運動可以選擇：「驢鞠」和「步打球」。顧名思義，一種是騎著憨厚的驢子打球，一種是手持球杖，徒步打球。

## 簸錢

不管是嬪妃還是宮女，手裡都有點零花錢，也就是銅錢。

窮極無聊的時候，她們就以銅錢爲工具玩個遊戲：約上幾個小夥伴，每人拿十枚銅錢在手上顛簸，以自由落體的方式丟在地上，然後清點銅錢的正反面數量，正面最多的那個人獲得勝利，贏得約定的賭資。

在後宮，有些嬪妃不願意取悅皇帝，或不被皇帝重視，只能靠無聊的遊戲找點樂子，打發時間。宮詞「春來睡困不梳頭，懶逐君王苑北遊。暫向玉花階上坐，簸錢贏得兩三籌。」所寫的就是這群特殊的嬪妃和宮女。

## 投壺

每逢皇帝舉辦宴會時，總得安排幾個小遊戲，投壺就是其中一個。大殿之內，一隊宮女躍躍欲試，她們的正前方有幾只酒壺，大家依序把箭矢投向壺口。如果投進了，宴會的客人就會跟著起鬨，交口稱讚。

投壺的勝負就看投進壺口的箭矢數量。比賽結束後，皇帝自然要給宮女賞賜錢財。有時候，宮女們為了賺點外快，也會在後宮安排投壺比賽。

## 彈棋

彈棋的棋盤為長寬各兩尺的正方形棋盤，棋盤中央高高隆起，四周平坦，邊角處有微微隆起。對戰雙方各有十二顆棋子，其中六顆是「貴子」，為紅色；六顆是「賤子」，為黑色。兩人對局，一方用手指或其他東西彈動自己的棋子，使其碰撞對方的棋子，以進入「棋門」，每破一次門，就算一分，誰先得到十八分，誰就獲勝。不過棋門具體怎麼設置，已經無從考證。

這種遊戲有點像我們小時候玩的彈珠，又有點像現代的撞球。不過由於古代階級森嚴，彈棋一般都是紅色對紅色，黑色對黑色，如果用紅棋碰撞對方的黑棋，屬於「以貴碰賤」，是很失身分的行為。

## 鬥百草

在古代，五月被稱爲「惡月」或「毒月」，需要採集百草來化解厄運。人們在採集百草的過程中，發明了鬥百草的遊戲。

鬥百草分爲文鬥和武鬥，文鬥就是看誰採集的花草種類最多。對宮女來說，宮廷的花草種類是固定的，想取勝，就要提前到水邊或人煙稀少的地方採集，再好好保密。到了決戰時刻，當大家都以爲勝負已定時，再偷偷拿出袖中隱藏的花草。

詩人王建寫道：「水中芹葉土中花，拾得還將避眾家。總待別人般數盡，袖中拈出鬱金芽。」這種出其不意反敗爲勝的驚喜，才是鬥百草的精髓。

高階嬪妃無法到處去採花，所以她們可以輪流報花草的名字，別人說一種，你就要對上另一種，要求種類一致、字數一致，誰先報不下去就算輸。

武鬥就是採集韌性十足的草，雙方交叉呈十字形，用力拉草的兩頭，誰的草先斷，誰就認輸。現在的一些孩子應該也玩過這種遊戲，這種玩法不光是比誰採的草硬，還需要用到很多技巧，十分有趣。

很多現代的遊戲，其實都是傳承了祖宗的玩法。

比如現代的撲克牌就是由古代的葉子牌衍生而來；再如骰子，最早都是黑色的點，唐朝對其改良，將一點和四點染上紅色，最終演變爲現代的骰子。

除此之外，還有養寵物、鬥雞、鬥蛐蛐、拔河、圍棋、捉迷藏、藏鉤、騎馬射箭、打獵、蕩秋千、龍舟競渡、觀燈、射鴨、釣魚、採荷、射粉團、雙陸、樗（音「書」）蒲等娛樂項目。總而言之，想在長安貴族圈子混得開，至少要有幾樣遊戲專長。

認眞來說，娛樂活動確實耗費時間和金錢；但話又說回來，會玩的民族才有活力，才有精氣神。如果少了娛樂精神，唐朝還是那個讓我們神往的時代嗎？

# 第十章

# 在大唐出門旅行是什麼感覺？

# 請出示大唐「戶口證明」

在唐朝，老百姓分爲編戶和非編戶兩種。

**所謂編戶，就是可以立戶籍的百姓，也叫良民，相當於大唐公民**。官員、讀書人、商人、農民都屬於這一類。想立戶籍，找當地官府辦理即可。

**所謂的非編戶，就是不能立戶籍的百姓，也叫「賤民」**。

在電視劇裡，經常可看到大戶人家養著許多家丁、部曲、奴婢，這些人就是「賤民」，無法擁有獨立戶籍，只能掛在主人的戶籍下。對他們來說，尊嚴和自由都是奢侈品；在主人眼裡，他們就像牲口，可以在人口交易市場自由買賣。

在官府服務的工匠、樂師，以及民間的妓女、藝人，也都是賤籍。他們的戶口由官府管理，比如樂師、藝人、妓女統統屬於樂籍，也叫樂戶。

對賤民來說，他們無法和良民通婚；就算生了孩子，戶籍也得掛在主人家裡。孩子想讀書，想科考？抱歉，賤籍沒有讀書考試的資格，想透過奮鬥改變自己命運的希望非常渺茫。除非爲朝廷立了大功，官府願意升籍。

假如你穿越成爲大唐一個普通農民。落地的第一天，你在村裡蹓躂，剛好碰到了里正。瞧你的外形，身材高大、英俊瀟灑、皮膚白皙，不像普通的農民。於是里正大喝一聲：「嘿，你是哪家的郎君？」直覺告訴你，這是要查你的身分證。不要驚慌，你就說是村東頭甯家的兒子，離家多年，剛剛回來，等著報戶口呢。

朝廷規定，每三年造一次戶籍，今年剛好是報戶年分，剛好被你趕上。根據報戶籍程序，**戶長首先要準備「手實」**（戶籍申報單）。

在造籍該年的一月或前一年的年尾，縣內就會發出通知，要里正督促戶主整理手實，也就是要求戶主將家庭的基本情況上報給里正。

根據歷史記載和出土文物顯示，手實的內容必須包括以下幾項：

一、戶主的姓名；

二、戶籍下掛靠的良民與賤民人口（姓名、年齡、性別、體貌特徵）；

三、家中的田產，包括朝廷賞賜的田；

四、已受田的畝數及四至（四方接鄰的土地所有者），要標注哪些是口分田，哪些是永業田；

五、園宅地（住宅與周圍庭園用地）的情況；

六、戶主的保證詞。

一份唐朝百姓的手實，大概就是如表十所示。

可見，手實的資訊比身分證豐富多了。在現代，辦一場相親要問家裡有沒有房、有沒有車、有沒有財產、家裡幾口人；要是來到唐代，兩人只要交換手實，所有資訊便一目了然。不過，手實是官方登記用的，普通老百姓無法持有。

**下一道程序是里正審核**。填寫完手實後，就要把它交給里正，里正會重新審核。這時候千萬別試圖跟里正套交情，他是朝廷的胥吏，維護朝廷利益才是他的職責。越是巴結里正，里正越會覺得其中有鬼；更何況，如果里正沒查出問題，但縣裡面的官員查出來了，里正就要接受懲罰，少不了吃一套鞭笞套餐。

手實上說，甯和才是「丁男」，甯德華是「中男」。這是什麼意思呢？

依照唐律，不管男女，剛出生的孩子為「黃」、年滿四歲叫「小」、年滿十六歲為「中」、年滿二十一歲為「丁」、年滿六十歲為「老」。核對登記人口的年齡，這樣的寫法沒有任何問題。

就在這時，里正突然又問：「甯德華的身體明明就很好，怎麼是『廢疾』？」

對現代人來說，這是個新詞彙。唐朝政府把殘疾分成三個等級：一目失明、缺兩根手指、甲狀腺腫（大脖子病）、耳朵失聰之類的，稱為「殘疾」；腿腳折斷一隻、侏儒症、智能不足或喑啞之類的，稱為「廢疾」；雙眼全瞎、兩隻腿腳全部折斷、精神癲狂之類，

**表十　唐代手實範例**

一、　戶主　甯和才　年四十歲　丁男　右足跛　左頰黑痣

二、　母趙　年六十二歲　老女

三、　妻李　年三十五歲　丁女

四、　子德華　年二十歲　中男　廢疾

五、　子三豐　年十八歲　中男

六、　弟　和德　年十八歲　中男

七、　妹　和忍　年十五歲　中女

八、　右件人　見有籍（以上人口皆有正規戶籍）

九、　父　甯有錢　年六十三歲　老男

十、　右件人　籍後死（指上次造籍後，以上人口去世，特此說明）

十一、合受田

十二、一段二十畝（永業田）城北廿里新興　東渠　西道　南道　北曹君定

十三、一段十畝（口分田）城西七里沙堰渠　東渠　西張延守　南第延守　北鞠善亮

十四、一段十畝（口分田）城西五里馬堆渠　東張沙彌子　西張阿仲　南道　北渠

十五、一段十畝（口分田）城西五里胡麻井渠　東渠　西鞠文濟　南渠　北曹粟堆

十六、段四步居住園宅

十七、牒件通當戶新舊口、田畝段數四至，具狀如前

十八、如後有人糾告、隱漏一口，求受違敕之罪，謹牒（若朝廷查出隱瞞了戶口資訊，自己甘願受罰）

稱爲「篤疾」。

經過里正核驗，甯德華去年幹農活的時候，不小心弄瞎了一隻眼，應屬於殘疾，而不是廢疾，於是里正會在手實上重新註明。

我們可以說里正很無情，但他畢竟是依法辦事。在古代，成年男丁要承擔國家的徭役賦稅，有些家庭爲了逃稅或兵役，可能會謊報資訊。安史之亂期間，政府會強行徵兵，如果父母把兒子送到戰場，往往意味著與兒子永別，因此，很多父母會故意折斷兒子的手腳，讓他成爲殘疾，寧願養他一輩子，也不願讓他被拉上戰場送命。

戰爭就是這麼殘酷。

在戶口登記階段，手實是很重要的文件，不能隨便找片破布頭或破木板敷衍了事，一定要用一張乾淨的白紙塡寫。如果老百姓不會寫字，可以找村裡的讀書人或里正幫忙塡寫，再按個手印，手實就算生效。

**下一道程序就是里正編輯戶籍初稿**。

里正核實完所有資訊，就要開始收手實了。這時他會雙手一攤，說：「交錢吧。」別驚慌，關於戶籍收費，朝廷有著明確的標準：每人收一文錢，每戶單獨再收一文造冊費，童叟無欺。這些錢都要上繳給官府，用於戶籍造冊。唐朝非常重視戶籍，用紙和裝幀都是頂級配置。翰林學士起草文書用的是白麻紙，戶籍用的卻是規格最高的黃麻紙。手實收集完畢，里正就會將它們黏連成冊，逐級上報至縣政府。

接下來，**縣政府就要組織「團貌」，即驗明眞身，然後編製戶籍**。

古代沒有照相技術，官府爲了保證戶籍人口和現實人口對得上，必須註明體貌特徵；哪裡有痣，哪裡有傷疤，都得寫清楚。

比如，甯和才「右足跛，左頰黑痣」，這就是他的「團貌」資訊。比如官府要發放春耕補貼，但鄰村有個同名同姓的人想冒名頂替、偷領你的補貼，官府只要核對他臉上是否有黑痣，就可以辨明眞身了。

除了團貌，縣政府還要評定每戶的等級，這項工作要提前一年完成。

朝廷規定，根據人口、財產數量，戶口分爲九個等級，分別是上上等、上中等、上下等、中上等、中中等、中下等、下上等、下中等、下下等。若被定爲上上等戶，說明你家境殷實，在村裡有地位；不過，每逢交稅、服役的時候，你就有點自覺，爲村裡多貢獻些吧。

所有資訊都核實無誤後，縣政府就要開始編輯戶籍稿，再送到州府。州府則按照朝廷的制度，統一編制正式的戶籍，在騎縫處備註：某州某縣某年籍。比如「陝州陝縣貞觀二十年籍」，陝州刺史要在「陝州」處蓋上大印，陝縣縣令要在「陝縣」處蓋上大印，這才算正式的戶籍冊。戶籍冊會製作三份，一份由縣政府留存，一份由州政府留存，還有一份會送到尚書省戶部，全部存檔於籍庫（籍坊）。如果沒有意外，三月三十日前，戶籍造冊工作就會全部完成。

一般而言，州縣的戶籍要保存十五年，中央的戶籍要保存二十七年。也就是說，朝廷調閱尚書省的戶籍檔案時，不但可以查到全國任何一位百姓的資訊，還可追溯到二十幾年前的舊檔。如果戶部官員有興趣，可以統計過去幾十年某縣的出生率、死亡率，戶口增減的詳細資訊。這也算是官府用來管理老百姓的資料庫。

# 想出遠門，得辦「護照」

穿越到唐朝，不管你是農民還是商人，不可能永遠待在老家。有了錢，又有了時間，總想出門逛逛，到遠方走走。

有的人願意把一輩子耗在家裡的一畝三分地上；有的人卻不安分，想出去闖闖或打打零工，賺點錢補貼家用。如此一來，你就要走出縣城，走出州府，甚至走出國門。

即便是現代，出趟遠門也得審查身分證甚至護照，在管理難度更高的古代，官府能隨便放你過關嗎？

在官府眼裡，你可能是逃兵，可能是逃戶，可能是逃犯，可能是逃奴，也有可能是人口販子。如果允許你隨便走動，國家要承擔多大的風險。爲了保護國家編戶的穩定、保障朝廷徭役賦稅的穩定，必須進行全國性流量管制。

當然了，流量管制不代表禁止出行。人民想辦個異地相親、商人想做樁生意、官員要出門辦個事，只要帶著官方證明文件，那就沒問題了。

唐朝的交通路網非常發達，以長安和洛陽爲中心，往東可以到達朝鮮半島，往北可以到達如今的蒙古國，往南可以到達印度，往西可以到達中亞。連接這些地方的主要幹道叫「驛道」，根據學者推測，唐朝的驛道總長六十七萬里。

爲了管理路上的行人，朝廷在京城、邊關設置了二十六個重要關口。其中包括六個上關，如京兆藍田關、華州潼關；十三個中關，如京兆子午關、同州龍門關；七個下關，如涼州甘亭關、河州鳳林關。

只要是在大唐帝國活動的人，不管沒有沒官方背景，**想通過關隘，必須擁有官府發放的「公驗」，也就是出行證明文件。**

傳遞公文的官差，他們拿的叫「符券」。

朝廷的快遞人員，他們拿的叫「遞牒」。

朝廷徵調的丁夫，他們拿的叫「總曆」。

走馬上任的官員，他們拿的叫「告身」。

至於老百姓，拿的叫「過所」，可以理解爲「臨時護照」。

在唐朝，有兩個機構可以辦理臨時護照。

**第一個機構是尚書省刑部下轄的司門司**，地點在長安。此機構主管全國重要的關口和橋梁道路，負責出入境證件的辦理、關稅的徵收，堪比後世的海關。主管官員是司門郎中、司門員外郎。

**第二個機構是戶曹和司戶**，地點在州或府的治所。州裡面的主管機構叫戶曹，主管官員叫戶曹參軍；都督府和都護府的主管機構叫司戶，主管官員叫司戶參軍。

不管是哪個機構，辦理的「過所」都是全國有效的。換言之，你可以在任何地方辦理臨時護照，不受戶籍限制。

假設你是一位長安的商人，表哥在涼州認識了幾個外國朋友，透過他牽線搭橋，對方訂購了許多貨品，希望你盡快從長安出貨。這時你就得了解辦理過所的基本流程。

首先，填寫一張申請表，內容基本上都有統一的格式。

一、**外出的理由、目的地、途經哪些關隘**。

比如，你是長安人，想去涼州做生意，途經三個關隘，全部要寫清楚。在你的過所中，涼州是最遠的終點；如果你臨時起意，打算去碎葉城跑一趟，對不起，沿途的關隘不會承認你的過所。這時候，你就算是非法出境，官方說法叫「私度」。在唐朝，如果你私自出境，官府會邀請你住到牢房，時間爲一年；如果是戰爭年代，被當成間諜處死也是有可能的。

二、**你的姓名、籍貫、性別、年齡，以及隨從人員的資訊**。

三、**你所攜帶奴婢、牲口、物品的資訊**。

比如，你攜帶了五匹馬，甲馬的毛是黃色的，馬齡爲三歲；乙馬的毛是黑色的，馬齡爲四歲。還有你運送的貨物，種類如何、數量多少，全都要寫清楚。

唐朝歷史上，經常有主人帶著家奴出門辦事，讓家奴保管貨物，沒想到家奴監守自盜，或路上遇到強盜，導致貨物被劫走的情事。只要所帶物品與過所的登記數量不一致，你就會遭到官府盤問。如果丟失的貨物不多，也不是什麼違禁品，給守關的官差塞點錢財，或許還能混過去；否則，你最好還是折返回家，別惹上麻煩。

有時候，愚蠢的家奴會心生歹意，偷盜主人的過所、貨物，打算自己發財。然而，過所的申請人是主人，家奴偷盜別人的護照，等待他的只有刑罰。

**四、你需要找一至五名保人**，證明你是合法編戶，外出後會返回原籍，所攜帶的奴婢與牲口的來源都是合法的。

**五、出門後的相關事務如何安排**。在你出遠門期間，如果遇到官府徵調賦稅、徭役，誰來幫你承擔，都要寫得清清楚楚。

我們來看看唐朝百姓的過所申請表是怎樣的。

> 貞觀二十年，庭州人米巡職辭：
> 米巡職年參拾，奴哥多彌施年拾伍，婢娑匐年拾貳，駝一頭，羊拾伍口。
> 州司：巡職今將上件奴婢駝等望於西州市易，恐所在烽塞，不練來由，請乞公

驗。請裁，謹辭。

保人張三：巡職所將人畜，保並非寒盜詿誘等色。

妻烏琦施：夫巡職去後，所有户徭一事以上，並請隔壁老王祗承。

寫好申請書後，交給當地的縣級政府，由縣令或縣尉做第一次審核。

在唐朝，官府會核查申請人與隨行人員的身分，只要你不是逃戶、沒有徭役在身，也不是潛逃的罪犯，官府是不會爲難你的。如果官員審核資訊不仔細，讓你成爲漏網之魚，那他就要吃一年的牢飯。

縣衙審核完畢後，會把申請書申報給刑部的司門郎中、司門員外郎，或戶曹參軍、司戶參軍，由他們再次審核。

如果資訊無誤，主管官員會寫上審核語。比如「巡職庭州根民，任往西州市易，所在烽塞堪放，懷信白。二十一日」。懷信就是主管庭州臨時護照辦理的官員，他簽批完畢後，會申請蓋上庭州的大印（在長安，則蓋上尚書省的大印）。按照規定，過所一式兩份，一份簽發給申請人，一份存檔備查，有效期限一律爲一個月。

來吧，拿著你的過所，開始策馬奔騰，遨遊大唐地界吧。

從長安出發，每到一處關隘，相關部門都會查看你的過所，並在上面蓋一個章，證明你已路過此地。經過某縣城時，你覺得有些疲累，想找間旅館住下或吃個大餐。此時，縣衙的官差看到你是生面孔，可能會要你出示證件。這時不要驚慌，瀟灑地掏出你的過所，他們就會安靜地離去。

有一天，你來到一處關隘，掏出過所交給小頭領，打算過關。

小頭領瞄了瞄你的隨身行囊，眼珠子轉了轉。

你：麻煩你幫忙蓋個章，讓我通關吧。

小頭領：不好意思，你這是假的通行證明，我不能讓你過。

你：這是庭州刺史府蓋的章，難道有假？

小頭領：少囉嗦，俺說假的就是假的，你趕緊回去吧。不然的話，就判你私度之罪，請你蹲一年牢房。

看來，這位頭領看你是只大肥羊，想找你索要好處。

遇到這種情況，你可以破財消災，也可以選擇抗爭。

唐律規定，若百姓持有官方蓋章的過所，卻遭到關隘無端爲難，只要自己被扣留一日，負責人就要被鞭笞四十。扣留時間越久，負責人的處罰就越重。這種時候，只要和他背背法律條款，對方自然就服軟了。

出門在外，總會遇到很多意外。比如，天降大雨，道路泥濘；或遇到難纏的糾紛，延遲了行程。看看你的過所，有效期限是一個月，但現在已經過了二十五天，怎麼辦？

先別急，回想一下現在的簽證，唐朝的過所和它其實是一樣的。拿著你的過所，找州府的主管部門，讓他們幫你延期即可。

在唐朝，官府確實不鼓勵百姓隨意出行，但越是人口眾多、商業發達的社會，出行越是不可避免。拿農民來說，他的本業是耕田，但官府也知道，想光靠種地養活一大家子人，大家遲早得餓死。

因此，只要農民不脫離自己的戶籍、該服役的時候能回到村子，官府並不會阻止他們出門打工，給商人做做腳力、搬運物品什麼的。

光憑這一點，就能看出大唐王朝的包容和開放。

# 有錢你也得知道怎麼花！

## 銀子：只是一種收藏品

許多讀者都喜歡看唐朝歷史劇、古裝劇，裡面經常有這樣的橋段：

比如，男主角去酒館吃飯，結果碰到了女主角，爲了吸引女主角的注意，於是和壞蛋打了一架，還順便把店家的桌椅板凳全部砸爛。臨走時，男主角從懷裡掏出大塊銀元寶，瀟灑霸氣地扔給店小二，丟下一句：「夠不夠賠你的？」

又比如，在後宮鬥爭中，貴妃爲了收買幫手，命婢女端出一千兩銀子賞給外臣做爲活動經費。各位看官，唐朝一兩銀子約四十二克，一千兩銀子大約是四十二公斤。問題來了，難道貴妃身邊的婢女都是大力水手嗎？

再如，皇帝查抄貪官家產，結果在倉庫發現許多箱子，打開後，裡面堆滿了銀光閃閃的元寶。

好吧，電視劇看多了，大家也就信以爲眞了。但其實這只是編劇的臆想。

在唐朝，銀子既不是通用貨幣，長相也很醜陋。

原因很簡單，唐朝有銀子，也有銀礦，但國家沒有足夠的開採能力。據《新唐書》記載，唐憲宗元和年間，國家每年只能開採一・二萬兩白銀，卻可以開採一三・三萬公斤的銅。也就是說，如果要鑄造貨幣，銅的儲備當然比銀還多。如果看錢幣的穩定性，白銀容易被氧化，而銅幣更加穩定，因此適合流通。

國家開採的白銀大部分被皇帝收走，鑄造成銀碗、銀盃、銀首飾，留著自己享用或賞賜給有功的大臣。白銀最終的歸屬，其實是藝術收藏品、戰略儲備，而不是在市面上流通的銀錢或銀錠。

如果你想上街吃零食、買胭脂、喝花酒，請記住：千萬帶著銅錢。

你說你知道銅錢，外圓內方，叫五銖錢。

又錯了。五銖錢是唐朝之前的貨幣，李淵就是五銖錢的終結者。

「銖」是古代的重量單位，二十四銖為一兩，十六兩為一斤。

一銖是多少呢？老祖宗告訴我們，挑一百顆飽滿的黍（黃米），它們的重量就是一銖。但是每個朝代黍的重量不一樣，衡量的標準也不一樣（也有一四四顆黍、九十六顆黍的說法），錢幣的重量想必也不一樣。這該怎麼辦呢？

唐朝初年，錢幣制度就已經崩潰了，因為市面上流通的五銖錢五花八門。

李淵下詔：我們來鑄造屬於唐朝的貨幣吧，就叫「開元通寶」。

開元？這個我懂，唐玄宗李隆基的年號，這小子還會鑄錢，不錯嘛。

身爲穿越者，如果你對唐朝百姓說出這樣的外行話，別人一定會笑掉大牙。所謂的「開元」，有著開闢新紀元、走進新時代的美好寓意。請記住，開元通寶是唐高祖李淵的得意之作，和李隆基沒有半毛錢關係。

一枚開元通寶，就是電視劇中的一文錢，重兩銖，一千枚銅錢就是一貫（緡），重六斤四兩。一直到清朝末年，「寶」系貨幣都是歷朝歷代官方出品的硬通貨。僅此一點，後世皇帝都應該感謝李淵的創舉。

李淵還說了，一兩等於十錢，一錢等於十分，一分等於十厘，也就是說，李淵用十進位的計算方法，取代了古時候的二十四進位制。

不僅如此，銅錢的鑄造也有嚴格配方。比如，天寶年間，一枚銅錢的含銅量是八三．三二%，另含有白鑞（鉛錫合金）一四．五六%，以及黑鉛（即石墨）二．一二%。銅錢也有假的，比如銅錢裡面摻雜鐵、錫等金屬，就是劣質銅錢。

讓我們回到貞觀年間吧。有一天，你想上街買米，一斗米的價格是五文錢，你只需要帶著五枚銅板上街，就可以扛幾斤米回家。有沒有覺得很方便、很划算？

當然了，如果發生通貨膨脹，比如一斗米的價格是三百文，或是你想買昂貴的奢侈品，那就得扛著幾公斤，甚至十幾公斤的銅錢上街。有人可能恍然大悟：古代官宦家族的小姐們逛街，身邊爲何要帶著丫鬟和小廝，就是因爲需要他們幫著扛錢啊。

在唐朝生活，免不了大額交易；可是銅錢太重，那怎麼辦呢？

如果你有絹帛、實物或白銀，那也是可以的。前面說了，白銀並不是流通的貨幣，但有收藏、保值的功能；當銅錢不方便交易的時候，商人還是願意接納白銀的。按照官方規定，一兩白銀可以兌換一千枚銅錢；但因爲銅的價格是波動的，所以銅錢的價格也是波動的。

比如你的生日快到了，正在馬市蹓躂，準備入手一匹「寶馬」。

你：老闆，這匹黑色的馬看著不錯，怎麼賣呀？

老闆：七千文。

你：收銀子嗎？

老闆：沒問題。

這時，你左手掏出七兩銀子，右手準備把馬牽走，老闆卻攔住了你。

老闆：客官，你這錢不夠啊。
你：不是七千文嗎？
老闆：最近銅價上漲了，一兩白銀只能兌七百文錢。

也就是說，原本七兩銀子的馬，現在你得支付十兩銀子。白銀不是流通貨幣，沒有官方報價，只能隨行就市，這就是差別所在。至於絹帛，包括綾、羅、綢、緞、絲、帛、錦、絹等。像技術含量高、外觀好看、市面上稀少的錦、綾等絲織品，絕對是搶手貨。你要是帶著這幾樣東西逛街，絕對能賣個好價錢。

在唐朝，價格昂貴的實物也可以拿來做大額交易。比如在武俠劇裡，有些江湖英雄沒有收入，窮得身無分文，因此變賣手中的祖傳寶刀，或是胯下坐騎。請相信，這是眞的，導演沒騙你。

## 存錢：你還得倒貼服務費

前面說過，一千枚銅錢的重量是六斤四兩。如果你是一位商人，在長安做生意，收到一萬貫銅錢，好吧，熱心的我幫你算一下，大概是三・二萬公斤。請問，你怎麼把錢運回揚州老家呢？古代沒有高鐵和飛機，如果用牛車把錢運回家，可能還沒到揚州，就已經被綠林好漢搶走了。

有了異地大額交易的需求，「櫃坊」這種新奇機構自然就誕生了。

在唐朝，櫃坊是個超級複雜的東西。比如，它可以存放珠寶玉器、古玩字畫等貴重物品，很像現在銀行的VIP保險箱，因此有個「僦（音「就」）櫃」的別稱。又如，它可以經營存提款業務，很像現在的銀行，因此有個「寄附鋪」的別稱。

如果你生活在唐朝初年，想在長安找到全國性品牌的櫃坊，那是不可能的。原因很簡單，連老李皇帝家的錢都不夠用，更何況民間的貨幣流通呢？既然沒有大額交易的需求，櫃坊也就沒有存在的意義。開元時期，國家的銅錢儲備越來越多，貨品經濟越來越發達，銅錢逐漸成爲主要流通貨幣，櫃坊便橫空出世。

假設你是個長安的大富豪，而且有異地取錢的需要，可以先找個全國連鎖的櫃坊，在長安的櫃坊存錢，拿到櫃坊開具的存錢憑證。憑證上面會有你的名字、存錢的數量、存錢的時間和其他資訊。長安櫃坊會透過自己的管道，將留存的憑證送到揚州的櫃房，你拿著存錢憑證到揚州「合券」，核對無誤，就可以取出銅錢。

需要提醒你，把錢存到櫃坊，櫃坊並不會給你利息；相反的，因爲你享受了櫃坊的異地取款服務，你還得給櫃坊一筆不菲的服務費。沒辦法，櫃坊的營利模式很簡單，在沒有超額的投資收益前，櫃坊只能賺取服務手續費。

因爲你在長安存錢，在揚州取錢，錢好像飛到了揚州，所以叫「飛錢」。因爲飛錢方便兌換，所以也叫「便換」。嗯，很樸素的取名方式。

請記住，櫃房所開具的存款憑證不能用於支付，不能流通，只能做爲定點取款的憑證。所謂的「飛錢」，並不是眞正的錢，只是一種貨幣的經營方式。

當時，不僅商人在經營「飛錢」，地方官員也插手了這項生意。

唐朝中晚期，地方藩鎭強勢崛起，他們不僅控制了軍事大權，還掌控了地方財政大權。有了錢，他們自然想搞點投資。彼時，各地藩鎭節度使、軍使、地方官府在長安都有「進奏院」，也就是駐京辦事處。如果商人有需要，可把錢存在「進奏院」，獲取存錢憑證，回家後再找他們取錢就可以。

「飛錢」是新鮮事物，風險很高。

比如，櫃坊的老闆跑路怎麼辦？不承認客戶的憑證，強行耍賴怎麼辦？朝廷很操心這件事，於是約談櫃坊老闆，要他們別幹了。

問題是，經營「飛錢」是暴利行業。

關於資本，馬克思曾說過：如果有一〇%的利潤，就能保證它到處被使用；如果有二〇%的利潤，它就會變得活躍；有五〇%的利潤，它就會鋌而走險；爲了一〇〇%的利潤，它就敢踐踏一切人間法律；有三〇〇%的利潤，它就敢犯任何罪行，甚至甘冒絞首的風險。

在暴利的誘導下，櫃坊的老闆徹底無視了朝廷的禁令。

在唐朝，「飛錢」有助於商業經濟，中央政府對這一點心知肚明，但他們不喜歡的地方可能有兩個：一，「飛錢」是高風險行業，容易引發社會矛盾；二，既然是暴利行業，憑什麼中央政府不能經營呢？唐憲宗李純想了想，乾脆我也來做這個生意吧。

於是他下令：戶部、度支、鹽鐵三個衙門同時經營「飛錢」，正當競爭。既然是國營機構，手續費便宜點，每一千錢抽個一〇%就好了吧。

你要是商人，可能就會把錢交給戶部對吧？畢竟在你的思維模式中，這是國營機構，很難破產，而且政府應該不會耍賴。不過，唐朝的商人告訴我們，唐朝官府就是暴力機構，也是強權機構；強權意味著不平等，暴力意味著難以溝通。對待官府，最明智的選擇就是只可觀望，不可合作，更不能交友。

歷史證明，李純的「飛錢」招牌掛出來後，客流量幾乎爲零。到了最後，李純只能註銷國營機構的招牌，承認民間「飛錢」的合法性。

你可能會突然想到一個問題：櫃坊這麼強大，能兌換黃金和白銀嗎？

遺憾地告訴你，櫃房可能不太願意和你做這筆生意。

前面說過，金銀不是流通性貨幣，而是稀有物品。

比如，你拿著白銀上街吃胡餅，總共消費了兩文錢，卻給了老闆一兩銀子，難道要老闆給你找九九八文錢？恐怕老闆整個下午就只能給你數銅錢了。好吧，去大店鋪，消費可能高一些。問題是，老闆是生意人，要的是資金的流動性。

什麼叫稀有物品？意思就是市面上很少見到，那你能證明你的金銀來路正當嗎？櫃坊表示，幾兩金銀的生意，他們沒必要做；成百上千兩的金銀生意，他們不敢做。如果你眞的有兌換金銀的需求，也有個好去處：金銀鋪。

據史料記載，唐宣宗年間，長安、揚州等地就出現了金銀鋪，它們主營金銀鑑定、金銀首飾的製作和買賣，如果你有少量的金銀，它們可以兌換。因爲歷史的因素，金銀鋪只能算小眾業態，一直到宋朝才慢慢崛起。

## 當鋪：它的名字叫質庫

你夢想穿越到唐朝做一位揮金如土的富家子弟，但半路上出現差錯，來到了家徒四壁的窮苦人家。就在此時，你的肚子咕咕叫，發出抗議。你需要吃飯、需要穿衣，但口袋裡沒錢，怎麼辦？

機智的你看到手上有一塊通體溫潤、色澤淡雅的玉佩，於是想到了當鋪。遊走在街頭巷尾，你拉住一位路人甲，問他當鋪在哪個方位？路人甲絕對會一臉疑惑地望著你，弱弱地問上一句：「當鋪是什麼東西？」

那就對了，**「當鋪」是明朝才有的說法，在唐朝，它叫「質庫」**，不過它們的運作規則都一樣：你將私人物品抵押給當鋪，當鋪評估物品的價格，給你一筆抵押金，雙方約定贖回物品的時間和方式，到時候你帶著錢贖回即可。

想說清楚當鋪，還是講講它的淵源和故事吧。

當鋪本質上其實是典當行業。最早的說法叫「質」，東漢《說文解字》中，對「質」的解釋是「以物相贅」，也就是用物品交換錢財。《後漢書．劉虞傳》正式出現了「典當」的說法。南北朝時期，典當行業才迎來爆發性的發展。

南北朝時期，皇帝們推崇佛教，使得佛教寺院坐擁無數錢財和土地，再加上皇家的賞賜、民間的香火錢，堪稱富可敵國。寺院的大老們很清楚，皇帝推崇佛教，是因爲佛教有龐大的群眾基礎，是皇家統治百姓的手段。因此，爲了獲得更好的口碑，佛教寺院決定做點慈善，給老百姓提供點便利。

就這樣，佛教寺院設立了一批「質庫」。那時候，放款對象大多是臨時缺錢的百姓，或家道中落的富家子弟。因為有臨時救濟的目的，放款利息不是很高，而且只有佛教寺院才願意經營質庫。

到了唐朝，官府屢次打壓寺院經濟（唐中宗李顯和唐武宗李炎都幹過），佛教寺院的質庫生意也受到了一定程度的波及。話又說回來，典當行業就是穩賺不賠，甚至是高利潤的行業，誰能不饞呢？在唐朝，官府、地主、貴族、富商抓住商機，一舉統治了這項行業。比如，太平公主就下海開設了質庫。

到了唐朝中晚期，質庫已經全面滲透進百姓的日常生活當中。杜甫的詩裡寫道，「朝回日日典春衣，每日江頭盡醉歸」，說的就是因為質庫的存在，杜甫才能日日買醉，夜夜浪蕩。白居易的詩裡寫道：「典桑賣地納官租，明年衣食將何如。」好吧，一個是逍遙的神仙，一個是操心的莊稼漢。

既然質庫是生意，大家當然想著賺錢，這是天經地義的。佛教寺院賺錢，但他們有救濟百姓的原始想法。問題是，到了官府、貴族、地主、富商這些嗜血的階層，還能指望他們大發慈悲、做人人喜愛的觀世音菩薩嗎？

很顯然，他們撈錢的智慧有多高，你的苦難就有多深。

**絕招一：故意壓低抵押物的價格**。

張三，富豪張家的兒子，因為老爹經營不善以至於破產。為了維持高品質的生活水準，張同學打算將老爹收藏多年的南朝古畫〈鬥鴨圖〉抵押。按照市場價，這幅古畫價值一萬貫，但如果把古畫賣給其他有錢人，張同學就會永遠失去這幅畫。他思慮再三，最後決定先抵押，等有錢了再贖回。

張三：老闆，將這幅畫抵押。你能給多少錢？

老闆：兩千貫。

張三：你看清楚了，這是南朝陸探微的畫，就值這個價？

老闆：就這幅畫，你拿到哪兒，都只有這個價。

張三：老闆，急等錢用，你再加點吧。

老闆：看在你老爹的面子上，給你三千貫吧。

張三：謝謝老闆，謝謝老闆。

瞧瞧，這就是典當老闆的嘴臉，如果讓他們評估價格，一般是原價的三〇％，最高不會超過原價的五〇％。爲何要這樣設定？因爲老闆的資金也是有限的，定價越低，老闆的支出就越少。

**絕招二：故意貶低抵押物的成色。**

相聲名家劉寶瑞有個作品叫《當行論》，裡頭有個段子，說某位老兄缺錢花，於是把嶄新的皮袍拿到當鋪，當鋪的掌櫃評價道：「老羊皮襖一件，蟲吃鼠咬，缺襟短袖，少鈕無釦，沒底襟兒，沒下襬，沒領子，沒袖頭兒……」瞧瞧，在掌櫃的嘴裡，新的皮襖就像是小屁孩用的尿布。

這就是質庫慣用的伎倆，明明是全新的東西，硬說成只有六成新；明明是九成新的物品，就故意說成破爛玩意。掌櫃們這樣幹，就是爲了壓低物品的價格，如果保存期間物品出了問題，賠償的價格也會變低。

哼哼，你想和當鋪講理？

瞧瞧電視劇裡面的當鋪，櫃檯永遠比人頭要高，進門之後，你就比老闆矮了一級。交易的過程中，就算你暴跳如雷，想痛揍老闆，也能讓你揍不到。

**絕招三：交易不對等，賺你的差價。**

還是遭殃的張三同學，〈鬥鴨圖〉換了三千貫錢，掌櫃給錢的時候，你發現其中有不少銅錢是劣質的，也就是裡面摻雜了鐵、錫等金屬。因爲掌櫃的是大爺，你沒法和他講理，只能帶著錢回家。

三個月後，你有錢了，想贖回這幅畫，你帶著銅錢去質庫，掌櫃清點銅錢，發現其中有不少劣質銅錢。哼哼，掌櫃大吼一聲：「你這裡面有假錢，俺們不能收啊，回去換貨眞價實的銅錢，再來贖回你的畫吧！」

一進一出，質庫是不是就在銅錢上賺了差價？

**絕招四：高額利率，拚命壓榨你的財富**。

現代社會的法律多有明確規定，如果民間借貸的年利率超過某個比例，就屬於高利貸。但如果你回到唐朝，你就會明白，什麼才叫眞正的高利貸。

張三，你繼續出場吧。

接下來，張三打算和質庫的掌櫃交易。掌櫃拿到貨，會開一張憑證給張三，可以理解爲當票。上面清楚地寫道：月息六分。當然，還有其他的資訊，比如當票六個月後到期，時間一到，張三償還本金和利息。

月息六分，也就是六%的月利率，古代不計算複利，那麼年利率就是七八%。張三拿到三〇〇〇貫的本錢，但一個月就要交一八〇貫的利息。可想而知，當鋪有多賺錢。

六%的利率是怎麼來的呢？唐《開元二十五年令．雜令》規定：「諸公私以財物出舉者，任依私契，官不爲理。每月取利不得過六分，積日雖多，不得過一倍……又不得回利爲本。」

六個月後，如果張三帶著三〇〇〇貫的本錢，以及一〇八〇貫的利息到質庫，雙方可以愉快地完成交易，下次再繼續合作。但你知道，張三揮金如土，卻沒有任何收入，他憑什麼還錢啊？大多數的情況是，張三變成了老賴——老賴帳的傢伙。

如果碰到了「老賴」或「死當」，質庫還是有辦法。

比如，雙方在契約中明確約定：限期六個足月為滿，過期不贖，即行變賣，以歸當本。在現代，行業潛規則一般是「明一暗二」；也就是六個月後，當鋪會繼續保留一個月的時間，一個月到期後，當鋪還會再保留一個月的時間，以免張三突然有了錢，想要贖回自己的〈鬥鴨圖〉。

按照契約規定，張三已經違約；但當鋪就怕碰到無賴，堅持索要原物。這種情況下，當鋪會繼續完成交易，但可以肯定的是，掌櫃絕對會額外敲詐張三一筆。

最壞的情況是，八個月後，張三告訴老闆：俺沒錢了，無法贖回原物。

好吧，那就只能啓動拍賣程序。

某天，老闆邀請張三出席拍賣會（可能是私下性質），質庫掌櫃將〈鬥鴨圖〉賣給了章老闆，成交價是六〇〇〇貫。掌櫃拿回三〇〇〇貫的本金，一四四〇貫的利息，剩下的一五六〇貫交給張三，交易到此結束。

質庫撈錢的小伎倆，十根手指頭根本數不過來。

古人說過：窮死莫典當。這可是警世名言，切記切記呀。

## 注意！別一不小心認了個乾爹

對唐朝男子而言，最受歡迎、使用頻率最高的就是「某」了。它的意義等同於現在的「我」。不管你是行走江湖，還是官場交際，都可以使用。

在自稱裡，「某」是極少數不卑不亢、有禮有節的稱謂。

混跡在古代，難免受到階級思想的制約，比如商人遇到官員，佃戶遇到了地主，除了用「某」，還可以用表示謙卑、謙遜的稱呼，比如「僕」「愚」「鄙人」「老朽」「下走」等。

事實上，有些稱呼古已有之，且代代相傳。

例如，諸葛亮的〈出師表〉「愚以爲宮中之事，事無大小，悉以諮之」；司馬遷的〈報任安書〉「僕非敢如此也」，唐朝李復言的《續玄怪錄》「鄙爲崔氏妻，二男一女」。

如果想玩詼諧風格，可以用「小子」，例如，韓愈〈芍藥歌〉「花前醉倒歌者誰？楚狂小子韓退之」。

如果是皇宮的太監，面對主子，可自稱爲「老奴」「老僕」。例如《新唐書・李輔國傳》「老奴死罪，事郎君不了，請地下事先帝矣」。

如果對以上答案不滿意，你可以直接說自己的名字，也是一種尊敬。例如，你叫柳無忌，可以對別人說：「無忌今日剛吃了個瓜，肚子有點疼。」

在普通場合，唐朝百姓雖然用自謙的稱呼，卻看不出他們的卑微和自損。在唐朝，「我」和「吾」是用於書信或文書的自稱。此外還有一種自稱，叫「賤人」。你沒看錯，如果回到唐朝，有文人雅士寫信給你，裡面用到「賤人」這個敏感詞彙，請不要驚慌，他不是在罵你，而是自稱。例如杜甫的〈奉贈韋左丞丈二十三韻〉中說：「文人試靜聽，賤人請具陳。」

在電視劇裡，還有「小可」「在下」「小生」「晚生」「不才」等稱謂，不過這些多出戲曲、文人筆記中，而且集中在元、明、清三朝，唐朝是不流行這些稱呼的。比如「晚生」，就是宋朝百姓在年長、尊貴之人面前的自稱。

女性在古代也有相應的自稱，最常見的就是「妾」「婢子」「妾身」等。女人自稱爲「妾」或「婢子」是謙卑的自稱，不管是面對丈夫，還是面對陌生人，都可以這樣自稱。雖然是妾，卻不代表身分的卑微。

「妾」的衍生稱呼還有「賤妾」。在古代，家境殷實的家庭裡面，男性通常有一名正妻、幾個小妾；如果是排名靠後、地位低下的妾，可能就要自稱爲「賤妾」。

如果是老年婦女，可以自稱爲「老身」，這是古代流傳下來的稱謂。

如果你在朱雀大街蹓躂，迎面走來一名衣著體面、溫文爾雅的讀書人，你想上去攀談，可以說：「看足下（閣下）的穿著打扮，想必是一名進士……」

「足下」和「閣下」是對陌生人的稱呼，代表尊重、禮貌。它們在書信中也出現得較頻繁。例如白居易〈與劉蘇州書〉「閣下爲僕稅駕十五日，朝觴夕詠，頗極平生之歡」；韓愈〈與孟東野書〉「與足下別久矣，以吾心之思足下，知足下懸懸於吾也」。

如果是朋友之間，稱呼就可以隨意點，比如稱「君」「卿」「郎」「公」等，聽起來親切，而且顯得自己有禮貌。不過直接叫「君」和「郎」有時候也不太合適，比如你在人群中高喊一聲「郎」，很可能會同時有十個人回應你，這樣會很尷尬。因此，最靠譜的還是「姓＋郎」一起叫，比如劉郎、李郎等。如果關係親密，還可以叫「排行＋郎」，比如三郎。

如果是好友之間，稱呼就更隨意了。例如，白居易經常稱呼元稹爲「元九」，就是姓氏加對方在家中的排行。

如果是對下屬、平輩或年輕人，可稱呼「汝」「你」「爾」等。

在古代，還有一種流行的稱呼，就是稱「表字」。比如李白字太白，杜甫字子美。

兩人在酒肆吃飯時，可以互相拍馬屁：「太白兄，你風流瀟灑，氣度超脫，長安不知道有多少人仰慕你。」「子美兄，你博古通今，滿腹經綸，理當高居廟堂，權掌中樞，爲天下讀書人多蓋點社會住宅（「安得廣廈千萬間，大庇天下寒士俱歡顏」）。」

早晨起床，看到老爹在院子裡散步，最好上前打個招呼，以示禮貌。這個時候，叫他耶耶、阿耶、阿翁、阿爹、爹是最靠譜的，杜甫〈兵馬行〉中的「耶娘妻子走相送」就是明證。

如果是正式場合，比如寫書信，或是家裡來了客人，那就用「父親」。

對了，「大人」也是父親的代名詞。在電視劇裡，老百姓碰到官員，都會尊稱一聲「大人」，那些都是編劇虛構的。在唐朝，千萬不能叫官員爲「大人」，否則人家會誤以爲你是他的私生子，那就麻煩了。**「大人」這個詞，就是父親的代名詞，莊重且正式。**

至於母親，「阿娘」「娘娘」「母親」這三個稱呼最靠譜。

如果穿越到皇宮，**碰到了皇后或貴妃，千萬別效仿電視劇的稱呼，叫她們「娘娘」**。如果皇后開心了，她可以認你爲義子義女；但如果你突然就要認皇后爲老媽，絕對不會有好結果。

看到了爺爺，就叫他「祖父」或「阿翁」；看到了奶奶，就叫她「祖母」或「阿家」。杜甫〈示從孫濟〉中說：「阿翁懶惰久，覺兒行步奔。」

在現代，夫妻之間的稱呼有很多，比如老公老婆、親愛的、我們家那口子、孩子他爹他媽等，肉麻、非主流不要緊，最重要的是叫出個性。

回到唐朝，晚上睡覺前，夫妻甜言蜜語。男人可以稱讚道：「夫人，你今日美若天仙，其他人與你相比，猶如衆星拱月，不值一提。」於是妻子滿面嬌羞，內心竊喜，嗔怪道：「郎君，你好壞呀。」

請注意，「夫人」是唐朝通用的稱呼，自己的老婆、別人的老婆、打算婚配的女子，都可以叫她「夫人」。

還有一種稱呼叫「良人」，夫妻之間可以互叫，相當於「親愛的」。李白〈子夜吳歌〉中說：「秋風吹不盡，總是玉關情。何日平胡虜，良人罷遠征？」

電視劇裡經常見的稱呼是「娘子」；但**在唐朝，「娘子」專指未出嫁的少女**。唐玄宗時期，楊貴妃寵冠後宮，宮女開始用「娘子」稱呼她，但這並不是夫妻之間的稱謂。直到元朝，「娘子」才成爲已婚婦女的代名詞；到了明朝，這個稱謂徹底被夫妻接納。

**適合夫妻的親暱稱謂，在唐朝其實不多，其中最時髦的應該就是「老公」「老婆」**。

相傳，唐朝有個叫麥愛新的讀書人，考上功名後，他開始嫌棄妻子年老色衰，於是動了納妾的念頭。有一天，他在案頭放了一副上聯「荷敗蓮殘，落葉歸根成老藕」，暗示妻子人老珠黃，著實有些過分。妻子也是個有知識的人，她察覺到丈夫的想法，於是提筆寫了一副下聯：「禾黃稻熟，吹糠見米現新糧。」

單說對聯，以「禾稻」對「荷蓮」，以「新糧」對「老藕」，對仗工整。最主要的是，妻子暗示他始亂終棄，用「新糧」暗示「新娘」，非常機智。

老麥讀了妻子的下聯，感嘆妻子是個寶藏女孩，於是放棄了原先的想法。妻子見他回心轉意，不忘舊情，於是又寫了一聯：「老公十分公道。」老麥回帖道：「老婆一片婆心。」隨後，這個故事流傳開來，「老公」「老婆」也就成爲夫妻之間的稱謂，一直流傳至今。

兄弟之間的稱謂相對簡單。

在家中，可以直接稱呼「大哥」「二哥」「阿哥」「阿兄」；另外，「郎」也是對男子的稱謂，兄弟之間也可以互稱「二郎」「三郎」。

如果你是個有福之人，剛好穿越到殷實的官宦家庭，家中必定養著大批僕人、奴婢，他們對你的稱呼也是有講究的。

看多了電視劇，你應該會喜歡「老爺」這個稱謂，因爲它形象而準確地表達了你的家庭地位。有一天，你升堂高坐，僕人對你說道：「阿郎，遠房表親前來拜訪，已到門口。」

你千萬別發火，不是人家不願意叫，而是眞沒有「老爺」這麼時髦的稱謂。**出現頻**

**率最高的，無非是「阿郎」「主君」「主人」。**

**「少爺」這個詞，也是後世才有的，僕人一般叫少主人爲「郎君」。**

對主母可以叫「娘子」或「夫人」；男主人的第二任妻子，則被稱爲「後娘子」。至於男主人的老媽，則被叫爲「阿婆」或「老夫人」。

電視劇中，最時髦的稱謂是「小姐」，不管是貼身的婢女還是打雜的奴僕，都是一口一個「小姐」。事實上，**從宋朝開始，「小姐」就已和妓女畫上了等號**；而在此之前，是沒有這個稱謂的。在唐朝，稱主人家的女兒爲「小娘子」即可；如果有排行，就叫「大娘」「二娘」「三娘」等。

要是有一天，你家的奴婢犯了大錯，給你惹了大麻煩，爲了出氣，你可以叫他們「賤婢」「賤奴」「狗奴」。現在看來，這些稱謂很低俗，可是在古代，法律規定人有尊卑之別，尤其是奴婢，堪稱主人的附屬物，可以被自由買賣，這樣的叫法也就不足爲奇了。

一日看盡長安花：大唐沉浸式生活體驗／覃宜明 著
--初版-- 臺北市：究竟出版社股份有限公司，2023.03
368面；14.8×20.8公分 --（歷史；81）
ISBN 978-986-137-398-0
1. CST：社會生活　2. CST：文化史　3. CST：唐代

634　　112000058

Eurasian Publishing Group
圓神出版事業機構
用心與你對話．視野無限寬廣
究竟出版社
Athena Press

www.booklife.com.tw　　reader@mail.eurasian.com.tw

歷史 081

# 一日看盡長安花：大唐沉浸式生活體驗

作　　者／覃宜明
發 行 人／簡志忠
出 版 者／究竟出版社股份有限公司
地　　址／臺北市南京東路四段50號6樓之1
電　　話／（02）2579-6600・2579-8800・2570-3939
傳　　真／（02）2579-0338・2577-3220・2570-3636
副 社 長／陳秋月
副總編輯／賴良珠
責任編輯／林雅萩
校　　對／林雅萩、賴良珠
美術編輯／金益健
行銷企畫／陳禹伶・黃惟儂
印務統籌／劉鳳剛・高榮祥
監　　印／高榮祥
排　　版／陳采淇
經 銷 商／叩應股份有限公司
郵撥帳號／18707239
法律顧問／圓神出版事業機構法律顧問　蕭雄淋律師
印　　刷／祥峯印刷廠
2023年3月　初版

本著作中文繁體版通過成都天鳶文化傳播有限公司代理，
由北京卓文天語文化有限公司授予究竟出版社股份有限公司獨家發行，
非經書面同意，不得以任何形式複製轉載。

定價 360 元　　ISBN 978-986-137-398-0
版權所有・翻印必究
◎本書如有缺頁、破損、裝訂錯誤，請寄回本公司調換
Printed in Taiwan